Projekte managen
mit Microsoft® Project® 2010

Soft Skills

Erwin Hoffmann
Manage Dich selbst und nutze Deine Zeit!

Petra Motte
Moderieren, Präsentieren, Faszinieren

Christina Stoica-Klüver, Jürgen Klüver, Jörn Schmidt
Besser und erfolgreicher kommunizieren!
Vorträge, Gespräche, Diskussionen

Marion Schröder
Heureka, ich hab's gefunden!
Kreativitätstechniken, Problemlösung & Ideenfindung

Wirtschaft

Klaus Mentzel
Basiswissen Betriebswirtschaftslehre
Mit zwei durchgehenden Fallstudien

Klaus Mentzel
Basiswissen Unternehmensführung
Methoden – Instrumente – Fallstudien

Rainer Ostermann
Basiswissen Internes Rechnungswesen, 2. Auflage
Eine Einführung in die Kosten- und Leistungsrechnung

Zu allen diesen Bänden gibt es
»E-Learning-Zertifikatskurse« unter www.W3L.de.

Roman Bendisch

Projekte managen mit Microsoft® Project® 2010

Projekte auch in stürmischen Zeiten auf Erfolgskurs halten

2. Auflage

W3L-Verlag | Dortmund

Autor:
Roman Bendisch
E-Mail: autor@bendisch.de

Bibliografische Information der Deutschen Nationalbibliothek:
Die Deutsche Nationalbibliothek verzeichnet diese Publikation in der Deutschen Nationalbibliografie. Detaillierte bibliografische Daten sind im Internet über http://dnb.ddb.de/ abrufbar.

Der Verlag und der Autor haben alle Sorgfalt walten lassen, um vollständige und akkurate Informationen in diesem Buch und den Programmen zu publizieren. Der Verlag übernimmt weder Garantie noch die juristische Verantwortung oder irgendeine Haftung für die Nutzung dieser Informationen, für deren Wirtschaftlichkeit oder fehlerfreie Funktion für einen bestimmten Zweck. Ferner kann der Verlag für Schäden, die auf einer Fehlfunktion von Programmen oder Ähnliches zurückzuführen sind, nicht haftbar gemacht werden. Auch nicht für die Verletzung von Patent- und anderen Rechten Dritter, die daraus resultieren. Eine telefonische oder schriftliche Beratung durch den Verlag über den Einsatz der Programme ist nicht möglich. Der Verlag übernimmt keine Gewähr dafür, dass die beschriebenen Verfahren, Programme usw. frei von Schutzrechten Dritter sind. Die Wiedergabe von Gebrauchsnamen, Handelsnamen, Warenbezeichnungen usw. in diesem Buch berechtigt auch ohne besondere Kennzeichnung nicht zu der Annahme, dass solche Namen im Sinne der Warenzeichen- und Markenschutz-Gesetzgebung als frei zu betrachten wären und daher von jedermann benutzt werden dürften. Der Verlag hat sich bemüht, sämtliche Rechteinhaber von Abbildungen zu ermitteln. Sollte dem Verlag gegenüber dennoch der Nachweis der Rechtsinhaberschaft geführt werden, dann wird das branchenübliche Honorar gezahlt.

© 2013 W3L AG | Dortmund | ISBN 978-3-86834-039-6

Das Werk einschließlich aller seiner Teile ist urheberrechtlich geschützt. Jede Verwertung außerhalb der engen Grenzen des Urheberrechtsgesetzes ist ohne Zustimmung des Verlages unzulässig und strafbar. Das gilt insbesondere für Vervielfältigungen, Übersetzungen, Mikroverfilmungen und die Einspeicherung und Verarbeitung in elektronischen Systemen.

Gesamtgestaltung: Prof. Dr. Heide Balzert, Herdecke
Herstellung: Miriam Platte, Dortmund
Satz: Das Buch wurde aus der E-Learning-Plattform W3L automatisch generiert. Der Satz erfolgte aus der Lucida, Lucida sans und Lucida casual.
Druck und Verarbeitung: CPI buchbücher.de GmbH, Birkach

Vorwort

Die Gründe für das Misslingen von Projekten sind verschiedenartig. Die im Rahmen der Planung gemachten Fehler gehören aber immer zu den Hauptgründen, warum Projekte nicht erfolgreich abgeschlossen werden.

Zu den häufigsten Fehlern, die Projektleiter bei der Planung von Projekten machen, gehören die Folgenden:

- Ein Projekt wird weder vorbereitet noch geplant.
- Eine Projektplanung erfolgt zu Beginn des Projektes, die Planungsunterlagen werden aber nicht regelmäßig aktualisiert.
- Die Planung wird nur unvollständig durchgeführt, d.h. es werden nicht alle Planungsschritte durchlaufen.
- Es werden falsche oder gar keine Software-Werkzeuge eingesetzt.

Der Projekterfolg beginnt mit der Planung!

Wird ein Projekt nicht geplant, notwendige Vorbereitungen nicht getroffen, benötigte Hilfsmittel nicht besorgt und realistisch geschätzt, so ist der Misserfolg des Projektes garantiert!

Ohne Planung kein Erfolg! Garantiert!

Der Einsatz eines geeigneten Programms zur Planung, Kontrolle und Steuerung von Projekten ist heutzutage unabdingbar. Ein solches Programm ist die Projektmanagementsoftware Microsoft® Project®. Um die Software effizient einsetzen zu können, müssen Sie die Funktionen, Abhängigkeiten, Vorgehensweisen usw. kennen und beherrschen.

Praxisrelevanz

Wenn Sie mit einem Schiff von Hamburg nach New York segeln wollen, aber keinen Segelschein besitzen, ist der Misserfolg bereits im Hafen vorprogrammiert. Haben Sie hingegen einen Segelschein, bedeutet das nicht, dass Sie Ihr gesamtes Know-how zu jedem Zeitpunkt der Reise einsetzen werden.

Nutzung des Buches

Wenn Sie mit dem Schiff ablegen, benötigen Sie Wissen über das Ablegen, Vorgehensweise, Ruderstellung, Nutzung der richtigen Segel und Seile usw. Befinden Sie sich auf halber Strecke und geraten in einen Sturm, sind andere Fertigkeiten gefragt, genauso wenn Ihr GPS ausfällt. Ist der Zielhafen in Sicht und Sie bereiten alles zum Anlegen vor, benötigen Sie wiederum einen anderen Teil Ihres Wissens und Ihrer Fähigkeiten.

Vorwort

Ebenso verhält es sich mit Microsoft Project. Niemand setzt sich, ohne die Grundkenntnisse des Werkzeugs zu besitzen hin und fängt fleißig an, irgendwie einen Projektplan zu erstellen. Die Frustrationsgrenze ist schnell erreicht.

Sie benötigen abhängig von der Art des Projektes, seines Umfanges oder den Ressourcen, mit denen Sie arbeiten, andere Funktionen, eine andere Vorgehensweise oder eine andere Kombination von Funktionen.

Dieses Buch soll Ihnen einen schnellen Einstieg in die Arbeit mit Microsoft Project ermöglichen. Es enthält Beschreibungen der wichtigsten und gebräuchlichsten Methoden und Funktionen.

Zielgruppen — Das Buch richtet sich an Projektmitarbeiter, Projektleiter und Projektmanager, die Projekte mit Unterstützung der Software Microsoft Project planen, steuern und kontrollieren wollen, und an Studierende aller Studiengänge, die lernen wollen, wie Projekte mit Microsoft Project im eigenen Studium (z. B. Bachelor- und Masterarbeit planen und steuern) und privat zu managen sind.

Jedes Buch kann noch verbessert werden. Daher freuen wir uns über Kritik und Anregungen: »nobody is perfect«. Senden Sie Ihre Kommentare an info@W3L.de, Betreff: Projekte managen.

An den Start — Jetzt wünsche ich Ihnen viel Freude und Erfolg beim Durcharbeiten des Buches.

Ihr
Roman Bendisch

Hinweise des Verlags

Dieses Buch besteht aus Kapiteln und Unterkapiteln. Jedes Unterkapitel ist im Zeitungsstil geschrieben. Am Anfang steht die Essenz, d. h. das Wesentliche. Es kann Ihnen zur Orientierung dienen – aber auch zur Wiederholung. Anschließend kommen die Details. Die Essenz ist grau hervorgehoben.

Zum Aufbau des Buches

Jedes Kapitel und Unterkapitel ist nach einem Sternesystem gekennzeichnet:
* = Grundlagenwissen
** = Vertiefungswissen
*** = Spezialwissen
**** = Expertenwissen
Dieses Sternesystem hilft Ihnen, sich am Anfang auf die wesentlichen Inhalte zu konzentrieren (1 und 2 Sterne) und sich vielleicht erst später mit speziellen Themen (3 und 4 Sterne) zu befassen.

Sternesystem

Übungen ermöglichen eine Selbstkontrolle und Vertiefung des Stoffs. Sie sind durch ein Piktogramm in der Marginalspalte gekennzeichnet. Tests einschließlich automatischer Korrekturen und Aufgaben einschl. Korrektur durch Tutoren finden Sie in dem zugehörigen (kostenpflichtigen) E-Learning-Zertifikatskurs.

Beispiele helfen Sachverhalte zu verdeutlichen. Sie sind in der Marginalspalte mit »Beispiel« gekennzeichnet. Der Beispieltext ist mit einem Grauraster unterlegt.

Beispiel

Definitionen werden durch graue, senkrechte Balken hervorgehoben.

Definitionen

Hilfreiche Tipps, Empfehlungen und Hinweise sind durch eine graue Linie vom restlichen Text getrennt.

Tipps / Hinweise

Glossarbegriffe sind fett gesetzt, wichtige Begriffe grau hervorgehoben. Ein vollständiges Glossarverzeichnis finden Sie am Buchende.

Glossar

Für viele Begriffe – insbesondere in Spezialgebieten – gibt es keine oder noch keine geeigneten oder üblichen deutschen Begriffe. Gibt es noch keinen eingebürgerten deutschen Be-

Englische Begriffe *kursiv*

Vorwort

griff, dann wird der englische Originalbegriff verwendet. Englische Bezeichnungen sind immer *kursiv* gesetzt, so dass sie sofort ins Auge fallen.

Querverweise — Damit Sie referenzierte Seiten schnell finden, enthalten alle Querverweise absolute Seitenzahlen.

Kostenloser E-Learning-Kurs — Ergänzend zu diesem Buch gibt es den kostenlosen E-Learning-Kurs »Schnelleinstieg Microsoft Project«, der einige Tests enthält, mit denen Sie Ihr Wissen überprüfen können. Sie finden den Kurs auf der Website http://Akademie.W3L.de. Unter Startseite & Aktuelles finden Sie in der Box E-Learning-Kurs zum Buch den Link zum Registrieren. Nach der Registrierung und dem Einloggen geben Sie bitte die folgende Transaktionsnummer (TAN) ein: 3272736136.

Kostenpflichtiger E-Learning-Kurs — Zusätzlich gibt es zu diesem Buch einen umfassenden, gleichnamigen Online-Kurs mit Mentor- oder Tutorunterstützung, der zusätzlich zahlreiche Tests und Aufgaben enthält, und der mit qualifizierten Zertifikaten abschließt. Sie finden ihn ebenfalls unter http://Akademie.W3L.de.

Viel Freude beim Lesen und viel Erfolg bei Ihren Projekten wünscht Ihnen

Ihr W3L-Verlag

Inhalt

1	Aufbau und Gliederung *	1
2	Schnelleinstieg: Und ... fertig! *	5
3	Die Grundlagen *	11
3.1	Definitionen *	12
3.2	Fallstudie: Projekt »Hausbau« *	15
3.3	Softwareprogramme zur Unterstützung der Planung *	17
3.3.1	Exkurs: MindManager **	18
3.3.2	Exkurs: Microsoft Excel **	24
3.4	Aufwandsschätzmethoden *	26
3.5	Schritt für Schritt *	31
4	Grundbegriffe in Microsoft Project *	39
4.1	Arbeitszeit *	39
4.2	Meilensteine *	42
4.3	Termine und Dauer *	43
4.4	Das 1 x 1 der Planung *	46
4.5	Das Budget *	52
5	Die ersten Schritte *	57
5.1	Das Cockpit des Kapitäns *	57
5.1.1	Der Arbeitsbereich *	58
5.1.2	Anpassungen *	60
5.1.3	Ansichten *	62
5.1.4	Hilfe *	65
5.2	Leinen los! *	66
5.2.1	Projekte anlegen *	67
5.2.2	Projektinformationen *	70
5.3	Das Herz – Der Kalender *	74
5.3.1	Arten von Kalendern *	74
5.3.2	Kalender zuweisen und Prioritäten beachten *	87
6	Sukzessive Vorgehensweise *	89
6.1	Grundeinstellungen *	90
6.2	Jetzt geht's los *	91
6.2.1	Vorgänge erfassen *	92
6.2.2	Meilensteine setzen *	99
6.2.3	Vorgangsart festlegen *	102
6.2.4	Leistungsgesteuerte Terminplanung *	106
6.2.5	Vorgangsdauer festlegen *	107
6.2.6	Vorgänge verknüpfen *	108
6.2.7	Periodische Vorgänge *	110

6.2.8	Vorgänge unterbrechen *	112
6.2.9	Informationen zum Vorgang *	113
6.2.10	Anordnungsbeziehung festlegen *	115
6.3	Er, Sie oder Es macht den Job *	117
6.3.1	Ressourcen und ihre Erfassung *	117
6.3.2	Benutzerdefinierte Ressourcenfelder *	124
6.3.3	Ressourcen suchen *	126
6.4	Es gibt Arbeit *	127
6.4.1	Ressourcen zuordnen *	128
6.4.2	Team informieren *	133
6.4.3	Überlastungen handhaben *	133
6.5	Kosten zuordnen *	140
6.5.1	Feste Kosten von Vorgängen *	141
6.5.2	Benutzerdefinierte Kostenfelder *	148
7	**Nach der Pflicht die Kür: Strukturierung und Formatierung ***	151
7.1	Gliederungsebenen und Sammelvorgänge *	152
7.2	Layout und Formatierung des Diagrammbereichs *	158
7.2.1	Balkenarten und Beschriftung **	158
7.2.2	Zeitskala **	163
7.3	Formatierung des Tabellenbereiches **	165
7.3.1	Die Größe des Tabellenbereichs anpassen **	166
7.3.2	Spalten anzeigen und verbergen *	167
7.4	Hyperlinks **	170
7.4.1	Verknüpfungen innerhalb der Projekt-Datei **	171
7.4.2	Verknüpfungen mit externen Daten **	174
8	**Wie läuft's? Den Projektfortschritt aktualisieren *.**	177
8.1	Sollwerte setzen: Die Anlage eines Basisplans *	178
8.2	Projektdatenpflege und Projektüberwachung *	184
8.2.1	Sollwerte aktualisieren *	185
8.2.2	Eingabe tatsächlicher Ist-Werte *	189
8.3	Projektüberwachung *	200
8.4	Meilensteine und Filter *	206
8.4.1	Prüfung der Meilensteine *	207
8.4.2	Standardfilter, AutoFilter und selbst erstellte Filter *	208
8.5	Risikomanagement und Projektoptimierung *	218
9	**Den Überblick behalten: Berichtswesen ***	221
9.1	Basisberichte **	222
9.2	Grafische Berichte *	226
9.3	Benutzerdefinierte Berichte **	234
9.3.1	Benutzerdefinierte Basisberichte **	235
9.3.2	Benutzerdefinierte grafische Berichte **	241
9.4	Drucken von Seitenansichten als Bericht *	246

9.4.1	Drucken von Berichten **	247
9.4.2	Drucken von Seitenansichten als Bericht **	248
10	**Multiprojektmanagement **	**255**
10.1	Gemeinsame Ressourcennutzung **	255
10.2	Projekte zusammenführen **	262
10.3	Projektübergreifende Verknüpfung von Vorgängen **	264
Glossar		267
Sachindex		271

1 Aufbau und Gliederung *

Projektmanagement ist ein facettenreiches und interdisziplinäres Betätigungsfeld. Insbesondere leitende Projektmitarbeiter müssen neben ausgeprägten Soft Skills auch vielfältige fachliche Qualifikationen, z. B. im Bereich des Methodenwissens, einbringen. Die Koordination, Kontrolle und Steuerung sowie die Dokumentation der Projektaufgaben stellt die Projektleitung regelmäßig vor große zeitliche und personelle Herausforderungen. Daher ist der Einsatz unterstützender Software ratsam.

Ziel dieses Buches ist es, Ihnen die Möglichkeiten und Funktionen der Software »Project« von Microsoft vorzustellen und Sie in die Lage zu versetzen, diese in Projekten einzusetzen.

Damit Sie erfolgreich mit diesem Buch arbeiten können, sollten Sie die Software »Microsoft Project« auf Ihrem Computersystem installieren.

Anhand einer Fallstudie wird das Projektmanagement mit Microsoft Project demonstriert. Durch ein Übungssymbol in der Marginalspalte (siehe Marginalspalte) werden Sie aufgefordert, selbst Aktivitäten mit Microsoft Project durchzuführen. Nur wenn Sie dies tun, erwerben Sie die Fertigkeiten, um Microsoft Project selbst aktiv einzusetzen.

Um Ihnen zu Beginn ein intuitives Gefühl und eine Vorstellung für das Arbeiten mit »Project« zu geben, erstellen Sie zunächst eine Mini-Projektplanung (wenn Sie bereits mit »Project« gearbeitet haben, dann können Sie diese Einführung überspringen):

- »Schnelleinstieg: Und ... fertig!«, S. 5

Anschließend werden die verschiedenen Teilbereiche von Microsoft Project systematisch dargestellt. Einleitend werden allgemeine Begriffe, Methoden und Vorgehensweisen des Projektmanagements erklärt und eine durchgängige Fallstudie vorgestellt. Diese führt schrittweise zu einem komplexen Projektplan, der die beschriebenen Funktionen nachvollziehbar macht:

- »Die Grundlagen«, S. 11

Nach der Klärung allgemeiner Grundlagen wird die Terminologie von Microsoft Project erklärt:

- »Grundbegriffe in Microsoft Project«, S. 39

Im folgenden Kapitel beginnt die eigentliche Arbeit mit Microsoft Project am Computersystem. Sie werden mit dem Fensteraufbau, den verschiedenen Ansichten und Einstellungsmöglichkeiten vertraut gemacht und legen Ihr erstes Projekt mit einigen Grundeinstellungen an:

- »Die ersten Schritte«, S. 57

Von großer Wichtigkeit ist die strukturierte Vorgehensweise bei der Eingabe der Projektplandaten, die zum Teil mit Unterstützung anderer Werkzeuge vorab erarbeitet werden. Fehler oder Ungenauigkeiten bei der Projektanlage können im Projektverlauf und seiner Steuerung mit Microsoft Project zu schwerwiegenden Fehlinformationen führen und so den Projekterfolg gefährden. Das folgende Kapitel stellt daher einen zentralen Ankerpunkt des Buches dar:

- »Sukzessive Vorgehensweise«, S. 89

Richtige und valide Daten sowie ein gut vorbereiteter Projektplan sind notwendige Voraussetzungen für das erfolgreiche Projektmanagement. Unterstützt wird dieses zusätzlich durch eine übersichtliche und grafisch gut aufbereitete Strukturierung und Formatierung der Planinformationen. Dazu stehen in Microsoft Project beispielsweise verschiedene Gliederungs- und Datenbeschriftungs- sowie farbliche bzw. symbolhafte Darstellungsoptionen zur Verfügung:

- »Nach der Pflicht die Kür: Strukturierung und Formatierung«, S. 151

Microsoft Project ist kein Werkzeug, das Sie nur bei der Darstellung und Speicherung der Projektplanung unterstützt. Durch die Speicherung der Plandaten in einem sogenannten Basisplan lassen sich die Plandaten – bei entsprechender Datenpflege im Projektverlauf – den Ist-Daten gegenüberstellen, um ein effektives Projektcontrolling zu ermöglichen:

- »Wie läuft's? Den Projektfortschritt aktualisieren«, S. 177

Informationsmanagement ist ein wichtiger Baustein des Projektmanagements. Die Interessenten bzw. Adressaten sind dabei je nach Projekt durchaus vielfältig und heterogen. Informationen müssen zum richtigen Zeitpunkt, in der richtigen Aggregation beim Adressaten verfügbar sein. Darüber hinaus ist die Projektentwicklung kontinuierlich zu überwachen und zu dokumentieren, um Entscheidungen auch zu einem späteren Zeitpunkt noch nachvollziehbar zu halten. Für alle diese Aspekte ist ein effizientes Berichtswesen unerlässlich, das – einmal angelegt – ohne großen Pflegeaufwand die benötigten Daten, Übersichten und Berichte zur Verfügung stellt:

- »Den Überblick behalten: Berichtswesen«, S. 221

In der Realität werden oft mehrere Projekte gleichzeitig durchgeführt, auch wenn diese unterschiedliche Ausprägungen haben. Das trifft nicht nur Unternehmensberatungen, deren tägliches Geschäft die Projektdurchführung ist, sondern auch Unternehmen, Non-Profit-Organisationen oder auch Verwaltungen. Die Herausforderung hierbei ist nicht selten die optimale Ressourcenplanung, wenn z. B. gleiche Ressourcen in parallelen Projekten eingesetzt werden sollen. Microsoft Project kann hier durch die Verknüpfung von Projekten, die Anlage von Ressourcenpools oder die Priorisierung von Projekten unterstützen:

- »Multiprojektmanagement«, S. 255

Eine Übersicht zu häufig benutzten Tastenkombinationen und Symbol-Schaltflächen finden Sie auf der Innenseite des hinteren Buchumschlags. Die Rahmenbedingungen für den Einsatz von Microsoft Project sind verschiedenartig. Daher ist die Software in verschiedenen Versionen verfügbar, z. B. als Einzelplatz- oder Serveredition. In diesem Buch wird durchgängig die Einzelplatzversion genutzt.

2 Schnelleinstieg: Und ... fertig! *

Zur Erstellung eines Projektplanes in Microsoft Project ist die Eingabe von wesentlichen Daten erforderlich. Hierzu gehören die sog. Vorgänge (Was ist zu tun?), die Ressourcen (Wer tut etwas bzw. womit?) und Zeitangaben wie die geplante Dauer von Vorgängen. Die Vorgänge werden zeitlich und inhaltlich in Beziehung gesetzt, so entsteht im Gantt-Diagramm oder Netzplan eine grafische Ablaufplanung. Die Eingabe von festen Termindaten fixiert die Planung schließlich im Kalendarium.

Der Einstieg in das Projektmanagement mit Microsoft Project ist nicht schwer. Mit Hilfe weniger Eingaben und Funktionen haben Sie schnell Ihren ersten Projektplan erstellt.

Beim weiteren Lesen werden Ihnen nach und nach die komplexen Mechanismen der Software Schritt für Schritt erklärt. So behalten Sie selbst über große und langfristige Projekte den notwendigen Überblick und haben das Ruder jederzeit fest im Griff.

Mit Hilfe eines Balkendiagrammes (Gantt-Diagramms) können inhaltliche, sachliche und zeitliche Zusammenhänge übersichtlich strukturiert und dargestellt werden. So erschließen sich diese Abhängigkeiten und Abläufe z.B. schnell auch Personen oder Personengruppen, die ansonsten nicht tiefer im Projekt involviert sind.

Balkendiagramm

Das folgende Beispiel zeigt Ihnen, wie Sie in kurzer Zeit ein solches Balkendiagramm erstellen, Vorgänge anlegen, Ressourcen erfassen und den Vorgängen eine Dauer zuordnen können.

Sie haben sich vorgenommen mit Ihrem besten Freund Ihr Auto zu waschen.

Beispiel

1 Starten Sie Microsoft Project (Abb. 2.0-1)

2 Schnelleinstieg: Und ... fertig! *

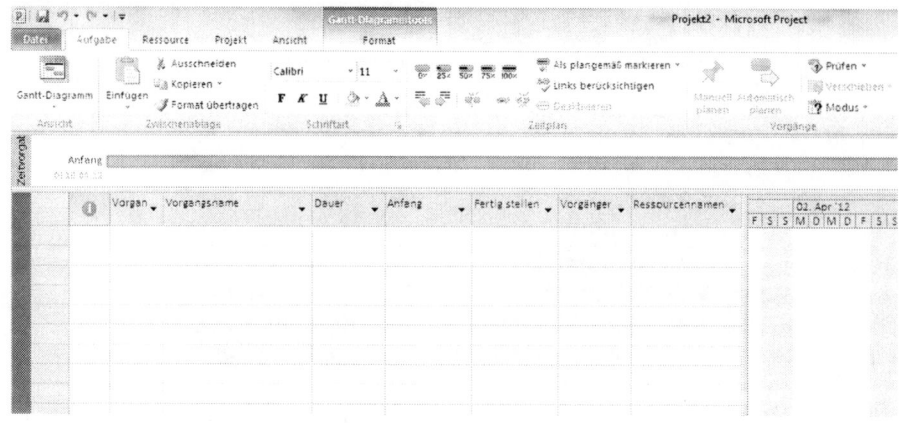

Abb. 2.0-1: Startmaske Microsoft Project.

 2 Klicken Sie mit der Maus in die erste Zeile in die Spalte Vorgangsname und geben Sie »Waschzubehör besorgen«, in der Spalte Dauer »0,5 Std.« und in der Spalte Ressourcennamen Ihren Vornamen ein (Abb. 2.0-2).

Vorgangsname	Dauer	Anfang	Fertig stellen	Vorgänger	Ressourcennamen
Waschzubehör besorgen	0,5 Std.	Mo 01.10.12	Mo 01.10.12		Roman

Abb. 2.0-2: Erster Vorgang.

 3 Geben Sie in der zweiten Zeile in der Spalte Vorgangsname »Felgen einsprühen«, in der Spalte Dauer »0,1 Std.«, in der Spalte Vorgänger »1«, in der Spalte Ressourcennamen den Namen Ihres besten Freundes ein (Abb. 2.0-3).

Vorgangsname	Dauer	Anfang	Fertig stellen	Vorgänger	Ressourcennamen
Waschzubehör besorgen	0,5 Std.	Mo 01.10.12	Mo 01.10.12		Roman
Felgen einsprühen	0,1 Std.	Mo 01.10.12	Mo 01.10.12	1	Claudius

Abb. 2.0-3: Zweiter Vorgang.

2 Schnelleinstieg: Und ... fertig!

4 Geben Sie in der dritten Zeile in der Spalte Vorgangsname »Insektenentferner auftragen«, in der Spalte Dauer »0,1 Std.«, in der Spalte Vorgänger »2«, in der Spalte Ressourcennamen Ihren Vornamen ein (Abb. 2.0-4).

Vorgangsname	Dauer	Anfang	Fertig stellen	Vorgänger	Ressourcennamen
Waschzubehör besorgen	0,5 Std.	Mo 01.10.12	Mo 01.10.12		Roman
Felgen einsprühen	0,1 Std.	Mo 01.10.12	Mo 01.10.12	1	Claudius
Insektenentferner auftragen	0,1 Std.	Mo 01.10.12	Mo 01.10.12	2	Roman

Abb. 2.0-4: Dritter Vorgang.

5 Geben Sie in der vierten Zeile in der Spalte Vorgangsname »Auto shampoonieren«, in der Spalte Dauer »0,5 Std.«, in der Spalte Vorgänger »3«, in der Spalte Ressourcennamen Ihren Vornamen ein (Abb. 2.0-5).

Vorgangsname	Dauer	Anfang	Fertig stellen	Vorgänger	Ressourcennamen
Waschzubehör besorgen	0,5 Std.	Mo 01.10.12	Mo 01.10.12		Roman
Felgen einsprühen	0,1 Std.	Mo 01.10.12	Mo 01.10.12	1	Claudius
Insektenentferner auftragen	0,1 Std.	Mo 01.10.12	Mo 01.10.12	2	Roman
Auto shampoonieren	0,5 Std.	Mo 01.10.12	Mo 01.10.12	3	Roman

Abb. 2.0-5: Vierter Vorgang.

6 Geben Sie in der fünften Zeile in der Spalte Vorgangsname »Auto abspritzen«, in der Spalte Dauer »0,2 Std.«, in der Spalte Vorgänger »4«, in der Spalte Ressourcennamen den Namen Ihres besten Freundes ein (Abb. 2.0-6).

Vorgangsname	Dauer	Anfang	Fertig stellen	Vorgänger	Ressourcennamen
Waschzubehör besorgen	0,5 Std.	Mo 01.10.12	Mo 01.10.12		Roman
Felgen einsprühen	0,1 Std.	Mo 01.10.12	Mo 01.10.12	1	Claudius
Insektenentferner auftragen	0,1 Std.	Mo 01.10.12	Mo 01.10.12	2	Roman
Auto shampoonieren	0,5 Std.	Mo 01.10.12	Mo 01.10.12	3	Roman
Auto abspritzen	0,2 Std.	Mo 01.10.12	Mo 01.10.12	4	Claudius

Abb. 2.0-6: Fünfter Vorgang.

8 2 Schnelleinstieg: Und ... fertig! *

 7 Geben Sie in der ersten Zeile in Spalte Anfang das Datum vom nächsten Freitag ein (Abb. 2.0-7).

Abb. 2.0-7: Startdatum des Vorhabens gesetzt.

 8 Machen Sie einen Doppelklick auf die Zeitskala im rechten Bildschirmbereich. Klicken Sie den Reiter Untere Leiste an und wählen unter Einheiten »Stunden« aus (Abb. 2.0-8).

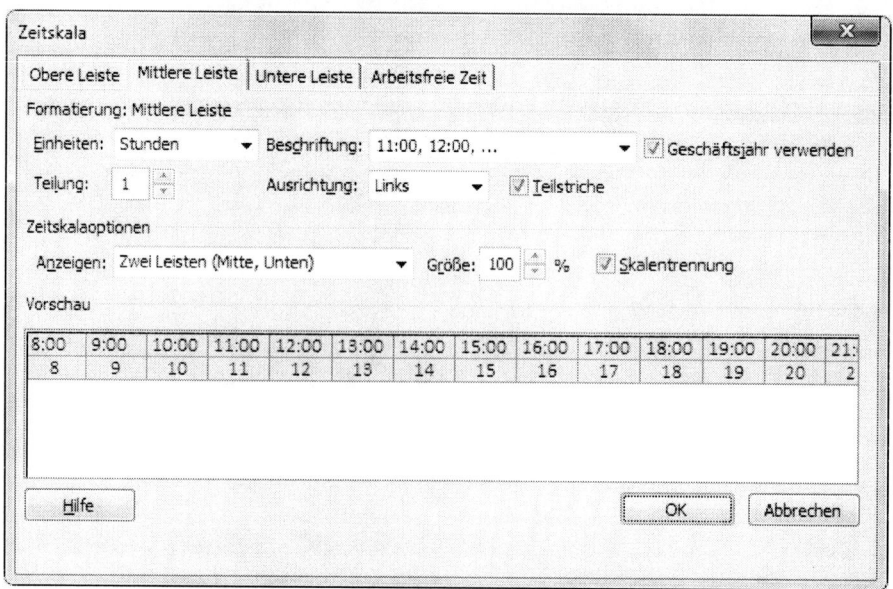

Abb. 2.0-8: Zeitskala auf Stunden umstellen.

Et voilà! Auf der rechten Seite ist ein fertiges Balkendiagramm (Ablauf-, Ressourcen-, Terminplan) entstanden. Sie haben Vorgänge erfasst, die jeweilige Dauer eingetra-

2 Schnelleinstieg: Und ... fertig! *

gen, die Abhängigkeiten festgelegt, das Startdatum gesetzt und den Vorgängen verantwortliche Ressourcen zugeordnet (Abb. 2.0-9).

Vorgangsname	Dauer	Anfang	Fertig stellen	Vorgänger	Ressourcennamen	7:00 7	8:00 8	9:00 9	10:00 10
Waschzubehör besorgen	0,5 Std.	Fr 05.10.12	Fr 05.10.12		Roman	Roman			
Felgen einsprühen	0,1 Std.	Fr 05.10.12	Fr 05.10.12	1	Claudius		Claudius		
Insektenentferner auftragen	0,1 Std.	Fr 05.10.12	Fr 05.10.12	2	Roman		Roman		
Auto shampoonieren	0,5 Std.	Fr 05.10.12	Fr 05.10.12	3	Roman		Roman		
Auto abspritzen	0,2 Std.	Fr 05.10.12	Fr 05.10.12	4	Claudius			Claudius	

Abb. 2.0-9: Fertiges Balkendiagramm (Gantt).

Über das Menü Ansicht-Netzplandiagramm lässt sich der erstellte Plan ganz einfach auch als Netzplan anzeigen (Abb. 2.0-10).

Netzplan

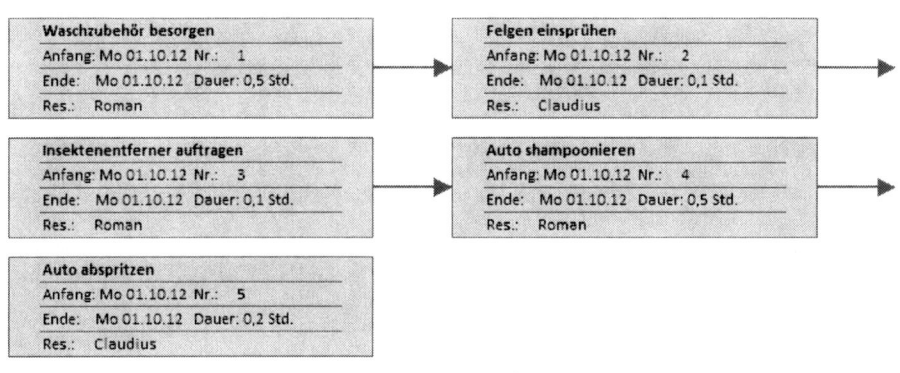

Abb. 2.0-10: Netzplan.

Dieses kurze, aber prägnante Beispiel enthält bereits einige wesentliche, wenn auch rudimentäre Vorgehensweisen zur Erstellung Ihres Projektplanes. Und das Ergebnis zeigt, wie übersichtlich die Darstellung im Balkendiagramm oder auch Netzplan aussieht. Selbstverständlich lassen sich auf diese Art und Weise deutlich komplexere Projektpläne mit parallelen Vorgängen, Pufferzeiten etc. abbilden.

Lust auf mehr? Dann lesen Sie weiter...

3 Die Grundlagen *

Bevor Sie sich mit dem Projektmanagement im Speziellen mit Hilfe von Microsoft Project beschäftigen, ist es sinnvoll, sich mit einigen grundlegenden Begriffen, Vorgehensweisen und Methoden des Projektmanagements im Allgemeinen vertraut zu machen. Microsoft Project eignet sich dazu, Projekte zu überwachen und zu steuern, also zu managen. Zur Projektvorbereitung werden oft auch andere Werkzeuge eingesetzt.

Unverzichtbarer Ausgangspunkt jeglicher Zusammenarbeit – auch im Projektmanagement – sind eindeutige Begriffsdefinitionen:

- »Definitionen«, S. 12

Ziel dieses Buches ist es, Sie Schritt für Schritt in die Arbeit mit Microsoft Project einzuführen und Sie so in die Lage zu versetzen, Ihre Projekte mit Hilfe dieser Software künftig noch effizienter zu managen. Eine durchgängige Fallstudie soll dabei das Verständnis für die zum Teil komplexen Vorgehensweisen erleichtern:

- »Fallstudie: Projekt Hausbau«, S. 15

Vor der Arbeit mit Microsoft Project werden Projektplanungen oft mit Hilfe anderer Softwareprogramme vorbereitet, deren Ergebnisse anschließend in Microsoft Project übernommen werden. Einige Softwareprogramme zur Unterstützung der Projektplanung werden hier vorgestellt:

- »Softwareprogramme zur Unterstützung der Planung«, S. 17

Die Erstellung des Projektbudgets ist ein wesentlicher Ankerpunkt und beeinflusst die Entscheidung über die Durchführung eines Projektes. Schätzmethoden helfen, den Aufwand zu kalkulieren:

- »Aufwandsschätzmethoden«, S. 26

Abschließend werden alle Planungsschritte vorgestellt, die sinnvollerweise vor der Durchführung eines Projektes durchlaufen werden sollten. Je nach Projekt werden sie zwar einen unterschiedlichen Stellenwert haben, ein schrittweises Vorgehen in dieser Form sichert aber den Gesamterfolg des Projektes und verhindert, dass wesentliche Dinge vergessen werden:

- »Schritt für Schritt«, S. 31

3.1 Definitionen *

Projekte zeichnen sich insbesondere durch ihre Einmaligkeit und Komplexität aus. Zur Reduktion der Komplexität werden sie in Projektphasen gegliedert. Die Qualifikation des Projektleiters ist wesentlich für den Erfolg des Projektes.

Projekte sind in aller Munde. Was aber ist denn eigentlich ein Projekt? Wodurch zeichnen sich Projekte aus? Saubere und allgemeingültige Definitionen sind auch im Projektmanagement nicht leicht zu finden. Im Folgenden werden einige wesentliche Begriffe des Projektmanagements kurz erläutert.

Was ist ein Projekt? — Menschen haben oftmals, wenn man ihnen Glauben schenkt, eine Vielzahl von Projekten zu bewältigen. Daher ist es wichtig, den Begriff Projekt genauer zu definieren und gegen eine Routineaufgabe bzw. Routinetätigkeit abzugrenzen.

DIN 69901 — In der DIN 69901 wird ein Projekt *(project)* wie folgt definiert:

Definition — »Vorhaben, das im Wesentlichen durch Einmaligkeit der Bedingungen in ihrer Gesamtheit gekennzeichnet ist ...«

Einmaligkeit — Die Einmaligkeit wird auf folgende Kriterien bezogen:

- Die Zielvorgabe,
- die Begrenzungen (zeitlich, finanziell, personell),
- die Organisationsform,
- die Abgrenzung gegenüber anderen Vorhaben.

Eine praxisgerechte Definition lautet:

Definition — Ein Projekt ist ein Vorhaben, das in vorgegebener Zeit und mit beschränktem Aufwand ein eindeutig definiertes Ziel erreichen soll, wobei der genaue Lösungsweg weder vorgegeben noch bekannt ist.

3.1 Definitionen *

Ein Beispiel ist ein Projekt zur Entwicklung eines Prototypens für ein neues Fertighaus.

Beispiel

Die Tab. 3.1-1 stellt vergleichend die Charakteristika von Projekten und Routineaufgaben gegenüber.

Projekt	Routineaufgaben
einmalig	mehrfach
klare Ziele	Standardprozess
zeitliche Befristung (Start- / Endtermin)	kontinuierlich wiederkehrende Abläufe
sehr komplex	wenig komplex
projektspezifische Organisation	Standardorganisation
Priorisierung schwierig	Priorisierung möglich
interdisziplinär	oft eindimensional, definierte Struktur
neuartig	bekannte und definierte Abläufe
Fertigstellungsgrad schwer ermittelbar	Status setzbar
Beispiel: Projekt »Zweifamilienhaus Amselweg 34«	Beispiel: »Parkett verlegen«

Tab. 3.1-1: Charakteristika von Projekten und Routineaufgaben.

Ein wesentlicher Bestandteil des Projektmanagements ist die Projektplanung. Routineaufgaben können einmal geplant werden. Dann werden sie immer wieder nach den einmal festgelegten Schritten ausgeführt. Innovative Aufgaben müssen jeweils neu geplant werden, wobei nur bedingt auf bereits vorhandene Planungsmuster zurückgegriffen werden kann.

Was ist Planung?

Planung ist die Vorbereitung zukünftigen Handelns. Sie legt vor ausschauend fest, auf welchen Wegen, mit welchen Schritten, in welcher zeitlichen und sachlogischen Abfolge, unter welchen Rahmenbedingungen und mit welchen Kosten und Terminen ein Ziel erreicht werden soll.

Definition

3 Die Grundlagen *

Planung ist keine einmalige Angelegenheit, sondern sie muss sich dynamisch und flexibel anpassen, wenn sich die Umgebung oder die Entwicklung ändert. Durch den Vergleich von **Planwerten** mit tatsächlichen **Ist-Werten** wird die Planung kontinuierlich verbessert.

Projektphasen

Zur Reduktion der Komplexität bzw. Verbesserung der Überschaubarkeit werden Projekte meist in Abschnitte (Phasen) unterteilt. Typische Projektphasen sind Konzeption, Spezifikation, Realisierung, Inbetriebnahme usw. **Phasen** vereinfachen die Strukturierung und Ordnung von Projekten. Sie bieten die Möglichkeit, am jeweiligen Phasenende den Projektstand zu kontrollieren und die Entscheidung über eine Weiterführung zu treffen. In der Regel werden in jeder Projektphase Dokumente erstellt, die den Inhalt bzw. den Projektfortschritt widerspiegeln.

Projektleiter & Projektmanager

Der **Projektleiter** spielt eine ausschlaggebende Rolle in einem Projekt. Seine Aufgaben liegen in mittleren und großen Projekten ausschließlich im Managementbereich. Er koordiniert, plant, steuert und beseitigt Probleme. Seine Hauptaufgabe besteht darin, das Projekt (festgelegtes Leistungsspektrum) in dem geplanten Zeitraum und zu dem geplanten Budget erfolgreich durchzuführen. Der Projektleiter erhält für festgelegte Aspekte formale Machtbefugnisse, meist bezogen auf fachliche Entscheidungen. Er hat aber niemals die formale Autorität über die Mitarbeiter dieser Einheiten, d. h. keine disziplinarischen Vollmachten.

Der Projektleiter benötigt vielmehr Entscheidungsautorität, Überzeugungskraft und Verhandlungsgeschick, um das Verhalten der zu koordinierenden Mitarbeiter zu steuern.

Werden mehrere Projekte parallel durchgeführt, dann wird nicht selten ein Projektmanager eingesetzt. Er koordiniert mehrere Projekte, wozu ihm ein oder mehrere Projektleiter durchaus auch disziplinarisch unterstellt werden können. Die Projektleiter berichten in diesem Fall an den Projektmanager.

Definition

Methoden sind durchdachte, fundierte Vorgehensweisen zur Erreichung von definierten Zielen.

Software

Softwareprogramme – auch Softwarewerkzeuge genannt – unterstützen das computerbasierte Arbeiten. Sie werden im Projektmanager z. B. zur Informationsverwaltung, Unterstützung der Planung, Kontrolle und Steuerung von Projekten benötigt.

3.2 Fallstudie: Projekt »Hausbau« *

Eine Familie mit zwei Kindern will für sich und für ein Schwiegerelternpaar ein Zweifamilienhaus bauen. Das Grundstück soll in NRW im Grünen liegen, erschlossen, möglichst kostengünstig, zwischen 800 m^2 und 1100 m^2 groß und ab dem 01.08. bebaubar sein. Das Haus soll spätestens am 01.06. bezugsfertig sein. Die junge Familie favorisiert ein Fertighaus.

In Summe sollen 40 % Eigenkapital mit eingebracht und jährliche Einmalzahlungen von 7.500,-€ geleistet werden. Der Rest muss über eine Bank finanziert werden. Der aktuelle Marktzinssatz beträgt 4,95 %. Das Gesamtbudget für Haus und Grundstück wird auf max. 400.000 € fixiert. Das Fremdkapital soll für eine Laufzeit von 25 Jahren mit einer maximalen »monatlichen Belastung unter 1.500 €« erfolgen.

Das Grundstück soll für eine Wärmepumpenbohrung geeignet sein und nicht mehr als 150,-€ pro m^2 kosten. Das Grundstück soll aus einem Vorplatz (1/5 der Fläche) und einem hinter dem Haus liegendem Grundstück (3/5 der Fläche) bestehen. Das gesamte Grundstück wird durch einen 60 cm hohen Zaun umgeben. Die »Garage« soll links, leicht versetzt zum Haus, stehen. Der Swimmingpool wird mitten im Garten platziert.

Das Haus soll

- zweigeschossig sein,
- 200 m^2 Wohnfläche und
- eine Doppelgarage haben,
- erdbebensicher und
- voll unterkellert sein sowie
- über eine innovative Gebäudetechnik verfügen.

Für beide Familien ist es wichtig, dass sich Lebensmittelgeschäfte, Kindergarten, öffentliche Verkehrsmittel, Schulen, Krankenhaus und ein Kino im nahen Umfeld befinden.

Folgende denkbare Risiken sind zu definieren, zu bewerten und im Rahmen des Risikomanagements zu berücksichtigen:
- Materialdiebstahl an der Baustelle
- Pleite der Baufirma
- Schwiegervater fällt krankheitsbedingt aus
- Wassereinbruch im Keller
- Vorgänge dauern länger als geplant
- Arbeitslosigkeit des Hauptverdieners

Der Fertighausanbieter hat ein ausbaufähiges Haus (inkl. Garage) zu liefern, sowie die folgenden zusätzlichen vollständigen Arbeiten durchzuführen:
- Baugrube ausheben
- Keller bauen
- Rohbau aufstellen
- Treppen einbauen
- Heizungsanlage installieren
- Vorplatz pflastern
- Swimmingpool ausbauen

Folgende Ausbauten sind von den Bauherrn zu initiieren oder selbstständig durchzuführen:
- Haus verkabeln
- Wandgestaltung durchführen
- Bodenbeläge verlegen
- Garten gestalten

Die Handwerker sind wöchentlich von Montag bis Freitag einsetzbar. Die Bauleitung arbeitet ebenfalls von Montag bis Freitag. In den ersten zwei Augustwochen wird nicht gearbeitet. Als Ressourcen können weiterhin Familie, Freunde und Bekannte eingesetzt werden.

Bei der Kostenkalkulation sind Notargebühren und übliche Zusatzkosten zu berücksichtigen. Des Weiteren sind Reisekosten zu kalkulieren, die für die Auswahl des Hauses, für die Suche des Grundstückes und für die Auswahl von Materialien investiert wurden. Dazu ist der Bauher zweimal nach Hamburg, einmal nach Wien geflogen und es wurden 4.350 Kilometer verfahren.

Für das Projekt sollen die Arbeits- bzw. Materialressourcen »Schreiner«, »Fertighausbauer«, »Bauarbeiter«, »Baggerfahrer«, »Bauleiter«, »Bauherr«, »Elektriker«, »Installateur«, »Maler«, »Gärtner«, »Familie«, »Freunde«, »Pflasterer«, »Bagger«, »Parkett«, »Tapeten« und »Dachziegel« angelegt werden. Das Parkett wird in m², die Tapeten in Rollen und die Dachziegel in Stück abgerechnet. Die ersten beiden Buchstaben der Ressourcen ergeben das Kürzel. Treten Dopplungen auf, ist das Kürzel eindeutig zu setzen.

Die Fertighausbaufirma Romanus GmbH stellt verschiedene Serien her. Dazu gehören die Serien »Waldeslust«, »Gelsenkirchener Barock«, »Maritim«, »Mediterran« und »Symmetrie«.

Die Familie will bei der Planung, Kontrolle und Steuerung des Bauprojektes mitwirken. Das Projekt soll die Bezeichnung »Zweifamilienhaus Amselweg 34 (Hausbau 1)« bekommen.

3.3 Softwareprogramme zur Unterstützung der Planung *

Je komplexer und umfangreicher ein Projekt ist, desto sinnvoller und notwendiger ist es, die Erstellung des Projektplans sukzessive vorzubereiten und Softwareprogramme einzusetzen, die die Umsetzung der Aufgaben unterstützen und vor allem eine Schnittstelle zu Microsoft Project haben. Es gibt eine Vielzahl solcher Programme. Im Folgenden werden einige typische Beispiele angegeben.

In sogenannten *Mind Maps* kann man Informationen sammeln und strukturieren. So können komplexe Zusammenhänge grafisch und textuell dargestellt werden, Verantwortlichkeiten zugewiesen und zeitliche Grundplanungen erstellt werden. Zur Erstellung von *Mind Maps* gibt es kostenlose Programme, z. B. FreeMind (http://freemind.sourceforge.net/wiki/index.php/Main_Page), und kostenpflichtige Programme, z. B. MindManager. Mit Hilfe des MindManagers lassen sich schnell übersichtlich strukturierte Visualisierungen in Baumform erzeugen. Hilfreich sind seine Möglichkeiten zum Datenaustausch mit anderen Programmen, z. B. auch mit Microsoft Project:

- »Exkurs: MindManager«, S. 18

Mit Hilfe von Tabellenkalkulationsprogrammen lassen sich z. B. Kostenpläne erstellen. Microsoft Excel ist ein universell einsetzbares Tabellenkalkulationsprogramm, das einen Datentransfer zu Microsoft Project mit *Copy & Paste* ermöglicht. Umgekehrt nutzt Microsoft Project dieses Programm zur Ausgabe von grafischen Berichten:

- »Exkurs: Microsoft Excel«, S. 24

Microsoft Project unterstützt ebenfalls die Zusammenarbeit mit Microsoft Outlook. Microsoft Outlook arbeitet analog zu Microsoft Project mit Aufgaben. Die gleichen Felder werden benutzt.

Die Nutzung von Microsoft Outlook unterstützt die Bearbeitung der Aufgabe und die Kontrolle der rechtzeitigen Fertigstellung der Aufgaben.

In der Regel werden verschiedene Werkzeuge in der Projektplanung und im Projektmanagement zur Kommunikation, Dokumentation, Kalkulation usw. eingesetzt.

3.3.1 Exkurs: MindManager **

Bei einer *Mind Map* handelt es sich um eine hierarchische, strukturierte, grafische Darstellung. Sie wird nach dem Baumprinzip erstellt. Jeder Ast kann einen oder mehrere Äste als Nachfolger haben. Hingegen hat jeder Ast aber nur einen Ast als Vorgänger. Die Kombination von struktureller und visueller Darstellung von Informationen ermöglicht die effiziente Nutzung des menschlichen Gehirns. Darüber hinaus können Menschen mit unterschiedlichen Denk- und Aufnahmeveranlagungen auf diese Art besser miteinander kommunizieren.

Mind Maps als Kombination von Text & Grafik

Das menschliche Gehirn besteht aus zwei Gehirnhälften. Die linke Hälfte ist für die analytische Denkweise (Zahlen, Text, Logik usw.) und die rechte für die ganzheitliche Denkweise (Rhythmus, Muster, Bilder usw.) zuständig. Mind Maps unterstützen die Nutzung beider Gehirnhälften durch eine Kombination von Text und Grafik. Somit sind Informationen schneller aufnehmbar und ermöglichen ein schnelleres Verstehen von komplexen Sachverhalten.

3.3 Softwareprogramme zur Unterstützung der Planung *

Das Programm MindManager von Mindjet (http://www.mindjet.com) ist ein kostenpflichtiges *Mind Map*-Programm, das auch in einer kostenlosen 30-Tage-Testversion zur Verfügung steht. Der MindManager kann Daten z. B. in folgende andere Programme übertragen: Microsoft Outlook, Microsoft Power Point, Microsoft Word und Microsoft Project. Der MindManager kann zur Vorbereitung folgender Planungsphasen eingesetzt werden:

- Konkretisierung der Ziele
- Strukturierung der Aufgaben
- Planung von Risiken

Mind Maps werden im MindManager ausgehend von einer leeren *Mind Map* angelegt (Abb. 3.3-1).

MindManager

Mind Map anlegen

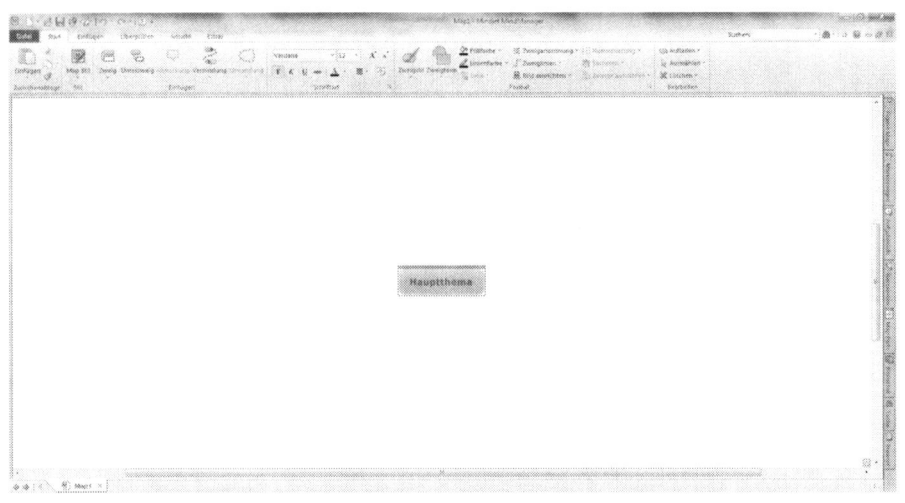

Abb. 3.3-1: Leere Mind Map.

Durch einen Doppelklick auf den voreingestellten Begriff Hauptthema können Sie diesen ändern. Hier können Sie beispielsweise den Projektnamen, z. B. »Zweifamilienhaus Amselweg 34«, die Projektnummer, z. B. »72-01-10-0001«, oder den Namen der Planungsphase, z. B. »Konkretisierung der Ziele« eintragen (Abb. 3.3-2).

Beispiel

3 Die Grundlagen *

> Zweifamilienhaus
> Amselweg 34

Abb. 3.3-2: Bezeichnung des Projektes (Hauptthema).

Als nächstes muss ein Hauptzweig angelegt werden. Dazu markieren Sie das mittlere Kästchen und betätigen die Taste Einfügen. Anschließend betätigen Sie die Taste F2. Jetzt können Sie eine Bezeichnung für den neuen Hauptzweig erfassen (Abb. 3.3-3).

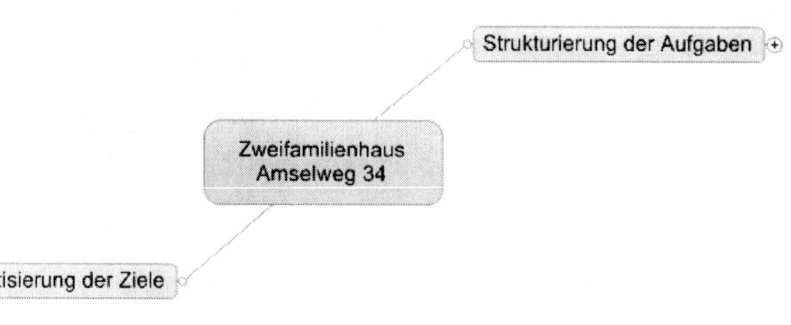

Abb. 3.3-3: Hauptzweige anlegen.

Auf die gleiche Art und Weise können Unterzweige, Unterunterzweige usw. angelegt werden (Abb. 3.3-4). Das Kästchen, zu dem neue Zweige angelegt werden sollen, muss markiert werden. Dann können Sie analog zum vorigen Abschnitt vorgehen.

Im nächsten Schritt erfolgt die Bebilderung der Zweige. Dazu wird ein Zweig markiert und der Reiter Bibliothek am rechten Bildschirmrand geöffnet. Hier können aus mehreren Bereichen Grafiken, Bilder oder Piktogramme *(icons)* zur grafischen Veranschaulichung der Zweige eingefügt werden. Die Bebilderung sollte maximal auf den ersten beiden Ebenen erfolgen. Sie haben keine Auswirkung auf die Vorbereitung des Projektplans in Microsoft Project (Abb. 3.3-5).

3.3 Softwareprogramme zur Unterstützung der Planung *

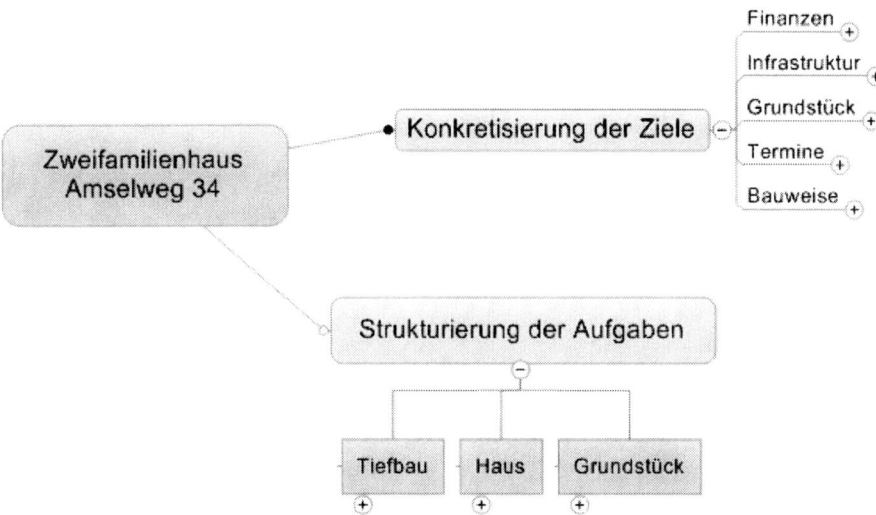

Abb. 3.3-4: Unterzweige anlegen.

Nachdem alle Hauptzweige, Unterzweige, Unterunterzweige usw. angelegt sind, erfolgt nun die Kategorisierung und Priorisierung der Zweige. Die unterste Ebene symbolisiert ein Arbeitspaket, einen Vorgang oder eine Aufgabe. Vor allem wird in diesem Schritt ein Zweig zu einer Aufgabe gemacht.

Exemplarisch wird das Arbeitspaket »Fundament gießen« des Unterprojektes »Keller« im Teilprojekt »Tiefbau« ausgewählt. Dazu wird das Arbeitspaket »Fundament gießen« markiert und der Reiter Aufgaben an der rechten Bildschirmseite geöffnet.

Die Tab. 3.3-1 zeigt, welche Felder gefüllt werden können.

Alle Felder können nach der Datenübertragung in Microsoft Project über das Dialogfenster Informationen zum Vorgang eingesehen werden. Zusätzlich werden die Inhalte der Felder Anfang, Fertig stellen, Dauer und Ressourcennamen in der Ansicht Balkendiagramm (Gantt) angezeigt (Abb. 3.3-6).

Informationen in Microsoft Project

3 Die Grundlagen *

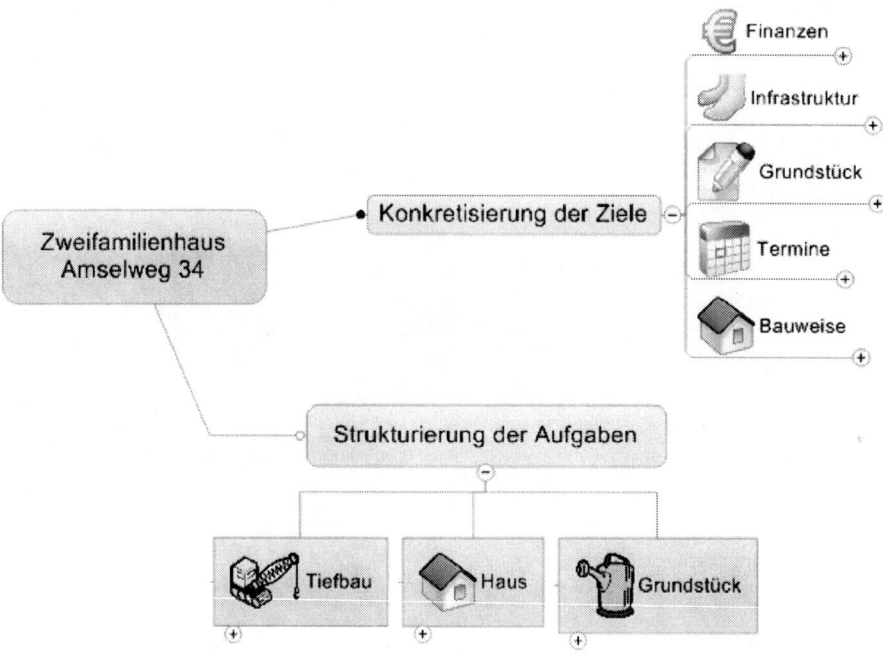

Abb. 3.3-5: Grafische Beschreibung.

Datenexport MindManager-Microsoft Project

Durch die Betätigung des Menüpunktes Daten-Exportieren-Aufgabeninfo nach Microsoft Project exportieren wird der **Datenexport** angestoßen. Unter Angabe des Dateinamens und einiger Parameter können nun Daten vom MindManager nach Microsoft Project übertragen werden. Nach der Übertragung aller unter dem Teilprojekt »Tiefbau« hängenden Unterprojekte und Aufgaben sieht die Darstellung in Microsoft Project wie in der Abb. 3.3-7 aus.

Durch einen Doppelklick beispielsweise auf den Vorgang »Fundament gießen« in Microsoft Project, sind die Detailinformationen ablesbar (Abb. 3.3-8).

3.3 Softwareprogramme zur Unterstützung der Planung *

Feld	Beschreibung
Priorität	Hier wird die Priorität zu der Aufgabe erfasst. Sinnvoll ist, mit drei Prioritäten (1 = sehr wichtig, 2 = wichtig, 3 = weniger wichtig) zu arbeiten. Die Priorität 1 entspricht in Microsoft Project 2010 »1000«, die Priorität 2 = »500« und die Priorität 3 = »250«.
Anfangsdatum	Eingabe des Startdatums der Aufgabe, welche unter Zuhilfenahme eines Kalenders ausgewählt werden kann.
Enddatum	Eingabe des Enddatums der Aufgabe, welche unter Zuhilfenahme eines Kalenders ausgewählt werden kann.
Fertig (%)	Der Fertigstellungsgrad kann zu der Aufgabe angegeben werden.
Dauer	Die Dauer der Aufgabe wird erfasst. Als Einheiten stehen »Stunde«, »Tag«, »Woche« und »Monat« zur Verfügung.
Ressourcen	Hier können die Ressourcen eingetragen werden, die zur Erledigung der Aufgabe notwendig sind.

Tab. 3.3-1: Eingabeoptionen zu Aufgaben.

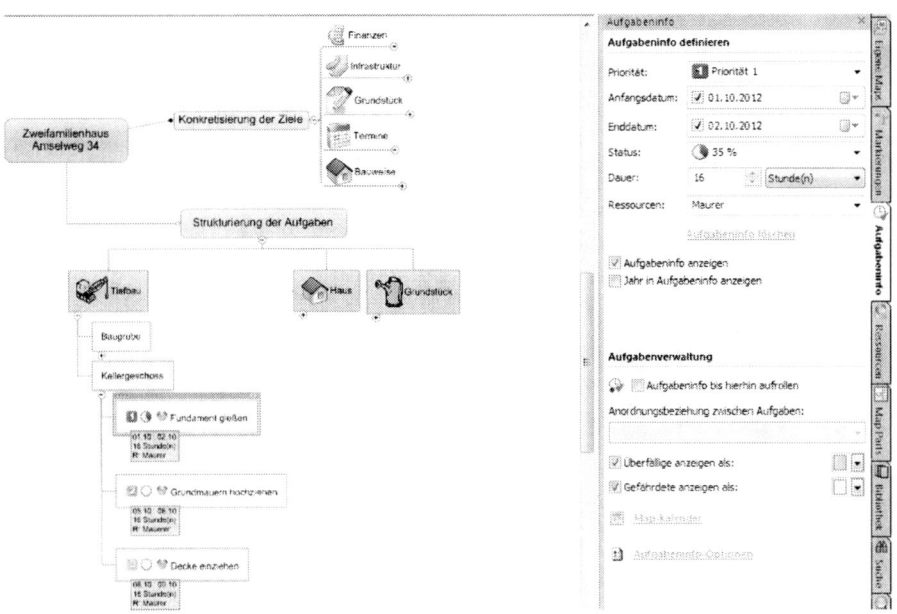

Abb. 3.3-6: Aufgabeninformationen.

24 3 Die Grundlagen *

Abb. 3.3-7: Import in Microsoft Project.

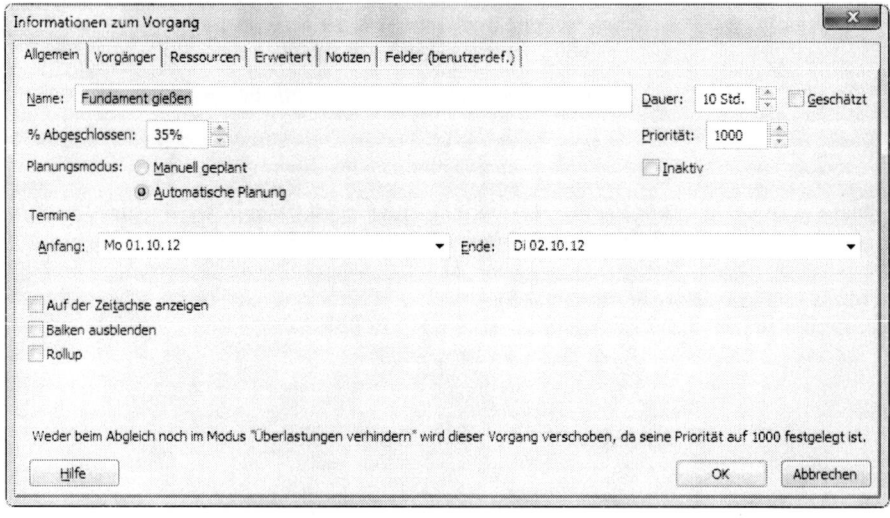

Abb. 3.3-8: Detailinformationen zum Vorgang in Microsoft Project.

3.3.2 Exkurs: Microsoft Excel **

Bei Microsoft Excel handelt es sich um ein Tabellenkalkulationsprogramm, welches sich dazu eignet, im Speziellen die Phasen Ablauf- und Ressourcenplanung vorzubereiten und nach Microsoft Project zu übertragen.

Excel kann u. a. bei diesen Schritten eingesetzt werden:
- Konkretisierung der Ziele
- Strukturierung der Aufgaben
- Ablaufplanung
- Ressourcenplanung
- Kostenplanung
- Risikoplanung

3.3 Softwareprogramme zur Unterstützung der Planung *

Zur Nutzung von Microsoft Excel ist unter Berücksichtigung, dass die Daten nach Microsoft Project übertragen werden sollen – in folgender Reihenfolge vorzugehen:

Zuerst sollten Sie sich überlegen, welche Daten nach Microsoft Project übertragen werden sollen. Standardmäßig werden in der Ansicht Balkendiagramm (Gantt) von Microsoft Project die u. a. Spalten Vorgangsname, Dauer, Anfang, Fertig stellen, Vorgänger und Ressource angezeigt. Sollen noch mehr Daten vorbereitet werden, müssen die Spalten in Microsoft Project zusätzlich angezeigt werden (z. B. Priorität). Die Beschriftung der Spalten in Microsoft Excel muss identisch mit den in Microsoft Project vergebenen Spaltennamen sein. (Abb. 3.3-9). Die Reihenfolge ist zu 100 % einzuhalten. Strukturierungsebenen – wie beispielsweise Unterprojekt und Teilprojektname – können mit übertragen werden.

Beispiel

Welche Daten werden benötigt?

B	C	D	E	F	G	H
Vorgangsname	Dauer	Anfang	Ende	Priorität	Vorgänger	Ressource

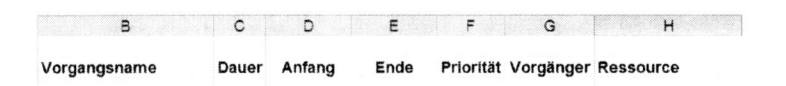

Abb. 3.3-9: Spalten in Microsoft Excel vorbereiten.

Im zweiten Schritt werden alle **Strukturierungsebenen**, **Meilensteine** und **Vorgänge** mit den dazugehörigen Daten im Rahmen einer **Vorgangsliste** erfasst.

Zu den Strukturierungselementen sind keine weiteren Daten zu erfassen. Sobald eine Tieferstellung in Microsoft Project vorgenommen wird, werden diese Daten automatisch gefüllt (Abb. 3.3-10).

Die zu übertragenden Daten (außer die Titelzeile) werden markiert und sind über die **Zwischenablage** nach Microsoft Project übertragbar.

Hierzu werden die markierten Daten z. B. mit der Tastenkombination Strg + C kopiert, nach Microsoft Project gewechselt (Alt + Tabulator), der Mauszeiger in der ersten Zeile der Spalte Vorgangsname positioniert und dann die Tastenkombination Strg + V eingefügt. Die Daten können nun strukturiert (tiefer bzw. höher gestellt) werden. Bei den Vorgängen »Tiefbau«, »Baugrube«, »Kellergeschoss«

Datenübertragung Microsoft Excel – Microsoft Project

handelt es sich um **Strukturierungsbegriffe** und beim Vorgang »Tiefbau abgeschlossen« um einen **Meilenstein** (Abb. 3.3-11).

Vorgangsname	Dauer	Anfang	Ende	Priorität	Vorgänger	Ressource
Tiefbau						
Baugrube						
Loch vermessen	2	24.09.2012	25.09.2012	1000		Bauarbeiter
Grube ausheben	3	26.09.2012	28.09.2012	500	3	Bagger,Baggerfahrer
Kellergeschoss						
Fundament gießen	10	01.10.2012	12.10.2012	1000		Maurer
Grundmauer hochziehen	2	12.10.2012	16.10.2012	500	6	Maurer
Decke einziehen	10	16.10.2012	29.10.2012	250	7	Maurer
Tiefbau abgeschlossen	0	02.11.2012	02.11.2012			

Abb. 3.3-10: Vorgangsliste in Microsoft Excel.

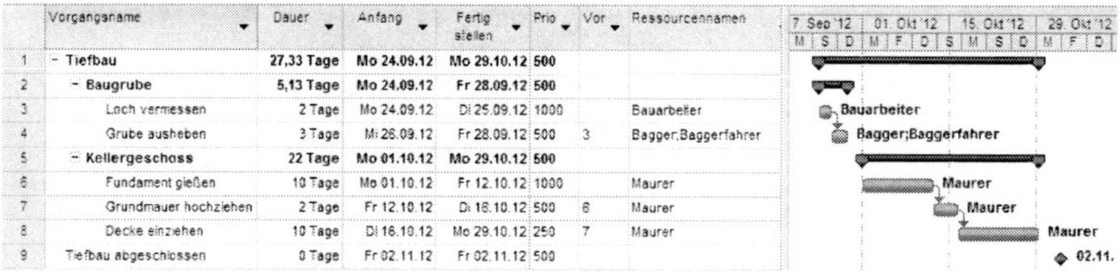

	Vorgangsname	Dauer	Anfang	Fertig stellen	Prio	Vor	Ressourcennamen
1	− Tiefbau	27,33 Tage	Mo 24.09.12	Mo 29.10.12	500		
2	− Baugrube	5,13 Tage	Mo 24.09.12	Fr 28.09.12	500		
3	Loch vermessen	2 Tage	Mo 24.09.12	Di 25.09.12	1000		Bauarbeiter
4	Grube ausheben	3 Tage	Mi 26.09.12	Fr 28.09.12	500	3	Bagger;Baggerfahrer
5	− Kellergeschoss	22 Tage	Mo 01.10.12	Mo 29.10.12	500		
6	Fundament gießen	10 Tage	Mo 01.10.12	Fr 12.10.12	1000		Maurer
7	Grundmauer hochziehen	2 Tage	Fr 12.10.12	Di 16.10.12	500	6	Maurer
8	Decke einziehen	10 Tage	Di 16.10.12	Mo 29.10.12	250	7	Maurer
9	Tiefbau abgeschlossen	0 Tage	Fr 02.11.12	Fr 02.11.12	500		

Abb. 3.3-11: Ansicht Balkendiagramm nach der Datenübertragung.

3.4 Aufwandsschätzmethoden *

Schätzungen basieren meist auf unvollständigen Informationen und Annahmen. Durch die Anwendung unterschiedlicher Methoden wird versucht, die Validität der Schätzungen zu verbessern. Dabei werden bei der Analogie- und der Prozentsatzmethode als Basis Erfahrungswerte vergangener Projekte zu Grunde gelegt. Bei der Analogiemethode werden diese Werte analog auf künftige Projekte projiziert und fixiert, während bei der Prozentsatzmethode die Erfahrungswerte mit Hilfe von Multiplikatoren gewichtet werden. Die Methode der sukzessiven Approximation bezieht detaillierte Auswirkungsgrade, Faktoren und Multiplikatoren je Vorgang in die Überlegungen ein, um einen möglichst validen Schätzwert zu ermitteln.

3.4 Aufwandsschätzmethoden *

Es ist schwierig, Kosten und Zeiten in Projekten richtig zu schätzen. Es gibt verschiedene Methoden, die zur Aufwandsschätzung herangezogen werden können.
Drei davon werden hier beispielhaft dargestellt.

Die Gründe dafür sind vielfältig:

Probleme von Schätzungen

- Der Auftraggeber erwartet Kosten- und / oder Zeitinformationen (z. B. Gesamtdauer eines Projektes) schon zu einem frühen Zeitpunkt. Teilweise liegen noch nicht alle Anforderungen vor, das Team steht noch nicht fest usw.
- Für neuartige Projekte sind keine Erfahrungswerte vorhanden.
- Eine Vielzahl von Einflussfaktoren sind nicht vorhersehoder kalkulierbar.
- Schwierigkeitsgrad des Projektes (z. B. schlechtes Wetter während der Bauphase).
- Erfahrungsschatz und Leistungswille der Mitarbeiter (z. B. Einsatz von mehr Gesellen als Meister).
- Qualität der Anforderungsspezifikation (z. B. der Bauherr hat häufige Änderungswünsche).
- Anzahl der für das Projekt zur Verfügung gestellten Ressourcen.

Analogiemethode

Die Schätzwerte der Analogiemethode basieren auf der Betrachtung von bereits abgeschlossenen Projekten, die unter ähnlichen Bedingungen wie das anstehende Projekt durchgeführt worden sind. Voraussetzung dafür ist, dass die Erfahrungswerte wie beispielsweise Zielerreichungsgrad (Kosten, Zeit, Leistung), Stärken und Schwächen, die Bewertung von getroffenen Entscheidungen usw. dokumentiert wurden.

Übertragung von Erfahrungen ähnlicher Projekte

Da eine hundertprozentige Äquivalenz von Projekten so gut wie nie vorkommt, können die Zahlen, Erfahrungswerte usw. nicht eins zu eins übernommen werden, sondern müssen bewertet und dem aktuellen Projekt angepasst werden.

Hinweis

Beispiel

Drei Fertighäuser der Serie »Waldeslust« des Fertighausanbieters Romanus GmbH & Co. KG wurden in Gelsenkirchen-Rotthausen errichtet. Die gleichen Fertighäuser sollen nun in Gelsenkirchen-Buer mit der gleichen Ausstattung, mit dem gleichen Team auf gleich großen Grundstücken, durch Beantragung des Bauvorhabens bei demselben Bauamt errichtet werden. Hierbei kann davon ausgegangen werden, dass für den Bau der Fertighäuser in Gelsenkirchen-Buer grundsätzlich das gleiche Budget und der gleiche Zeitrahmen angesetzt werden kann. Individualitäten wie z. B. andere Bauherrn und somit Sonderanforderungen müssen aber definiert, bei der Planung berücksichtigt bzw. die vorhandenen Schätzwerte angepasst werden.

Prozentsatzmethode

Berücksichtigung von Aufwandserfahrungen

Die Grundlagen der Prozentsatzmethode sind, ebenso wie bei der Analogiemethode, Erfahrungswerte bereits durchgeführter Projekte (unternehmensbezogen). Die durchschnittliche Aufwandsverteilung der durchgeführten Projekte der einzelnen Unterprojekte/Phasen wird für andere Bauprojekte übernommen. Die Erfahrungswerte werden hier durch Multiplikatoren gewichtet.

Beispiel

Für den Aufbau der Fertighäuser der Serien »Waldeslust«, »Symmetrie« und »Maritim« des Fertighausanbieters Romanus GmbH & Co. KG wurden in den vergangenen drei Jahren durchschnittlich 15 % der Finanzmittel für das Unterprojekt »Tiefbau« (Baugrube und Kellergeschoss), 75 % für das Unterprojekt »Haus« (Rohbau und Ausbau) und 10 % für das Unterprojekt »Grundstück« benötigt. Äquivalent dazu dauerte das Unterprojekt »Tiefbau« durchschnittlich 20 %, das Unterprojekt »Haus« (Rohbau und Ausbau) 70 %, und das Unterprojekt »Garten« 10 % der gesamten Bauzeit.

Für zukünftige Projekte werden die Erfahrungswerte (durchschnittliche Prozentzahlen und Zeitdauer) übernommen. Für den zukünftig geplanten Aufbau der Serie »Waldeslust« und »Gelsenkirchener Barock« können –

nachdem das erste Unterprojekt durchgeführt worden ist – Rückschlüsse auf die Gesamtkosten und die Gesamtdauer getroffen werden. Kostet das erste Unterprojekt 30.000 € und dauert 40 Tage, belaufen sich die Kosten des Gesamtprojektes auf 200.000 € und die Gesamtdauer auf 200 Tage.

Methode der sukzessiven Approximation

Hier wird lediglich die Philosophie bzw. grobe Vorgehensweise erklärt, da es sich bei der **Methode der sukzessiven Approximation** um eine sehr komplexe Methode handelt.

Komplexe Methodik

1. Ein Projekt wird in Arbeitspakete und anschließend in einzelne Vorgänge zerlegt.

Das Arbeitspaket »Parkett verlegen« wird in die Vorgänge »Parkett zuschneiden«, »Parkett verleimen«, »Parkett verlegen« und »Parkett versiegeln« aufgegliedert.

Beispiel 1a

2. Pro Vorgang wird festgelegt, ob diesbezüglich eher wenige oder viele Faktoren (1 = wenige; 10 = viele) mit einem jeweils geringen oder hohen Auswirkungsgrad (1 = gering; 10 = hoch) zu einer Abweichung der Schätzwerte führen können.

Auf den Vorgang »Parkett versiegeln« werden eher wenige Faktoren mit geringem Auswirkungsgrad Einfluss nehmen, da es sich lediglich um das Auftragen eines robusten Lackes handelt. Hingegen stehen dem Vorgang »Parkett zuschneiden« eher mehrere Faktoren mit höherem Auswirkungsgrad gegenüber. Muss das Parkett in einem asymmetrischen Raum, mit vielen Ecken und Ausschnitten und aufgrund vieler aus dem Boden kommender Heizungsrohre oft auf unterschiedliche Art und Weise zugeschnitten werden, kann dies eine hohe Auswirkung auf die Zeitdauer haben.

Beispiel 1b

3. Für jeden Vorgang wird aufgrund der dazugehörigen Faktoren und Auswirkungsgrade ein Komplexitätsgrad vergeben. Hierzu werden beide Werte miteinander multipliziert.

Beispiel 1c	Hat der Vorgang »Parkett zuschneiden« einen Faktor von sieben und einen Auswirkungsgrad von acht, so ergibt sich ein Komplexitätsgrad von 56%.

4 Die Gesamtdauer des Vorgangs wird anhand der normalen Zeitschätzung plus des zusätzlichen Komplexitätsgrads errechnet.

Beispiel 1d	Wurde für den Zuschnitt von beispielsweise 120 m^2 Parkett eine Zeitdauer von 4,5 Stunden geschätzt und liegt ein dazugehöriger Komplexitätsgrad von 56% vor, ergibt dies eine Zeitdauer von 7,03 Stunden.

5 Die Dauer aller Vorgänge wird addiert, um die Gesamtdauer eines Arbeitspaketes zu ermitteln.

Beispiel 1e	»Parkett zuschneiden« = 7,03 Stunden »Parkett verleimen« = 1,97 Stunden »Parkett verlegen« = 8 Stunden »Parkett versiegeln« = 3 Stunden ⇒ ergibt eine Gesamtdauer von 20 Stunden.

Bewertung

Validität der Schätzung	Bei keiner der Methoden handelt es sich um Formeln, bei denen nach dem Einsetzen von Werten für die Unbekannten absolut exakte, realistische Werte herauskommen. Der zentrale Faktor bei jeder Methode ist der Faktor »Mensch« und in dem Zusammenhang die vorhandenen Erfahrungswerte. **Die Analogiemethode und Prozentsatzmethode liefern eher ungenaue Werte, die der Realität oftmals nicht entsprechen bzw. nur Richtwerte liefern, die noch angepasst werden müssen.** Die genaueste aber auch zeitaufwendigste Methode ist die **Methode der sukzessiven Approximation**.
Tipp	Egal ob es sich um eine Zeit oder Kostenschätzung handelt, ist vor Publizierung der Werte gegenüber dem Auftraggeber ein angemessener Puffer zwischen 5% und 20% aufzuschlagen.

3.5 Schritt für Schritt *

Die Planung eines Projektes umfasst mehrere Planungsschritte. Jeder dieser Schritte enthält wiederum Informationen, die für andere Planungsschritte relevant sind. Wichtig ist, dass für eine vollständige Projektplanung alle Planungsschritte durchlaufen, die dazugehörigen Informationen gesammelt sowie auf richtige Art und Weise und unter Einsatz einer dafür geeigneten Methode oder eines Programms visualisiert werden. Für die Aufstellung der Projektplanung sind ebenfalls Zeit, Ressourcen und finanzielle Mittel zu berücksichtigen (Planung der Planung = Metaplanung).

Die Abb. 3.5-1 zeigt exemplarisch die im Projektmanagement notwendigen Planungsschritte.

```
Ziele festlegen
  └─► Aufgaben strukturieren
        └─► Ablauf planen
              └─► Ressourcen festlegen
                    └─► Kosten kalkulieren
                          └─► Termine setzen
                                └─► Risiken managen
```

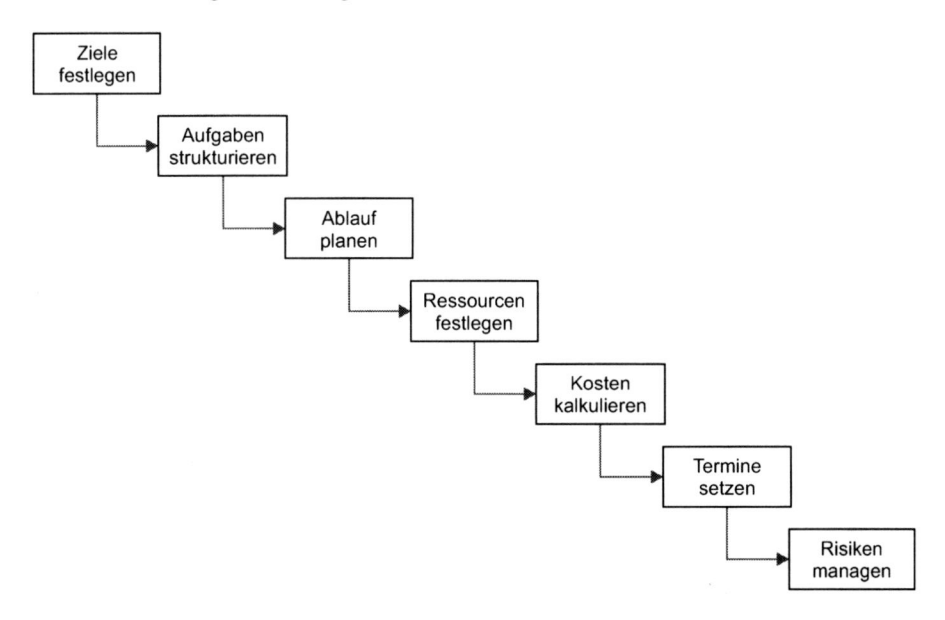

Abb. 3.5-1: Planungsschritte im Projektmanagement.

Ziel ist es, alle **Planungsunterlagen** vorzubereiten und erstmalig zu erstellen, um ein solides Fundament für den Projektstart zu haben. Die unterschiedlichen Planungsschritte enthalten die im Folgenden beschriebenen Inhalte.

Vorbereitung & Metaplanung

Übertragung der Planung in Microsoft Project

Der Einsatz von Programmen wie MindManager oder Microsoft Excel dient lediglich der Vorbereitung bzw. Aufstellung der ersten Gesamtplanung mit dem Ziel, die Informationen anschließend nach Microsoft Project zu übertragen, wo dann eine regelmäßige Kontrolle und Aktualisierung der Planung während des Projektes stattfindet. Eine Übertragung der Daten ist zwischen verschiedenen Programmen möglich (siehe »Softwareprogramme zur Unterstützung der Planung«, S. 17).

Die Inhalte der Planungsschritte basieren auf der Fallstudie Hausbau (siehe Fallstudie: »Fallstudie: Projekt Hausbau«, S. 15).

1 Ziele festlegen

Im Rahmen des Planungsschrittes »Ziele festlegen« werden die Projektziele strukturiert, nach Prioritäten geordnet und unter Anwendung der SMART-Regel fixiert:

S = schriftlich

M = quantitativ messbar

A = anspruchsvoll

R = realistisch

T = terminlich strukturierbar

Eine geeignete Methode zur Visualisierung der Ziele ist eine *Mind Map* (Abb. 3.5-2). Bei einer *Mind Map* handelt es sich um eine hierarchische, übersichtliche Strukturierung von Inhalten (siehe auch »Exkurs: MindManager«, S. 18).

2 Aufgaben strukturieren

Gesamtprojekt, Teilprojekt, Unterprojekt, Arbeitspaket

Im nächsten Schritt erfolgt die Strukturierung der Aufgaben, indem die Gesamtaufgabe in Teilprojekte, die Teilprojekte in Unterprojekte und die Unterprojekte in Arbeitspakete unterteilt werden. Ein Arbeitspaket ist eine Zusammenfassung bzw. Gruppierung von Vorgängen und ist weiter in mehrere Vorgänge zerlegbar. Das Arbeitspaket kann auf eine Person, Personengruppe, Abteilung oder auf ein Unternehmen übertragen werden. In Form eines Projektstrukturplans (hierarchische Darstellung) werden die Ergebnisse visualisiert (Abb. 3.5-3).

3.5 Schritt für Schritt * 33

Finanzen
- Gesamtbudget < 600.000 €
- 60 % Fremdfinanzierung
  - Marktzins < 4,95%
  - Sondertilgung 7.500 € pro Jahr
  - Laufzeit: 25 Jahre
  - monatliche Belastung: unter 1500 €
- 40 % Eigenkapital
  - Aktienpaket
  - Bausparvertrag

Infrastruktur
- Lebensmittelgeschäfte (Umkreis < 3 km)
- Kindergarten (Umkreis < 2 km)
- Öffentliche Verkehrsmittel (Bushaltestelle im Umkreis von 1 km)
- Schulen (mit Bus < 20 Min. erreichbar)
- Krankenhaus (in 20. Min mit Auto erreichbar)
- Kino (Umkreis < 5 km)

Grundstück
- Größe 800 - 1100 m²
- erschlossen und bebaubar
- geeignet für Wärmepumpenbohrung
- ruhige Lage (max. Tempo-30-Zone)
- Unterkellerung möglich
- Preis pro m² < 150 €
- innerhalb NRW
- im "Grünen"

Konkretisierung der Ziele

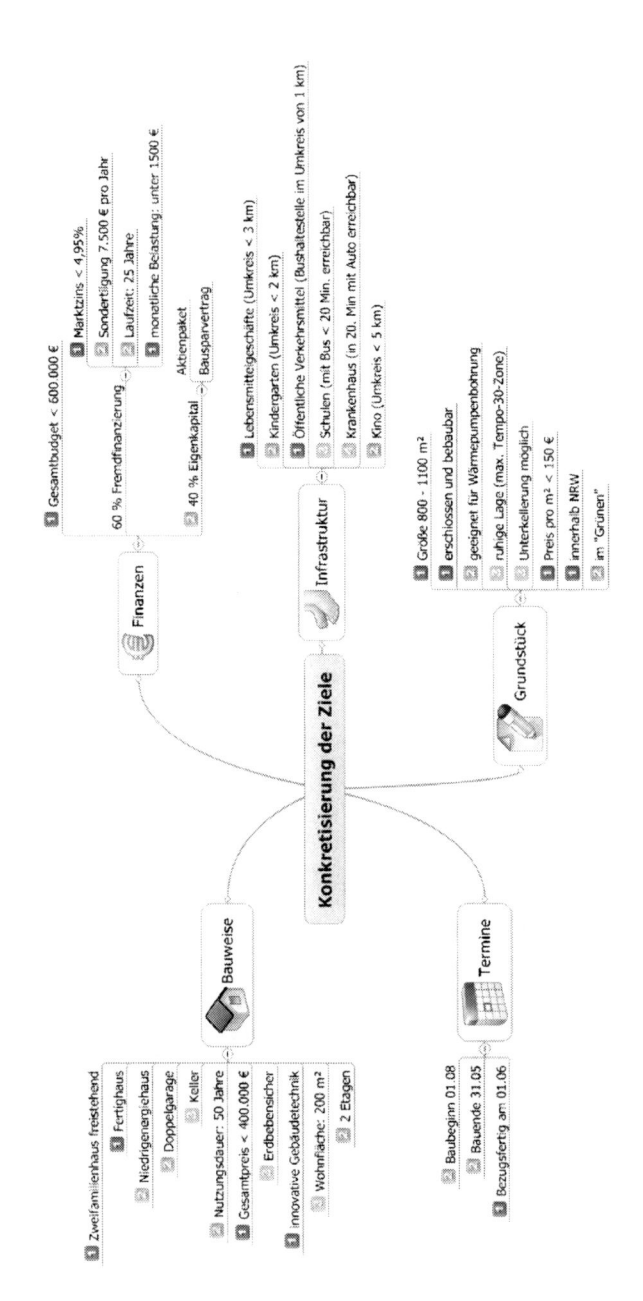

Bauweise
- Zweifamilienhaus, freistehend
- Fertighaus
- Niedrigenergiehaus
- Doppelgarage
- Keller
- Nutzungsdauer: 50 Jahre
- Gesamtpreis < 400.000 €
- Erdbebensicher
- Innovative Gebäudetechnik
- Wohnfläche: 200 m²
- 2 Etagen

Termine
- Baubeginn 01.08
- Bauende 31.05
- Bezugsfertig am 01.06

Abb. 3.5-2: Konkretisierung der Ziele in Form einer Mind Map.

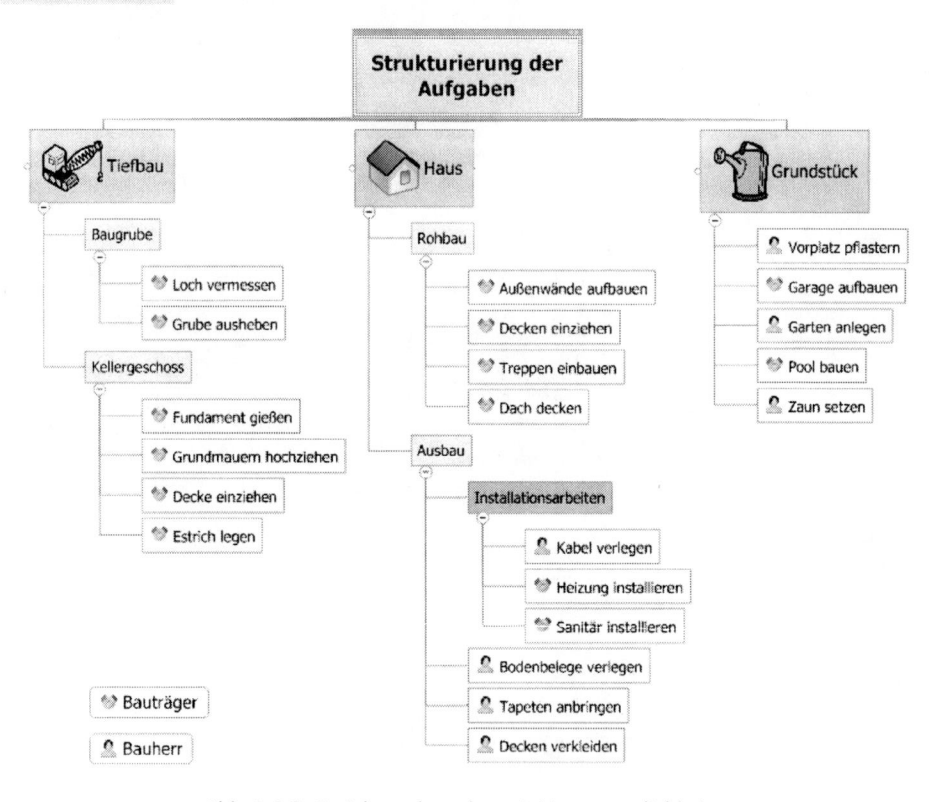

Abb. 3.5-3: Projektstrukturplan mit Verantwortlichkeiten.

3 Ablauf planen

Ablaufplanung der Projektvorgänge

Die Basis für die **Ablaufplanung** ist der Projektstrukturplan. In dieser Phase erfolgt die Erstellung der letzten Detailebene der Planung. Die Arbeitspakete werden in **Vorgänge** zerlegt, in eine Vorgangsliste (Abb. 3.5-4) eingetragen, laufend nummeriert (Eindeutigkeit von Arbeitspaket und Vorgang muss gewährleistet sein) und nachfolgende Vorgänge pro Vorgang definiert.

- Paket Nr. = laufende Nummer des Arbeitspaketes
- VG Nr. = laufende Nummer des Vorganges im Arbeitspaket

3.5 Schritt für Schritt *

Paket Nr.	VG Nr.	Vorgang	Material Anz.	Beschreibung	Hilfsmittel	Dauer	Vorgänger
4	1	Parkett einkaufen			LKW	4 h	
4	2	Dämmung verlegen	60 m2	5 mm Filz	Schere	2 h	1
4	3	Dämmung verkleben	32 m	Klebeband		1 h	2
4	4	Abstandshalter schneiden	100 St.	12 mm Spanholz	Säge	1 h	3
4	5	Parkett zuschneiden	70 m2	Buche	Zollstock	2 h	4
4	6	....					

Abb. 3.5-4: Vorgangsliste »Parkett verlegen«.

4 Ressourcen festlegen

Ressourcen können Personal-, Material-, oder Kostenressourcen sein (siehe »Er, Sie oder Es macht den Job«, S. 117). Es wird ermittelt, ob genügend Ressourcen zur Erledigung der Arbeitspakete vorhanden sind oder ob Engpässe vorliegen. Überlastungen werden visualisiert und letztendlich aufgezeigt, welche Ressourcen beschafft werden müssen.

Werden alle Materialen bzw. Hilfsmittel aus allen Vorgangslisten zusammengetragen, erhält man eine Beschaffungsliste (Abb. 3.5-5).

Paket Nr.	VG Nr.	Vorgang	Material Anz.	Beschreibung	Hilfsmittel	Dauer	Verantwortung	Vorgänger
4	1	Parkett einkaufen			LKW	4 h	Schwiegermutter	
4	2	Dämmung verlegen	60 m2	5 mm Filz	Schere	2 h	Schwiegervater	1
4	3	Dämmung verkleben	32 m	Klebeband		1 h	Sohn	2
4	4	Abstandshalter schneiden	100 St.	12 mm Spanholz	Säge	1 h	Sohn	3
4	5	Parkett zuschneiden	70 m2	Buche	Zollstock	2 h	Schwiegervater	4
4	6	....						

Abb. 3.5-5: Vorgangsliste Ressourcen, Dauer, Abhängigkeiten »Parkett verlegen«.

Sind alle Vorgangslisten vollständig erstellt, können die Inhalte von Microsoft Excel per *Copy & Paste* nach Microsoft Project transportiert werden (»Exkurs: Microsoft Excel«, S. 24).

Übertragung der Vorgangsliste

5 Kosten kalkulieren

Kostenkalkulation als Basis für die Genehmigung des Projektes

Einer der wichtigsten Planungsschritte ist die **Kostenplanung**. Sämtliche Projektkosten (Personal-, Material-, Reisekosten, Gebühren usw.) werden ermittelt und den Arbeitspaketen zugeordnet (Abb. 3.5-6).

Die Kosten können mittels verschiedener **Aufwandsschätzmethoden** (siehe »Aufwandsschätzmethoden«, S. 26) ermittelt werden. Sie dienen als Grundlage für die Genehmigung oder Ablehnung eines Projektes.

6 Termine setzen

Die absoluten Zahlen werden nun in **Kalendertermine** umgerechnet und mit Hilfe eines Gantt-Diagramms bzw. **Balkendiagramms** (Abb. 3.5-7) oder **Netzplans** (Abb. 3.5-8) in Microsoft Project visualisiert.

7 Risiken managen

Vorsicht ist besser als Nachsicht!

Risiken, die das Projekt betreffen, müssen frühzeitig geplant und schriftlich fixiert werden. Anschließend werden die **Eintrittswahrscheinlichkeit** (in Prozent) und die **Auswirkung** (z. B. Schaden in €) ermittelt, betroffene Bereiche aufgezeigt und korrigierende bzw. präventive **Maßnahmen** definiert.

Risiken können beispielsweise technischer, wirtschaftlicher oder organisatorischer Natur sein (Abb. 3.5-9).

3.5 Schritt für Schritt *

Ausbauhaus			180.000 €	
Grundstückskosten			120.000 €	
Gebühren:				
Grundstücksmakler	7,00%		8.400 €	
Grunderwerbssteuer	3,50%		4.200 €	
Versicherungen:	€/Jahr			
Bauherrenhaftpflicht	60 €			
Haftpflicht	1.000 €			
			1.060 €	
Reisekosten	Flüge:	Paris	199 €	
		München	199 €	
		Wien	300 €	
	Fahrtkosten:	4500	0,30 €	1.350 €
				315.708 €
Handwerker:				
	Arbeitsstunden:			
Tischer		78	40 €	3.120 €
Maler		34	40 €	1.360 €
Gärtner		22	30 €	660 €
				5.140 €
Gerätekosten:				
	Mietdauer:	4 Tage		
Bagger:				
Tagessatz:	90 €	8		720 €
Wochensatz:	450 €	0		0 €
Bäume:	4.400 €			4.400 €
				5.120 €
Materialkosten:				
Fußböden:				
Parkett	3.000 €			
Laminat	4.500 €			
Fliesen	1.200 €			
				8.700 €
Malerarbeiten:				
Putz	2.500 €			
Tapeten	3.300 €			
Lacke	1.900 €			
				7.700 €
		Gesamtkosten:		342.368 €

Abb. 3.5-6: Kostenaufstellung.

3 Die Grundlagen *

	Vorgangsname	Dauer	Anfang	Fertig stellen	Prio	Vor	Ressourcennamen
1	− Tiefbau	27,33 Tage	Mo 24.09.12	Mo 29.10.12	500		
2	− Baugrube	5,13 Tage	Mo 24.09.12	Fr 28.09.12	500		
3	Loch vermessen	2 Tage	Mo 24.09.12	Di 25.09.12	1000		Bauarbeiter
4	Grube ausheben	3 Tage	Mi 26.09.12	Fr 28.09.12	500	3	Bagger;Baggerfahrer
5	− Kellergeschoss	22 Tage	Mo 01.10.12	Mo 29.10.12	500		
6	Fundament gießen	10 Tage	Mo 01.10.12	Fr 12.10.12	1000		Maurer
7	Grundmauer hochziehen	2 Tage	Fr 12.10.12	Di 16.10.12	500	6	Maurer
8	Decke einziehen	10 Tage	Di 16.10.12	Mo 29.10.12	250	7	Maurer
9	Tiefbau abgeschlossen	0 Tage	Fr 02.11.12	Fr 02.11.12	500		

Abb. 3.5-7: Ansicht Balkendiagramm (Gantt).

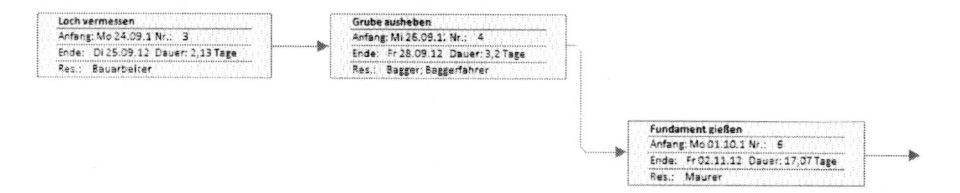

Abb. 3.5-8: Ansicht Netzplandiagramm.

Nr.	Risiko	Eintritts- wahrschenlichkeit	Betroffene Bereiche	Möglicher Schaden	Maßnahmen präventiv
1	Feuer	0,10%	ganzes Haus	500.000 €	Versicherung abschließen
2	Materialdiebstahl	10%	Ausbau	10.000 €	Sicherung der Baustelle
3	Steigene Zinsen	30%	alle	8.000 €	lange Zinsbindung
4	Arbeitslosigkeit	25%	ganzes Haus	500.000 €	Versicherung abschließen
6	...				

Abb. 3.5-9: Risikomanagement.

4 Grundbegriffe in Microsoft Project *

Microsoft Project ist eine mächtige Software um Projekte verschiedener Größe, Dauer und Komplexität zu managen. Folgerichtig spiegelt sich die Individualität jedes Projektes in Bezug auf seine Struktur, seinen Ablauf, die nutzbaren Ressourcen und die terminlichen und inhaltlichen Zusammenhänge sowie die daraus resultierenden Anforderungen des Benutzers in den vielfältigen Parametern, Ansichten, Daten und Auswertemöglichkeiten wider. Vor der Arbeit mit der Software selbst ist es daher notwendig, verschiedene Grundlagen in Bezug auf Microsoft Project zu erarbeiten.

Zeitliche Begrifflichkeiten spielen im Projektmanagement allgemein und bei der Arbeit mit Microsoft Project im Besonderen eine wesentliche Rolle:

- »Arbeitszeit«, S. 39
- »Meilensteine«, S. 42
- »Termine und Dauer«, S. 43

Die erste Projektanlage in Microsoft Project erfolgt über die Eingabe der einzelnen Projektvorgänge sowie ihrer Dauer und Beziehungen und der folgenden Zuweisung der Vorgänge zu den verantwortlichen Ressourcen. Microsoft Project visualisiert den Plan automatisch wahlweise in einem Balken- oder Netzplandiagramm:

- »Das 1 x 1 der Planung«, S. 46

Kosten und Nutzen von Projekten sind ausschlaggebend für die Entscheidung für oder gegen seine Durchführung. Lassen sich aber alle relevanten Kosten überhaupt vor Projektbeginn genau ermitteln? Und wenn ja, wie?

- »Das Budget«, S. 52

4.1 Arbeitszeit *

Vorgänge stellen die zu erledigenden Aufgaben in Projekten dar. Ressourcen in Form von Arbeits-, Material- oder Kostenressourcen führen die Aufgaben durch. Wichtig für den richtigen Einsatz von Arbeitsressourcen ist die Berechnung der tatsächlich zur Verfügung stehenden Arbeitszeit.

Es ist dabei zwischen der nominalen Bruttoarbeitszeit, der Nettoarbeitszeit und der tatsächlichen Arbeitszeit zu unterscheiden, während dieser eine Ressource für die Projektarbeit zur Verfügung steht. Sie kann als Produktivanteil an der Bruttoarbeitszeit ausgedrückt werden.

Ressourcen machen die Arbeit und werden dafür eingesetzt

Der Begriff Ressourcen umfasst nicht nur Personalressourcen, also Mitarbeiter. In Microsoft Project werden Arbeitsressourcen, Materialressourcen und Kostenressourcen unterschieden (Tab. 4.1-1).

	Beispiel	**Abrechnung**
Arbeitsressource	Handwerker Programmierer Projektleiter Kreissäge Drucker	pro Stunde Tagessatz
Materialressource	Parkett Steine Dachziegel	Tonnen Quadratmeter Stück
Kostenressource	Kosten für ein Weiterbildungsseminar	Fixe Kosten

Tab. 4.1-1: Ressourcenarten mit Beispielen.

Brutto & Nettoarbeitszeit

Um die Projektdauer richtig berechnen zu können, muss der Projektleiter wissen, wie viel Arbeitszeit je Mitarbeiter für das Projekt zu verplanen ist. Die Arbeitszeit ist die Zeit pro Tag, die für das Projekt (Ressourcen und Vorgänge) zur Arbeit zur Verfügung steht. Bei der Arbeitszeit ist zu unterscheiden zwischen der Bruttoarbeitszeit und der Nettoarbeitszeit. Bei der Bruttoarbeitszeit handelt es sich um die meist vertraglich geregelte und in Stunden pro Tag ausgedrückte Gesamtarbeitszeit eines Mitarbeiters pro Jahr.

Beispiel

Die vertragliche geregelte Arbeitszeit eines Handwerkers beträgt 7,5 Stunden pro Tag (Wochenarbeitszeit 37,5 Stunden) mit einer durchschnittlichen Anzahl von 21 Tagen pro Monat. Der Handwerker arbeitet zwölf Monate pro Jahr.

Monatliche Bruttoarbeitszeit:

7,5 Std. * 21 Tage = 157,5 Std. / Monat

4.1 Arbeitszeit *

Jährliche Bruttoarbeitszeit:

157,5 Std. / Monat * 12 Monate / Jahr = 1.890 Std. / Jahr

Würde im Rahmen der Projektplanung die Bruttoarbeitszeit verwendet, wäre eine Projektverlängerung bereits vorprogrammiert. Zu berücksichtigen sind die Urlaubstage, Krankheitstage und Abwesenheitszeiten (z. B. für Fortbildungen eines Mitarbeiters) pro Jahr. Die Nettoarbeitszeit ist somit die Zeit, mit der man tatsächlich kalkulieren kann.

Der Handwerker hat 30 Tage Urlaub (225 Stunden), ist im Durchschnitt zwölf Tage pro Jahr krank (90 Stunden) und nimmt an 6 Tagen pro Jahr (45 Stunden) an Fortbildungen teil.

Beispiel

Jährliche Nettoarbeitszeit:

1.890 Std. Bruttoarbeitszeit – 225 Std. – 90 Std. – 45 Std. = 1.530 Std.

Bei der Berechnung der Nettoarbeitszeit ist nicht berücksichtigt, dass regelmäßig Störfaktoren auftreten, welche die Nettoarbeitszeit pro Tag weiterhin reduzieren. Diese können in Projekten vielseitig sein:

Einflussgrößen auf die Nettoarbeitszeit

- Vielzahl von E-Mails, die beantwortet werden müssen.
- Häufiges Telefonklingeln.
- Besprechungen, die länger dauern als geplant.
- Kollegen oder Vorgesetzte, die gerne aus dem Nähkästchen plaudern.
- Arbeitsmittel, die nicht funktionieren.
- Materialen, die nicht zur richtigen Zeit am richtigen Ort sind.
- Anforderungen, die nachspezifiziert werden müssen bzw. nachträglichen Abstimmungsaufwand benötigen.
- Hohes Verkehrsaufkommen, das die Anfahrts- bzw. Reisezeiten erhöht.

In den seltensten Fällen sind Erfahrungswerte bzgl. dieser Störfaktoren aus vergangenen Projekten vorhanden, so dass hier Pauschalwerte mit in die Berechnung der Nettoarbeitszeit einfließen können. Ein Projektleiter tut gut daran, auf jeden Fall eine halbe Stunde pro Tag für diese Störfaktoren einzukalkulieren. Diese Zahl ist zugegebenermaßen sehr op-

ND 4 Grundbegriffe in Microsoft Project *

timistisch gewählt, hängt aber auch von der Art des Projektes und der Rolle der Personalressource ab.

Beispiel

Pro Tag soll eine halbe Stunde (126 Stunden im Jahr) für Störfaktoren eingerechnet werden. Jährliche Nettoarbeitszeit unter Berücksichtigung von Störfaktoren:
1.890 Std. Bruttoarbeitszeit − 225 Std. − 90 Std. − 45 Std. − 126 Std. = 1.404 Std.

Dieser Fehlbetrag kann für jeden Mitarbeiter als pauschaler Schätzwert eintragen werden. Je mehr Erfahrungswerte der Vergangenheit vorliegen bzw. dokumentiert wurden, desto realistischer ist der Fehlbetrag und somit die Nettoarbeitszeit des Mitarbeiters. Der Zusammenhang zwischen beiden Werten wird als **Produktivanteil** ausgedrückt.

Beispiel

Produktivanteil:

1.530 Std. Nettoarbeitszeit pro Jahr / 1.890 Std. Bruttoarbeitszeit pro Jahr = 80,95 %

Produktivanteil unter Berücksichtigung von Störfaktoren:

1.404 Std. Nettoarbeitszeit pro Jahr / 1.890 Std. Bruttoarbeitszeit pro Jahr = 74,29 %

Ein Mehreinsatz von Ressourcen führt sehr selten zu einer linearen Verkürzung der Vorgänge.

Beispiel

Tausend Maler können ein Wohnhaus mit 10 Mietparteien nicht in einer Stunde streichen, da sie sich gegenseitig auf die Füße treten und keinen Platz mehr zum Arbeiten hätten.

4.2 Meilensteine *

Bei einem Meilenstein handelt es sich um einen Zeitpunkt, der auch als Zwischenziel bezeichnet werden kann. Er ist ein Kontrollpunkt, an dem der Projektleiter einen Soll-Ist-Vergleich vornehmen kann, um zu überprüfen, ob der Projektfortschritt planmäßig verlaufen ist.

Anforderungen an Meilensteine

Ein **Meilenstein** verursacht selbst keine Arbeit. Meilensteine müssen bestimmten Anforderungen genügen, um als

Hilfsmittel der Projektüberwachung bzw. als Indikator für den Projektverlauf zu fungieren:

- Meilensteine sollten so formuliert werden, dass eine Messbarkeit der Ergebnisse gewährleistet ist.
- Prozentuale Schätzwerte sind nicht überprüfbar, deshalb sollten sie vermieden werden. In der Praxis kommen sie aber vor.

Meilensteine, die überprüft werden können sind z. B.:   *Beispiel*
- Der Kaufvertrag für das Zweifamilienhaus ist unterschrieben.
- Der Projektstrukturplan ist erstellt.
- Alle Bodenbeläge wurden verlegt.
- Der Rohbau steht.

- Ein Meilenstein sollte auf jeden Fall an das Ende jeder Projektphase gesetzt werden. Jede Phase ist mit dem Erreichen des Meilensteins abgeschlossen.
- Zu wenig gesetzte Meilensteine können dazu führen, dass unplanmäßige Entwicklungen zu spät erkannt werden. Des Weiteren birgt dies die Gefahr, zu spät oder gar nicht mehr reagieren und Maßnahmen zur Korrektur einleiten zu können, da beispielsweise nicht mehr genug Zeit zur Verfügung steht.

Meilensteine sollen in regelmäßigen und angemessenen Zeitabständen gesetzt werden. Ob Meilensteine mit Vorgängen oder Sammelvorgängen verknüpft werden sollten muss im Einzelfall entschieden werden (siehe »Prüfung der Meilensteine«, S. 207).   *Tipp*

4.3 Termine und Dauer *

Eine Dauer ist ein allgemeiner Zeitraum oder Zeitspanne. Termine dagegen beziehen sich in Microsoft Project immer auf ein definiertes Kalendarium. Streng zu unterscheiden ist das Objekt, auf das sich die Dauer und die Termine beziehen. Dies können das gesamte Projekt oder die einzelnen Vorgänge sein. Nach der Bestimmung eines Anfangstermins (z. B. des Projektes oder eines Vorganges) kann durch Projektion der Dauer der korrespondierende Endtermin errechnet werden, bei anfänglicher Festlegung des Endtermins entsprechend der zugehörige Anfangstermin. Durch terminliche Einschränkungen wie der Festlegung eines fixen Startterminus für einen Vorgang können projektindividuelle Eigenschaften berücksichtigt werden. Dabei ist zu beachten, dass sie gleichzeitig die Flexibilität der Ablaufplanung zum Teil erheblich einschränken. Daher sollten sie mit Bedacht und nur wenn unbedingt notwendig eingesetzt werden. Sie haben unmittelbare Auswirkungen auf Pufferzeiten des Plans.

Projekttermine	Der **Anfangstermin** legt fest, zu welchem Datum das Projekt beginnen soll. Der **Endtermin** gibt an, wann ein Projekt beendet sein soll. Gerade dann, wenn ein Auftraggeber diesen vorgegeben hat, das Projekt also den Endtermin auf keinen Fall überschreiten darf, muss dieser in Microsoft Project festgelegt werden.
	Die **Berechnung** des Projektes kann ausgehend vom Anfangstermin oder ausgehend vom Endtermin erfolgen. Muss ein Projekt zu einem vorgegebenen Zeitpunkt auf jeden Fall fertig gestellt sein, so kann Microsoft Project den Anfangstermin rückwärts ausgehend vom Endtermin berechnen. Andernfalls kann der Endtermin unter Angabe des Starttermins berechnet werden: Endtermin = Anfangstermin + Dauer Anfangstermin = Endtermin − Dauer
Vorgangstermine	Die Bearbeitung eines Vorgangs muss innerhalb seiner geplanten Termine verlaufen. Der Beginn eines Vorganges muss zwischen seinem **frühesten und spätesten Anfangstermin** liegen. Analog gibt es für jeden Vorgang einen **frühesten und spätesten Endtermin**. Die **tatsächlichen Termine** sind die Zeitpunkte, zu denen ein Vorgang im Projektverlauf wirklich beginnt oder endet. Diese können von den geplanten Terminen abweichen.
Projektdauer	Die **Gesamtdauer** ist die Zeit, die zwischen dem Anfangstermin und Endtermin eines Projektes liegt.
Vorgangsdauer	Für jeden Vorgang muss eine **Vorgangsdauer** (siehe »Vorgänge erfassen«, S. 92) festgelegt werden. Die Dauer eines Vorgangs hängt von der **Kapazität der Ressourcen** ab. Je mehr Mitarbeiter (unter der Voraussetzung, dass sie

4.3 Termine und Dauer *

sich nicht gegenseitig behindern) einem Vorgang zugeordnet werden, desto eher ist mit dem Abschluss zu rechnen. Es handelt sich hierbei um die Zeit, die verstreicht, bis ein Vorgang abgeschlossen ist.

Der Vorgang »Parkett tragen« hat eine Vorgangsdauer von zwei Tagen. Hilft eine weitere Person zusätzlich mit, das Parkett vom Lieferwagen ins Haus zu tragen, so beträgt die Arbeitsdauer pro Person einen Tag. Werden die Ressourcen jedoch nur zu 50% ihrer Arbeitszeit eingesetzt, beträgt die Arbeitsdauer weiterhin zwei Tage.
Beispiel

Als Arbeitsdauer bezeichnet man die Zeit, die eine Ressource benötigt, um einen Vorgang vollständig zu bearbeiten und abzuschließen.
Arbeitsdauer

Ein **kritischer Pfad** ist eine Folge von Vorgängen bzw. Ereignissen ohne Pufferzeit. Diese sind sorgfältig zu überwachen, da eine Verzögerung das Projekt über den festgelegten Endtermin hinaus verschieben würde.
Kritischer Pfad & Puffer

Das Intervall zwischen frühestem und spätestem Anfangstermin (Einschränkungsarten) eines Vorganges wird als Pufferzeit bezeichnet. Puffer sind Zeiträume, welche die Möglichkeit bieten Verzögerungen in Projekten abzufangen (siehe »Projektüberwachung«, S. 200). Pufferzeiträume entstehen in Kombination mit Vorgangseinschränkungen.

Insgesamt sind acht verschiedene **Einschränkungsarten** einstellbar:
Einschränkungsarten

1 So früh wie möglich: Der Vorgang beginnt so früh möglich, sofern Vorgängerbeziehungen dies gestatten.
2 So spät wie möglich: Der Vorgang beginnt zum spätesten Anfangstermin.
3 Ende nicht früher als: Der Vorgang endet zum festgelegten Termin oder später. Ein früheres Ende ist unzulässig.
4 Anfang nicht früher als: Der Vorgang beginnt zum festgelegten Termin oder später. Ein früherer Start ist unzulässig.
5 Ende nicht später als: Der Vorgang endet zum festgelegten Termin oder früher. Ein späteres Ende ist unzulässig.

6 **Anfang nicht später als**: Der Vorgang beginnt zum festgelegten Termin oder früher. Ein späterer Start ist unzulässig.
7 **Muss enden am**: Der Vorgang endet genau zum festgelegten Termin.
8 **Muss anfangen am**: Der Vorgang beginnt genau zum festgelegten Termin.

Flexibilität von Vorgangseinschränkungen

Im Hinblick auf ihre **Flexibilität** lassen sich die Einschränkungen in drei Stufen gliedern:

1 **Stufe A**: 1 + 2: Ausgehend von einem geplanten Zeitpunkt werden Verschiebungen in beide Richtungen gestattet. Diese Einschränkungen bieten die höchste Flexibilität.
2 **Stufe B**: 3 + 4 + 5 + 6: Diese Einschränkungen sind zeitlich nur in einer Richtung beschränkt.
3 **Stufe C**: 7 + 8: Sind die schärfsten Einschränkungen, da sie keine Abweichung (weder früher noch später) vom Einschränkungstermin zulassen.

Tipp

Die flexibleren Einschränkungen sind unproblematisch im Umgang mit Verzögerungen. Es sollte daher nur mit den festen Varianten gearbeitet werden, wenn wirklich eine derartige kalendarische Bindung für den Vorgang vorliegt.

Spätestens wenn Vorgänge miteinander verknüpft werden, führen Termineinschränkungen bei Verzögerungen zu weiteren Komplikationen. Nachfolgende Vorgänge verschieben sich zwangsläufig ebenfalls nach hinten. Der Koordinationsaufwand durch Verzögerungen ist ohnehin immens, wenn man allein die Folgen für die Ressourcenplanung betrachtet. Unnötige Einschränkungen sollten also vermieden werden. Auch wenn ein Vorgang schneller als erwartet abschließt, ist die Flexibilität bei den variablen Einschränkungen größer.

4.4 Das 1 x 1 der Planung *

Vorgänge stellen die eigentlichen Aufgaben dar. Sie stehen in bestimmten zeitlichen und inhaltlichen Abhängigkeitsbeziehungen zueinander, die in Microsoft Project ebenfalls abgebildet werden müssen. Anordnungsbeziehungen sind stets Beziehungen zwischen einem Vorgänger und einem

4.4 Das 1 x 1 der Planung *

Nachfolger. Mitarbeiter, Betriebsmittel und Geldmittel werden als Einsatzmittel oder Ressourcen bezeichnet. Sie sind Objekte der Einsatzmittelplanung.

Vorgänge

Ein **Vorgang** ist die kleinste Einheit in einem Projekt und stellt die eigentliche Aufgabe dar. Die Summe aller Vorgänge ergibt den gesamten Leistungsumfang des Projektes (siehe »Schritt für Schritt«, S. 31).

> Das Arbeitspaket »Parkett verlegen« wird in die Vorgänge »Parkett zuschneiden«, »Parkett verleimen«, »Parkett verlegen« und »Parkett versiegeln« aufgegliedert.

Beispiel

Zu einem Vorgang können verschiedene Informationen abgelegt werden (Abb. 4.4-1). Die wichtigsten sind:

- Vorgangsname
- Anfangstermin
- Endtermin
- Dauer in Stunden / Tagen / Monaten
- Priorität des Vorgangs
  (hoch = 1000, mittel = 500, niedrig = 250)
- Fertigstellungsgrad (abgeschlossen in %)
- Ressourcen (siehe »Er, Sie oder Es macht den Job«, S. 117)
- Notizen

Vorgangsname	Dauer	Anfang	Fertig stellen	Ressourcennamen
Grube ausheben	1,5 Tage	Mo 15.10.12	Di 16.10.12	Bagger;Baggerführer

Abb. 4.4-1: Standardinformationen zum Vorgang.

Anordnungsbeziehungen

Vorgänge existieren nicht isoliert, sondern stehen in bestimmten Abhängigkeitsbeziehungen zueinander. Anordnungsbeziehungen sind stets Beziehungen zwischen einem Vorgänger und einem Nachfolger. Der jeweils nachfolgende Vorgang ist von seinem Vorgänger abhängig. Diese Abhängigkeiten werden durch Verbindungspfeile symbo-

Relationen zwischen Vorgängen

lisiert. Die Richtung eines Verbindungspfeils zeigt die **Anordnungsbeziehung** an.

Es sind vier verschiedene Anordnungsbeziehungen möglich:
1. Ende-Anfang-Beziehung (EA): Normalfolge
2. Anfang-Anfang-Beziehung (AA): Anfangsfolge
3. Ende-Ende-Beziehung (EE): Endfolge
4. Anfang-Ende-Beziehung (AE): Sprungfolge

Um die Anordnungsbeziehung und den Zeitabstand zu fixieren, ist in Microsoft Project das Dialogfenster Informationen zum Vorgang über das Menü Aufgabe-Informationen und hier der Reiter Vorgänger zu öffnen. Im Feld Art kann die Anordnungsbeziehung aus einer Liste ausgewählt werden. Der positive oder negative Zeitabstand kann in dem Feld Zeitabstand eingetragen werden.

Ende-Anfang-Beziehung
Ein Zeitabstand wird vom Endtermin des Vorgängers zum Anfangstermin des Nachfolgers beschrieben.

Beispiel

Mit dem Verlegen der Bodenbeläge kann erst begonnen werden, wenn der Estrich gegossen wurde und getrocknet ist (Abb. 4.4-2). Soll der abhängige Vorgang drei Tage nach seinem Vorgänger beginnen, so ist ein Zeitabstand von +3 Tagen einzutragen. Soll der abhängige Vorgang zwei Tage vor dem Ende seines Vorgängers beginnen, so ist ein Zeitabstand von -2 Tagen zu wählen.

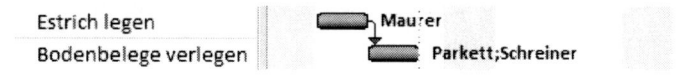

Estrich legen — Maurer
Bodenbelege verlegen — Parkett;Schreiner

Abb. 4.4-2: Ende-Anfang-Beziehung.

Anfang-Anfang-Beziehung
Ein Vorgang kann erst beginnen, wenn sein Vorgänger begonnen hat.

Beispiel

Erst wenn die ersten Parkettbretter zugeschnitten wurden, kann mit dem Verlegen begonnen werden (Abb. 4.4-3). Soll der abhängige Vorgang 1 Stunde nach seinem Vorgänger beginnen, so ist ein Zeitabstand von +1 Stunde einzutragen.

```
Parkett zuschneiden        Schreiner
Parkett verlegen           Schreiner
```

Abb. 4.4-3: Anfang-Anfang-Beziehung.

Ende-Ende-Beziehung
Ein Vorgang kann erst nach Fertigstellung seines Vorgängers enden.

Erst wenn das Parkett komplett verlegt worden ist, kann der Reinigungsvorgang des Parketts abgeschlossen werden (Abb. 4.4-4).   Beispiel

```
Parkett zuschneiden        Schreiner
Parkett verlegen           Schreiner
Parkett reinigen           Schreiner
```

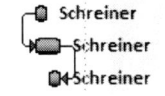

Abb. 4.4-4: Ende-Ende-Beziehung.

Anfang-Ende-Beziehung
Ein abhängiger Vorgang kann erst enden, wenn sein Vorgänger begonnen hat.

Die Mietwohnung kann erst gekündigt werden, wenn das gebaute Zweifamilienhaus bezugsfertig ist (Abb. 4.4-5).   Beispiel

```
Haus bezugsfertig          Hausherr
alte Wohnung kündigen      Hausherr
```

Abb. 4.4-5: Anfang-Ende-Beziehung.

Einsatzmittelplanung

Mitarbeiter, Betriebsmittel und Geldmittel werden als **Einsatzmittel** bezeichnet. Ziel der **Personaleinsatzplanung** ist eine gleichbleibende Auslastung der Mitarbeiter über die   Vorgänge & Einsatzmittel

4 Grundbegriffe in Microsoft Project *

gesamte Projektdauer. Der Einsatz kann termintreu oder kapazitätstreu geplant werden. Die Planung erfolgt in vier Schritten:

1 Ermittlung des tatsächlichen Bedarfs
2 Ermittlung des Personalvorrats
3 Vergleich von Bedarf und Vorrat
4 Optimierung des Personaleinsatzes

Für die Durchführung von Vorgängen müssen Einsatzmittel bereitgestellt werden. Im Rahmen der Einsatzmittelplanung wird der Bedarf ermittelt und auf die Vorgänge verteilt. Weiterhin erfolgt eine Optimierung hinsichtlich auftretender Engpässe. Wenn die ausreichende Verfügbarkeit von Mitarbeitern zu einem Zeitpunkt nicht gegeben ist, führt dies entweder zu Überlastungen des beteiligten Personals oder zu Verzögerungen der bearbeiteten Vorgänge.

Es werden zwei Arten der Einsatzmittelplanung unterschieden:

- **Termintreue Einsatzmittelplanung:**
  Termine werden vom Projektinitiator vorgegeben und es muss ermittelt werden, wie viele Personalressourcen zur Erreichung des Termins eingesetzt werden müssen.

Beispiel

Der Fertighausanbieter Romanus GmbH & Co. KG hat den Rohbau eines Zweifamilienhauses zu erstellen. Der Fertigstellungstermin ist der 31.05. Anfang Dezember kristallisiert sich heraus, dass der Termin mit den zur Verfügung stehenden Handwerkern nicht einzuhalten ist. Aufgrund des zugesicherten Termins ist der Bauunternehmer gezwungen, mehr Mitarbeiter einzusetzen.

- **Kapazitätstreue Einsatzmittelplanung:**
  Die für das Projekt einsetzbaren Mitarbeiter stehen fest und der früheste Fertigstellungstermin muss ermittelt werden.

Beispiel

Für den Rohbau eines Zweifamilienhauses stehen zwölf Fertighausbauer der Firma Romanus GmbH & Co. KG zur Verfügung. Der Starttermin ist der 01.08. Unter Einsatz der zur Verfügung gestellten Ressourcen ist der früheste Fertigstellungstermin der 31.05.

Visualisierungsmethoden

Zur **Visualisierung** der Projektergebnisse in Microsoft Project wird standardmäßig ein **Balkendiagramm** (Gantt) und in seltenen Fällen ein **Netzplan** genutzt.

Balkendiagramm

Eine andere Bezeichnung für Balkendiagramm ist Gantt-Diagramm. Der Balkenplan basiert auf einem zweidimensionalen Koordinatensystem. Es handelt sich um eine grafische Ansicht, bei der die Informationen auf der Ordinate (Y-Achse) und der Abszisse (X-Achse) abgetragen werden. Auf der Y-Achse stehen beispielsweise die zu erledigenden Vorgänge. Die X-Achse ist die Zeitachse (Abb. 4.4-6).

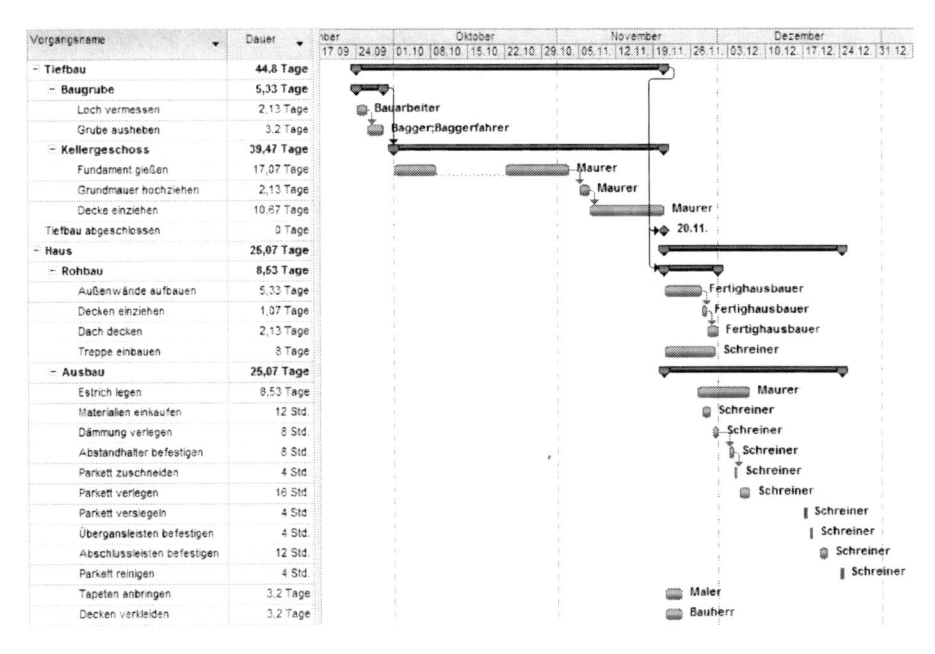

Vorgangsname	Dauer
− Tiefbau	44,8 Tage
− Baugrube	5,33 Tage
Loch vermessen	2,13 Tage
Grube ausheben	3,2 Tage
− Kellergeschoss	39,47 Tage
Fundament gießen	17,07 Tage
Grundmauer hochziehen	2,13 Tage
Decke einziehen	10,67 Tage
Tiefbau abgeschlossen	0 Tage
− Haus	25,07 Tage
− Rohbau	8,53 Tage
Außenwände aufbauen	5,33 Tage
Decken einziehen	1,07 Tage
Dach decken	2,13 Tage
Treppe einbauen	8 Tage
− Ausbau	25,07 Tage
Estrich legen	8,53 Tage
Materialien einkaufen	12 Std.
Dämmung verlegen	8 Std.
Abstandhalter befestigen	8 Std.
Parkett zuschneiden	4 Std.
Parkett verlegen	16 Std.
Parkett versiegeln	4 Std.
Übergangsleisten befestigen	4 Std.
Abschlussleisten befestigen	12 Std.
Parkett reinigen	4 Std.
Tapeten anbringen	3,2 Tage
Decken verkleiden	3,2 Tage

Abb. 4.4-6: Ansicht Balkendiagramm (Gantt).

Netzdiagramm

Eine andere Bezeichnung für Netzdiagramm ist **PERT-Diagramm** (Abb. 4.4-7). Es existieren drei verschiedene Verfahren der Netzplantechnik. Dazu gehören der Vorgangspfeilnetzplan (VPN), der Ereignisknotennetzplan (EKN) und der

Vorgangsknotennetzplan (VKN). In der Praxis wird häufig der Letztere angewandt.

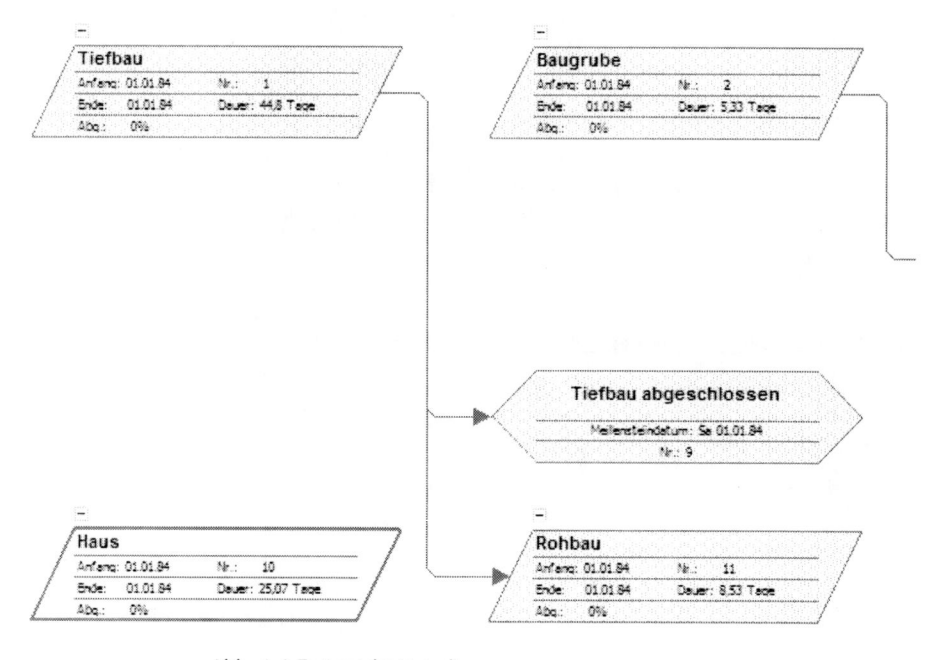

Abb. 4.4-7: Ansicht Netzdiagramm.

4.5 Das Budget *

Die Aufstellung eines validen und tragfähigen Budgetansatzes erfolgt erstmalig oft bereits vor der Entscheidung, ob ein Projekt überhaupt durchgeführt werden soll. Er wird dem erwarteten Nutzen gegenübergestellt, um die Sinnhaftigkeit des Projektes zu bewerten. Dabei sind naturgemäß viele Kostendaten noch nicht absolut verfügbar, sondern beruhen auf Annahmen und Schätzungen. Nicht nur die Ermittlung der Plankosten, auch die Pflege der Ist-Kosten im Projektverlauf bedeutet Aufwand. Für das Projektcontrolling ist sie aber unverzichtbar, denn Plandaten können nur auf Abweichungen überprüft werden, wenn analoge und aktuelle Ist-Daten zur Analyse bereitgestellt werden.

Die Ziele eines Projektes zu definieren ist ein wesentlicher Schritt zum Erfolg eines Projektes. Bei der Abwägung,

4.5 Das Budget *

ob sich die Durchführung eines Projektes überhaupt lohnt, spielen selbstverständlich auch Kostengesichtspunkte eine Rolle.

Schon im Laufe der Meta-Planung (Planung der Planung) werden die Entscheider bzw. der Projektleiter mit Fragen nach Kostenaspekten konfrontiert:

Fragen über Fragen

- Wie teuer wird das Gesamtprojekt?
- Stehen Kosten und Nutzen im Einklang?
- Wann wird der **Return on Investment** (ROI) erreicht?
- Welches Budget wird benötigt?

Auf Basis der ersten Abschätzungen wird ein **Budget** veranschlagt und genehmigt.

Genehmigung des Budgets

In der Projektanlagephase werden die groben Kostenerwartungen durch die detaillierten Planungen des Projektleiters konkretisiert. Hier wird es regelmäßig darum gehen, die Ziele des Projektes mit dem genehmigten Budget optimal zu erreichen. Dazu müssen den definierten Vorgängen und den zugeordneten Ressourcen die durch sie verursachten Kosten zugeordnet werden:

- Was kostet der Einsatz einer Ressource?
- Welche Arten von Kosten werden verursacht und wie lassen sie sich in Microsoft Project darstellen?
- Gibt es ressourcenunabhängige Kosten eines Vorgangs?
- Wie lässt sich ein Vorgang kostenoptimal durchführen?
- Gibt es nicht direkt zurechenbare **Gemeinkosten**?

Während der Durchführung des Projektes muss die Kostenentwicklung kontinuierlich überwacht und Abweichungen analysiert werden, um gegebenenfalls notwendige Steuerungsmaßnahmen frühzeitig ergreifen zu können.

Die Zuordnung von Kosten zu Ressourcen und Vorgängen wird in folgendem Kapitel beschrieben:

- »Sukzessive Vorgehensweise«, S. 89

Möglichkeiten des **Projektcontrollings** mittels Microsoft Project werden in folgenden Kapiteln dargestellt:

- »Wie läuft's? Den Projektfortschritt aktualisieren«, S. 177
- »Den Überblick behalten: Berichtswesen«, S. 221

Über das Dialogfenster Projekt-Eigenschaften (Menüpfad: Datei-Informationen-Projektinformationen-Erweiterte Eigenschaften) lassen sich die Gesamtkosten auf einen Blick ersehen, sofern alle Kostendaten im Projekt entsprechend verlässlich gepflegt sind (Abb. 4.5-1).

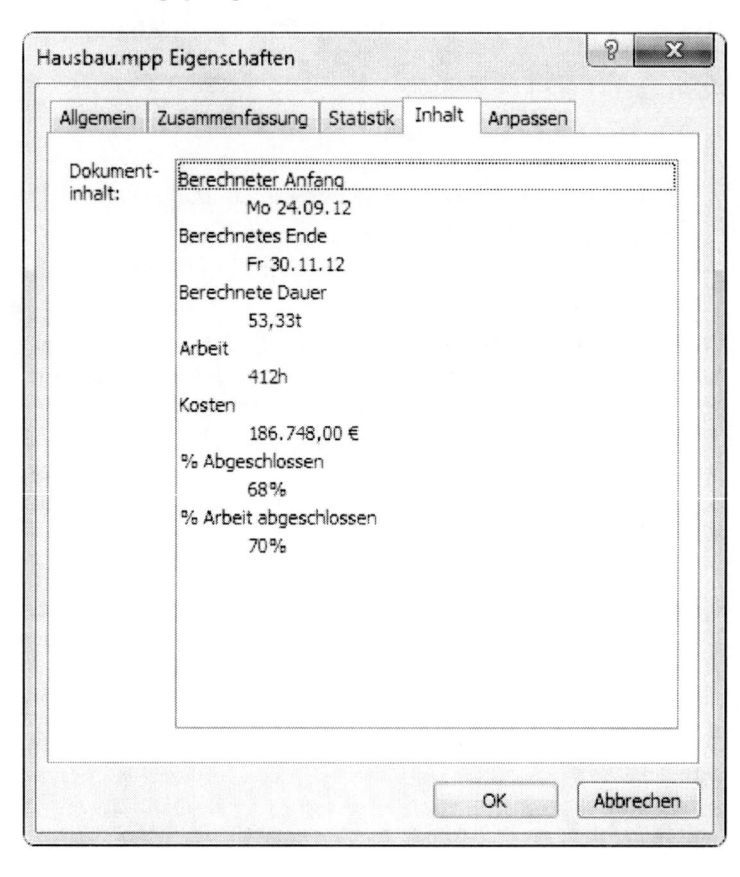

Hausbau.mpp Eigenschaften

Allgemein | Zusammenfassung | Statistik | Inhalt | Anpassen

Dokumentinhalt:
Berechneter Anfang
  Mo 24.09.12
Berechnetes Ende
  Fr 30.11.12
Berechnete Dauer
  53,33t
Arbeit
  412h
Kosten
  186.748,00 €
% Abgeschlossen
  68%
% Arbeit abgeschlossen
  70%

Abb. 4.5-1: Kostenabschätzung über Datei-Informationen-Projektinformationen-Erweiterte Eigenschaften.

Eine Herausforderung bei der Pflege der Kosten ist es, alle Kostenarten und vor allem ihre absoluten Höhen sowohl bei der Anlage als auch während der Durchführung des Projektes korrekt zu ermitteln.

Ermittlung von Kosten

Die Kosten externer Ressourcen oder fremdvergebener Vorgänge lassen sich über eingeholte Angebote oder aufgrund von Erfahrungswerten (siehe »Aufwandsschätzmethoden«, S. 26) für die Projektplanung abschätzen. Für die internen

4.5 Das Budget *

Kosten werden oft **Standardkosten** oder **Verrechnungssätze** zu Hilfe genommen, da die tatsächlichen Personalkosten nicht veröffentlicht werden sollen und können.

Während des Projektes können insbesondere die extern verursachten Kosten anhand von Zwischen- oder Endrechnungen von Dienstleistern oder Zulieferern genau beziffert und nachgepflegt werden, um einen Vergleich der veranschlagten Soll-Kosten mit den tatsächlichen Ist-Kosten zu ermöglichen. Abweichungen müssen analysiert werden, außerdem kann nur so die Einhaltung des Budgets über die Zeit gewährleistet werden.

5 Die ersten Schritte *

Microsoft Project kann Ihnen weder die strukturierte und detaillierte Planung Ihres Projektes und der notwendigen Vorgänge, noch eine effiziente und zielgerichtete Projektsteuerung abnehmen. Auch kann es den Projekterfolg allein durch seinen Einsatz nicht garantieren. Aber es kann bei alledem helfen. Das beste Handwerkszeug nutzt aber nichts, wenn der Benutzer von Microsoft Project sich nicht mit dem Arbeitsbereich, den zur Verfügung stehenden Funktionalitäten und den Einsatzgrundsätzen vor der Nutzung vertraut gemacht hat.

Der Projektleiter muss wie ein erfahrener Kapitän auf seiner Brücke sein. Alle Instrumente im Blick, die Mannschaft hinter sich, deren Qualifikationen kennend und das Ziel vor Augen:

- »Das Cockpit des Capitäns«, S. 57

So wie der Kapitän seine ersten Logbuch-Einträge macht, ist es auch in Microsoft Project sinnvoll, vor bzw. mit der Anlage des eigentlichen Projektplanes globale Projektdaten und -informationen zu hinterlegen:

- »Leinen los!«, S. 66

Arbeits- und Ruhezeiten und damit letztlich die Einsatzzeiten der Ressourcen bei der Bearbeitung der Vorgänge, aber auch die hierdurch entstehenden Vorgangskosten, werden anhand der zu Grunde liegenden Kalendereinstellungen berechnet. Diese können – je nach Projekt – durchaus sehr komplex werden:

- »Das Herz – Der Kalender«, S. 74

5.1 Das Cockpit des Kapitäns *

Der Standardarbeitsbereich von Microsoft Project ist eine geteilte Ansicht. Im linken Bereich des Cockpits ein Tabellenbereich, im rechten Bereich ein grafischer Bereich:

- »Der Arbeitsbereich«, S. 58

Das Cockpit (der Arbeitsbereich) sollte vor der Erstellung eines Projektplans konfiguriert werden:

- »Anpassungen«, S. 60

Um einen Projektplan effizient kontrollieren zu können, bietet Microsoft Project eine Vielzahl von Ansichten, die unterschiedliche Informationen beinhalten:

- »Ansichten«, S. 62

Microsoft Project ist ein komplexes System und nicht in allen Punkten intuitiv zu bedienen. Das Programm selbst bietet Ihnen unterschiedliche Hilfemöglichkeiten an:

- »Hilfe«, S. 65

5.1.1 Der Arbeitsbereich *

Der Arbeitsbereich von Microsoft Project gliedert sich in der Standardansicht in verschiedene Bereiche mit unterschiedlichen Darstellungen und Funktionen. Er ist quasi die Brücke des Projekt-Kapitäns, von der aus er alle Prozesse überwachen kann.

Nachdem Microsoft Project gestartet wurde, erscheint die in der Abb. 5.1-1 dargestellte Standardansicht.

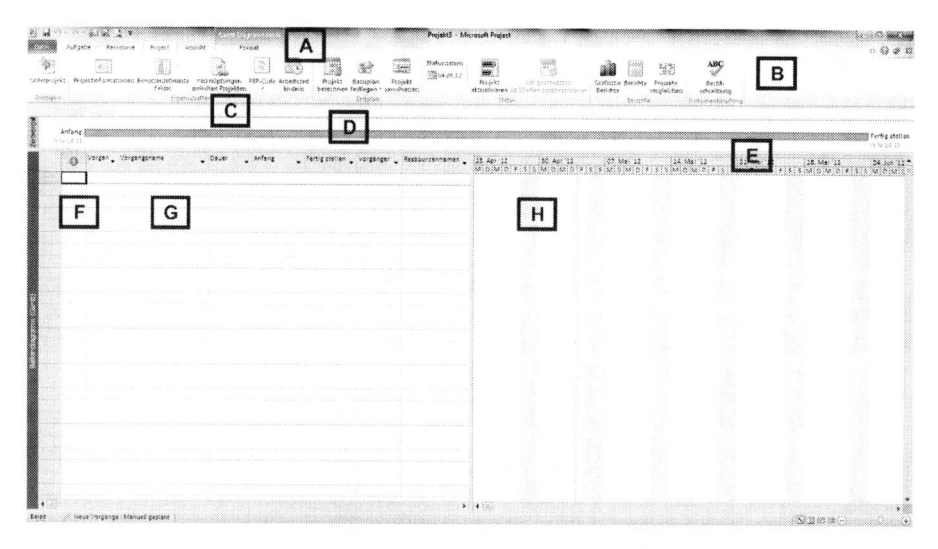

Abb. 5.1-1: Das Cockpit: Ansicht-Gantt-Diagramm.

5.1 Das Cockpit des Kapitäns *

Die Funktionen der Bildschirmbereiche lassen sich, wie in der Tab. 5.1-1 dargestellt, beschreiben.

	Leiste	Beschreibung
A	Menüleiste	Über die Navigationsleiste können alle Hauptmenüs, Untermenüs und Reiter angesteuert werden.
B	Fluent-Benutzeroberfläche	Die Fluent-Benutzeroberflächer erleichtert das Auffinden von Funktionen in Microsoft Projekt. Durch Positionierung des Mauszeigers auf einem Symbol oder auf einem Menü, kann die dahinterliegende Funktion ausgeführt bzw. das Menü aufgerufen werden. Die Backstage-Ansicht, auf die über die Registerkarte Datei zugegriffen werden kann, unterstützt das Auffinden häufig verwendeter Features zum Verwalten von Dateien für Microsoft Project.
C	Bearbeitungsleiste	Die Bearbeitungsleiste ist ein erweiterter Editor zur Erfassung von Daten der im Arbeitsbereich markierten Spalte.
D	Zeitachse	Die Zeitachse gibt eine Übersicht über den gesamten Zeitplan des Projektes.
E	Zeitskala	Durch einen Doppelklick oder durch Betätigung der rechten Maustaste und Auswahl des Eintrages »Zeitskala« ist die Zeitskala änderbar (siehe »Zeitskala«, S. 163).
F	Indikatorspalte	In der Indikatorspalte werden abhängig von zu einem Vorgang erfassten Informationen und zur Anzeige des Status, eine oder mehrere grafische Symbole angezeigt. Beispiel ⋄ Zum Vorgang wurde eine Notiz erfasst. ✓ Der Vorgang ist zu 100% abgeschlossen.
G	Arbeitsbereich	Im Arbeitsbereich (Tabellenbereich) werden die zu dem Projekt gehörenden Vorgänge, Dauer, Anfangs- und Fertigstellungstermin und dazugehörigen Ressourcen eingetragen.
H	Diagrammbereich	Diagramme (z.B. Gantt-Diagramm) werden auf der rechten Seite dargestellt

Tab. 5.1-1: Die Funktionen in den Bildschirmbereichen.

5.1.2 Anpassungen *

Der Arbeitsbereich von Microsoft Project ist konfigurierbar. Bevor ein erstes Projekt angelegt wird, sollten verschiedene Standardeinstellungen durchgeführt werden. Hierzu gehören z. B. das Ein- bzw. Ausblenden von Symbolleisten und deren Anpassung oder die Festlegung eines Speicherortes für Projektdateien.

Mit Hilfe des Dialogfensters Datei-Optionen können verschiedene **Standardeinstellungen** vorgenommen werden (Abb. 5.1-2). Die am häufigsten genutzten und sinnvollen Einstellungen sind in der Tab. 5.1-2 beschrieben.

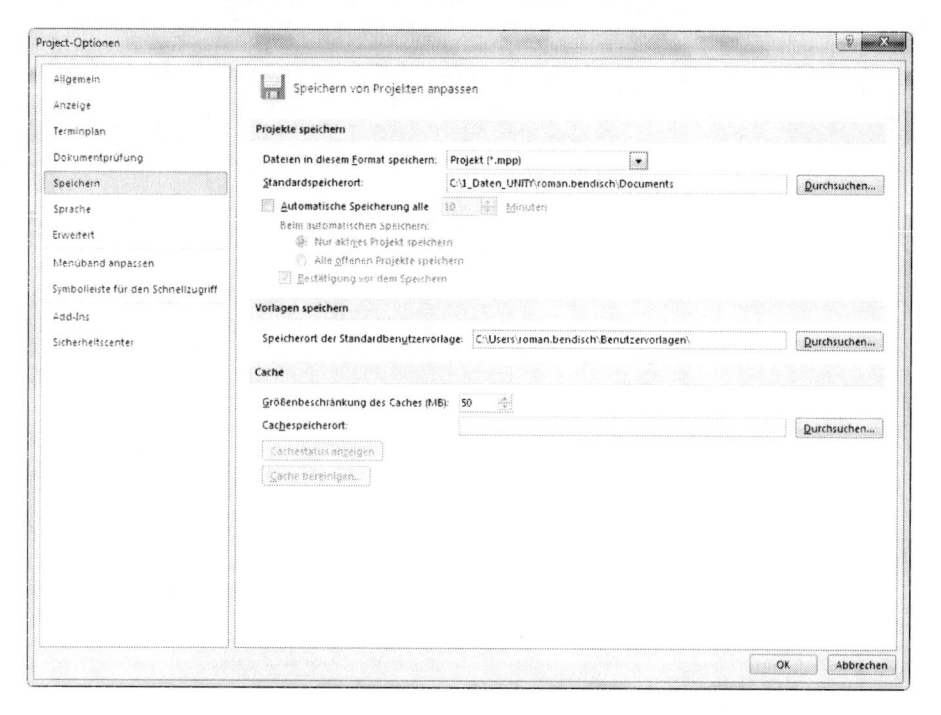

Abb. 5.1-2: Dialogfenster Project-Optionen.

Über den Menüpunkt Datei-Optionen-Menuband anpassen ist eine De- / Aktivierung einer **Registerkarte**, Änderung einer bestehenden Registerkarte oder Neuanlage möglich. Alle Registerkarten, die in der ersten Spalte einen Haken haben, werden in dem Microsoft Project Cockpit angezeigt.

Reiter	Bereich/Feld	Inhalt
Allgemein	»Datumsformat«	Hier kann das Standarddatumsformat, das im Rahmen von Microsoft Project verwendet werden soll, angegeben werden.
Anzeige	»Währungsoptionen für dieses Projekt«	Werden Kosten erfasst, ist es sinnvoll, die Währung, die Anzahl Dezimalstellen und eventuell ein Symbol zu erfassen.
Terminplan	»Kalenderoptionen für dieses Projekt«	Hier sollten die Standardanfangszeit, -endzeit, Stunden pro Tag, Stunden pro Woche und Tage pro Monat angegeben werden.
Speichern	»Speicherort«	Existiert für ein Projekt beispielsweise eine vorgegebene Ordnerstruktur, ist hier der Pfad einstellbar, auf dem die Microsoft Project-Dateien abgelegt werden sollen. Dieser Ordner wird standardmäßig beim Öffnen von Dokumenten angezeigt und spart Zeit bei der Suche.
Erweitert	»Allgemeine Optionen für dieses Projekt«	Das Feld Neue Ressourcen und Vorgänge automatisch hinzufügen sollte deaktiviert werden. Wird in der Spalte Ressourcennamen der Ansicht Balkendiagramm eine Ressource erfasst, die sich nicht in der Ressourcentabelle befindet, wird diese sonst ohne weitere Angaben angelegt. Ein Tippfehler führt so automatisch zu einer zusätzlich angelegten Ressource in der Ressourcentabelle.

Tab. 5.1-2: Funktionen im Dialogfenster Project-Optionen.

Wird die Schaltfläche Neue Registerkarte/Neue Gruppe betätigt, kann ein Name für eine neue Registerkarte/Gruppe eingegeben werden. Der Name erscheint in der Symbolleiste in der Gesamtliste. Über den Bereich Befehle ausführen kann ein Befehl der neuen Registerkarte/neuen Gruppe zugeordnet werden.

Anlegen von Registerkarten

Dazu wird der gewünschte Befehl und die Schaltfläche Hinzufügen ausgewählt. Anschließend erscheint der Befehl auf der rechten Seite.

5 Die ersten Schritte *

Nachdem das Dialogfenster geschlossen ist, können die neue Registerkarte und die dazugehörigen Befehle genutzt werden.

Über den Menüpunkt Datei-Optionen-Symbolleiste für den Schnellzugriff (Abb. 5.1-3) kann die **Symbolleiste für den Schnellzugriff** angepasst bzw. aktiviert / deaktiviert werden.

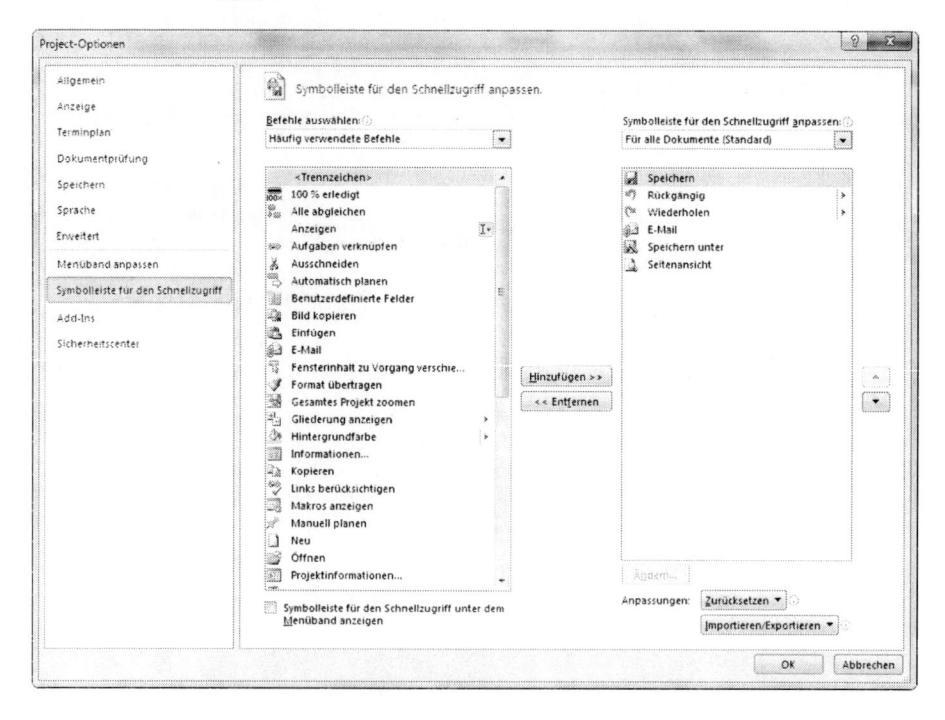

Abb. 5.1-3: De- und aktivierte Symbolleisten für den Schnellzugriff.

5.1.3 Ansichten *

Durch Betätigung der rechten Maustaste in dem grauen Bereich am linken Fensterrand kann die Ansichtsleiste aktiviert werden, welche die unter dem Menüpunkt Ansicht existierenden Ansichten in grafischer Form und direkt auswählbar auf der linken Seite des Arbeitsbereiches anzeigt. Über die verschiedenen Ansichten lassen sich Daten und zusätzlich Informationen eingeben, prüfen und zeigen.

5.1 Das Cockpit des Kapitäns *

Ansichten lassen über den Menüpunkt Ansicht auswählen. Die wichtigsten Ansichten sind:

- Gantt-Diagramm (Abb. 5.1-4)
- Kalender
- Arbeitsauslastung nach Vorgängen
- Ressource Einsatz und Tabelle
- Teamplaner

Bei der Ansicht GanttDiagramm handelt es sich um den Arbeitsbereich, der im Kapitel »Der Arbeitsbereich«, S. 58, dargestellt ist.

Hinweis

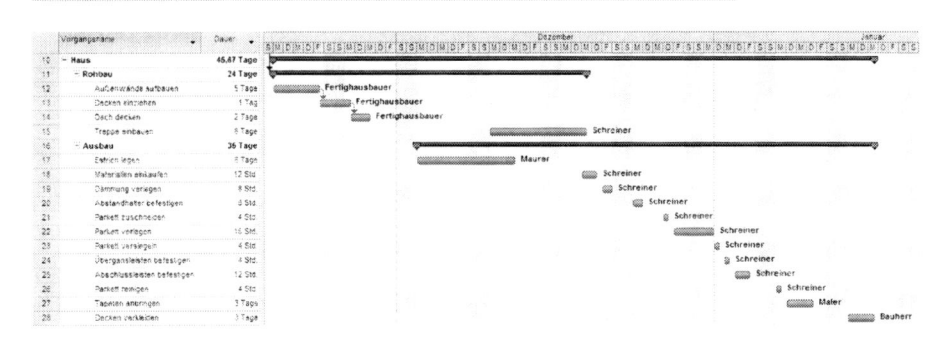

Abb. 5.1-4: Ansicht Gantt-Diagramm.

Die Ansicht Kalender zeigt eine konfigurierbare, kalendermäßige Ansicht, in der beispielsweise zu ersehen ist, über welchen Zeitraum sich ein Vorgang zieht (Abb. 5.1-5). Eine Auswahl zwischen Wochen- und Monatsansicht ist möglich. Mit Hilfe der Schaltfläche Benutzerdefiniert kann ein individueller Zeitraum zur Anzeige ausgewählt werden.

Die Ansicht Arbeitsauslastung nach Vorgängen zeigt vorgangsbezogen an, welche Ressourcen für den Vorgang eingesetzt werden, und wie viel Arbeitszeit in Summe für den Vorgang und pro Arbeitsressource benötigt werden (Abb. 5.1-6).

Die Ansicht Ressource Einsatz zeigt ressourcenbezogen an, welche Vorgänge pro Ressource bearbeitet werden und wie viel Arbeitszeit in Summe für die Ressource und pro Vorgang benötigt werden (Abb. 5.1-7).

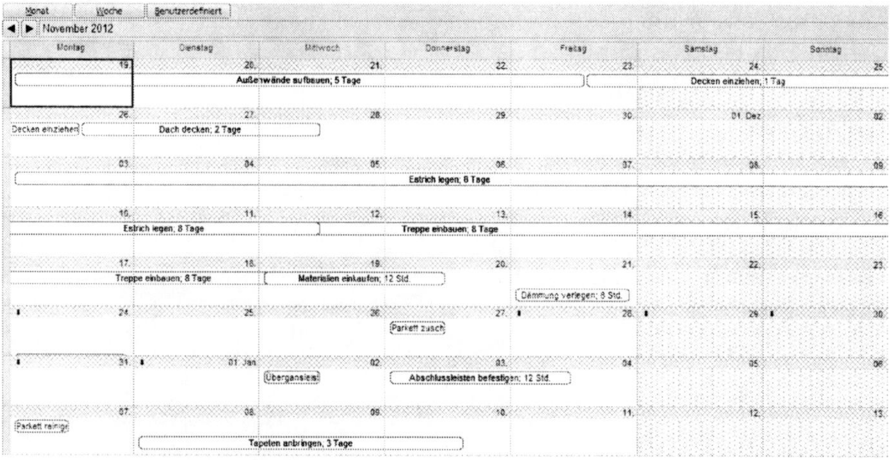

Abb. 5.1-5: Ansicht Kalender.

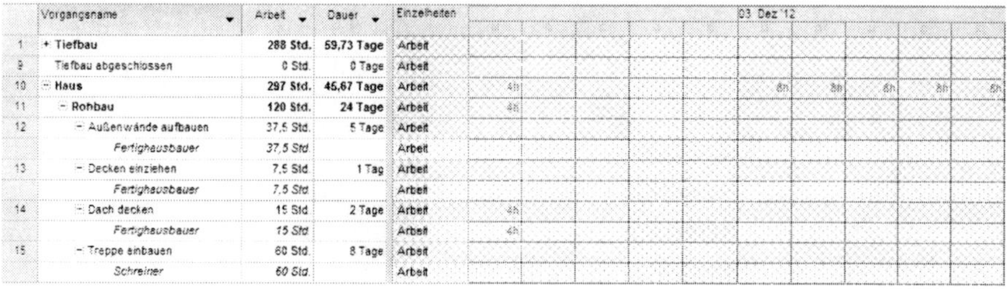

	Vorgangsname	Arbeit	Dauer	Einzelheiten	03 Dez '12									
1	+ Tiefbau	288 Std.	59,73 Tage	Arbeit										
9	Tiefbau abgeschlossen	0 Std.	0 Tage	Arbeit										
10	− Haus	297 Std.	45,67 Tage	Arbeit	4h					8h	8h	8h	8h	8h
11	− Rohbau	120 Std.	24 Tage	Arbeit	4h									
12	− Außenwände aufbauen	37,5 Std.	5 Tage	Arbeit										
	Fertighausbauer	*37,5 Std.*		Arbeit										
13	− Decken einziehen	7,5 Std.	1 Tag	Arbeit										
	Fertighausbauer	*7,5 Std.*		Arbeit										
14	− Dach decken	15 Std.	2 Tage	Arbeit	4h									
	Fertighausbauer	*15 Std.*		Arbeit	4h									
15	− Treppe einbauen	60 Std.	8 Tage	Arbeit										
	Schreiner	*60 Std.*		Arbeit										

Abb. 5.1-6: Ansicht Arbeitsauslastung nach Vorgängen mit Ressourcen.

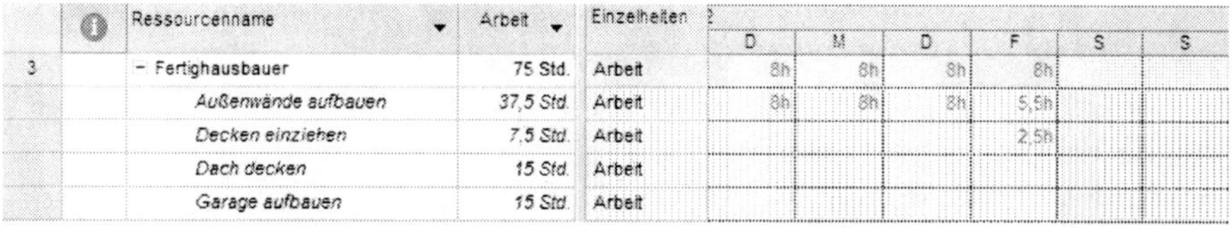

		Ressourcenname	Arbeit	Einzelheiten	D	M	D	F	S	S
3		− Fertighausbauer	75 Std.	Arbeit	8h	8h	8h	8h		
		Außenwände aufbauen	*37,5 Std.*	Arbeit	8h	8h	8h	5,5h		
		Decken einziehen	*7,5 Std.*	Arbeit				2,5h		
		Dach decken	*15 Std.*	Arbeit						
		Garage aufbauen	*15 Std.*	Arbeit						

Abb. 5.1-7: Ansicht Ressource Einsatz mit dazugehörigen Vorgängen.

In der Ansicht Ressource: Tabelle (Abb. 5.1-8) werden alle Ressourcen (Arbeit, Material und Kosten), die im Rahmen des Projektes benötigt werden, erfasst (siehe »Er, Sie oder Es macht den Job«, S. 117).

	Ressourcenname	Art	Materialbeschriftung	Kürzel	Gruppe	Max.	Standardsatz	Überstd.-Satz	Kosten/Einsatz	Fällig am	Basiskalender
1	Bauarbeiter	Arbeit		BA	Tiefbau	500%	15,50 €/Std.	17,00 €/Std.	0,00 €	Anteilig	Standard
2	Baggerfahrer	Arbeit		BF	Tiefbau	100%	17,00 €/Std.	19,00 €/Std.	0,00 €	Anteilig	Standard
3	Fertighausbauer	Arbeit		FH	Tiefbau	400%	23,00 €/Std.	25,00 €/Std.	0,00 €	Anfang	Standard
4	Elektriker	Arbeit		EL	Ausbau	200%	20,00 €/Std.	23,00 €/Std.	0,00 €	Anteilig	Standard
5	Schreiner	Arbeit		SC	Ausbau	100%	21,00 €/Std.	24,00 €/Std.	0,00 €	Anteilig	Standard
6	Maler	Arbeit		MA	Ausbau	300%	20,00 €/Std.	23,00 €/Std.	0,00 €	Anteilig	Standard
7	Installateur	Arbeit		IN	Ausbau	100%	19,50 €/Std.	22,00 €/Std.	0,00 €	Anteilig	Standard
8	Gärtner	Arbeit		G	Grundstück	100%	16,00 €/Std.	18,00 €/Std.	0,00 €	Anteilig	Standard
9	Pflasterer	Arbeit		PL	Grundstück	100%	16,00 €/Std.	18,00 €/Std.	0,00 €	Anteilig	Standard
10	Maurer	Arbeit		MR	Tiefbau	100%	15,00 €/Std.	17,00 €/Std.	0,00 €	Anteilig	Standard
11	Bagger	Arbeit		BA	Tiefbau	100%	0,00 €/Std.	0,00 €/Std.	500,00 €	Ende	Standard
12	Parkett	Material	Quadratmeter				65,00 €		0,00 €	Anteilig	
13	Tapeten	Material	Rolle				12,00 €		0,00 €	Anteilig	
14	Dachziegel	Material	Stück				4,50 €		0,00 €	Anteilig	
15	Bauleiter	Arbeit		BL		100%	50,00 €/Std.	55,00 €/Std.	0,00 €	Anteilig	Standard
16	Bauherr	Arbeit		BH		100%	0,00 €/Std.	0,00 €/Std.	0,00 €	Anteilig	Standard

Abb. 5.1-8: Ansicht Ressource: Tabelle.

Die Ansicht Ressource-Teamplaner enthält eine Ressourcenübersicht, welche anzeigt, woran die einzelnen Projektteammitglieder arbeiten.

5.1.4 Hilfe *

Mit der Microsoft-Office-Hilfe steht dem Anwender Hilfe zu den eingegebenen Stichwörtern zur Verfügung.

Microsoft Project ist ein sehr komplexes Programm. Insbesondere Anfänger und Nutzer, die nicht regelmäßig mit dem Programm arbeiten, werden häufig Hilfe zu bestimmten Themenkreisen oder Detailfragen benötigen.

Über das Symbol ⊚ im Hauptmenü erhält der Benutzer Hilfe.

Mit Hilfe des Dialogfensters (Abb. 5.1-9) der Microsoft Project-Hilfe werden nach Eingabe eines Stichwortes alle gefundenen und verwandten Themen aufgelistet.

Der Diagnoseassistent, der über das Menü ⊚ – Microsoft Office aktiviert wird, sucht automatisch nach Fehlern und behebt sie.	Tipp

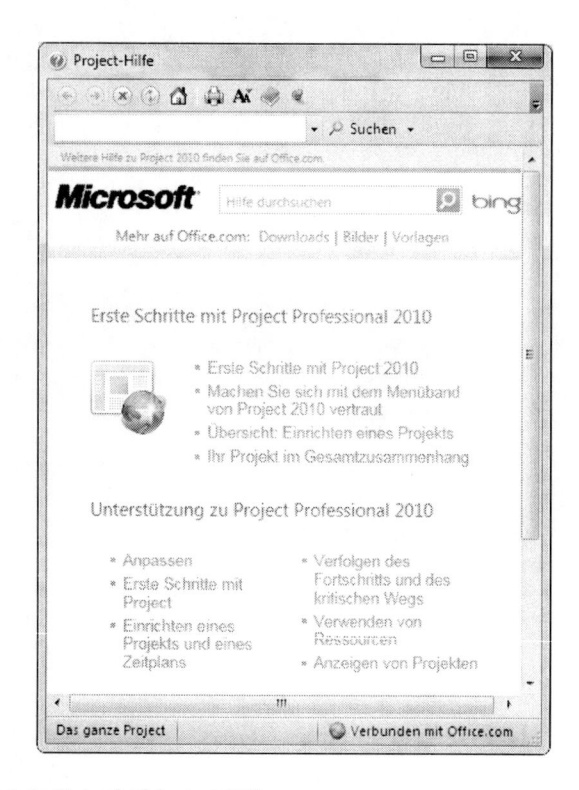

Abb. 5.1-9: Dialogfeld Project-Hilfe.

5.2 Leinen los! *

Metadaten – globale Projektinformationen, die das Projekt allgemein beschreiben – sollten schon bei der ersten Anlage des Projektes erfasst werden. Über Aggregationsfunktionen stellen diese im Laufe des Projektes schnelle und kumulierte Informationen kompakt zur Verfügung.

Vor der ersten Dateneingabe muss aber das neue Projekt in Microsoft Project angelegt werden. Dies geschieht entweder als komplett neue Projektdatei oder durch Nutzung vorhandener Vorlagen:

- »Projekte anlegen«, S. 67

Nach der Anlage und Speicherung unter dem definierten Projektnamen erfolgt die Eingabe der Metadaten des Projektes:

- »Projektinformationen«, S. 70

5.2.1 Projekte anlegen *

Ein Projekt kann komplett neu oder unter Nutzung von Vorlagen angelegt werden. Das kann besonders dann sinnvoll sein, wenn ähnliche Projekte bearbeitet werden müssen oder – wenn z. B. aus Gründen der Übersichtlichkeit Projektdateien immer gleich formatiert sein sollen. Nach der Anlage sollte die Datei unter einem sinnvollen Namen gespeichert werden.

Anlegen eines Projektes

Nachdem Microsoft Project gestartet wurde, muss ein Projekt angelegt werden. Über das Menü Datei-Neu-Leeres Projekt wird ein Projekt angelegt (Abb. 5.2-1).

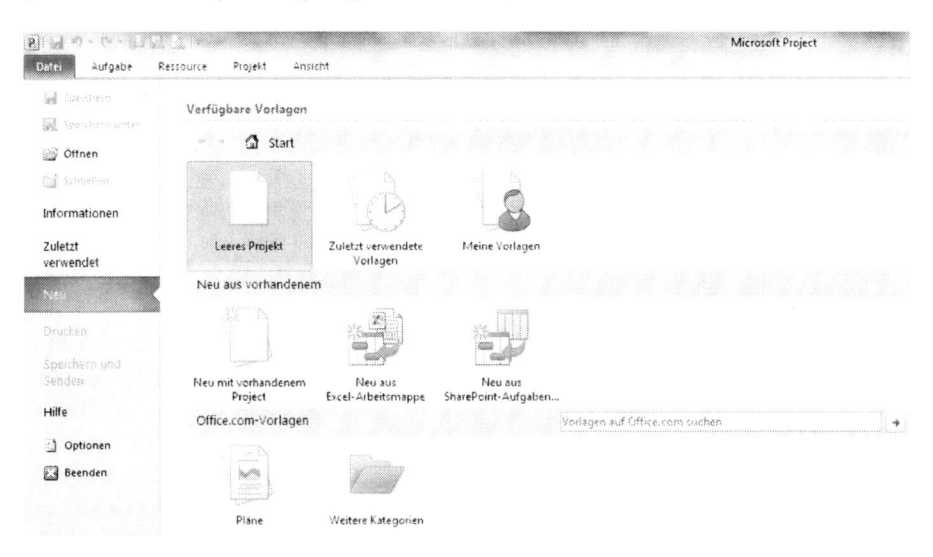

Abb. 5.2-1: Dialogfeld Leeres Projekt.

Microsoft Project bietet des Weiteren die Möglichkeit, aus verschiedenen Vorlagen eine Vorlage für das anzulegende Projekt auszuwählen. Alle verfügbaren Vorlagen werden nach Auswahl des Menüpunktes Datei-Neu und des Ordners Pläne in dem Bereich Office.com-Vorlagen angezeigt (Abb. 5.2-2). Durch einen Doppelklick auf die entsprechende Vorlage wird diese geöffnet.

Arbeiten mit Projektvorlagen

Speichern des Arbeitsstandes

Es ist ratsam, sobald Änderungen in einem Projekt vorgenommen worden sind, den Zwischenstand zu speichern. Damit spart man sich Zeit und Ärger. Über den Menüpunkt Datei-Speichern kann der aktuelle Arbeitsstand abgespeichert werden.

Dateien richtig speichern

Damit der Arbeitsstand richtig und wieder auffindbar abgelegt werden kann, müssen folgende Angaben getätigt werden: Speicherort, Dateiname, Dateityp.

Der Speicherort kann beispielsweise auf dem *Desktop* oder in einem dafür vorgesehenen Ordner irgendwo auf dem Computer sein.

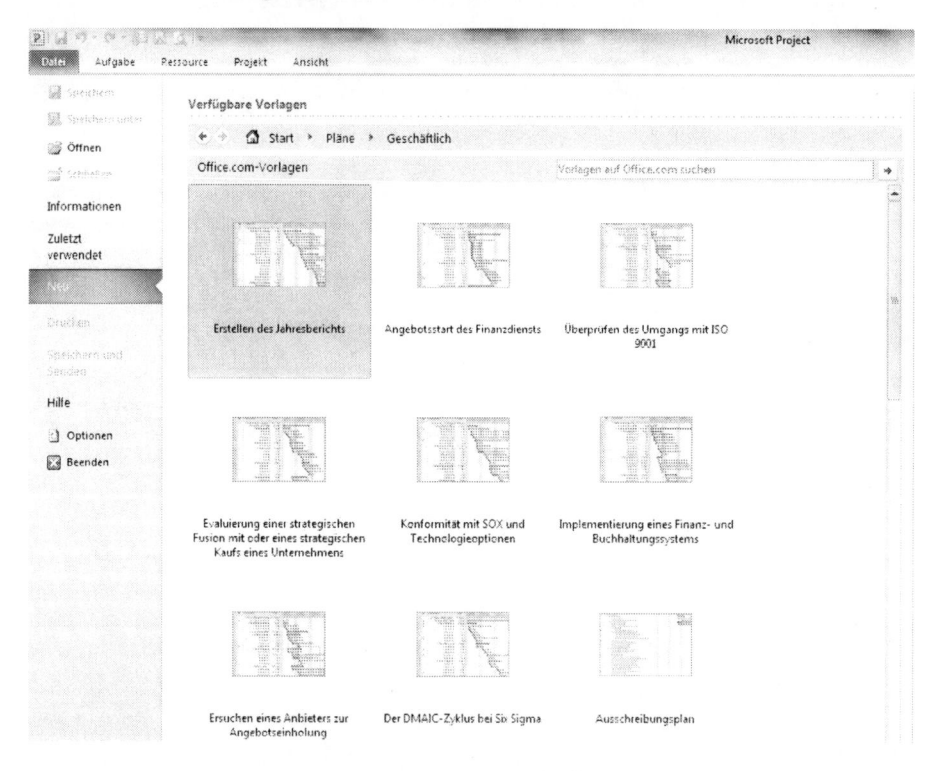

Abb. 5.2-2: Anzeige vorhandener Projektvorlagen.

Der Dateiname kann individuell gewählt werden. Projekte bekommen in der Regel zu Projektbeginn eine eindeutige Projektnummer (z. B. 2012-12-01-0010) oder einen sprechenden Namen (z. B. Zweifamilienhaus Amselweg 34). Es macht Sinn, die Datei dementsprechend zu benennen, um vor allem eine Eindeutigkeit zu gewährleisten. Der Standarddateityp ist .mpp. Andere Dateitypen können aus einer Liste ausgewählt werden.

Automatisch Speichern

Es besteht die Möglichkeit mit Hilfe des Reiters Datei-Optionen-Speichern (Abb. 5.2-3) das Feld Automatische Speicherung zu aktivieren. Unter Angabe verschiedener Optionen kann hier ebenfalls das Zeitintervall fixiert werden, in dem die automatische Speicherung durchgeführt werden soll.

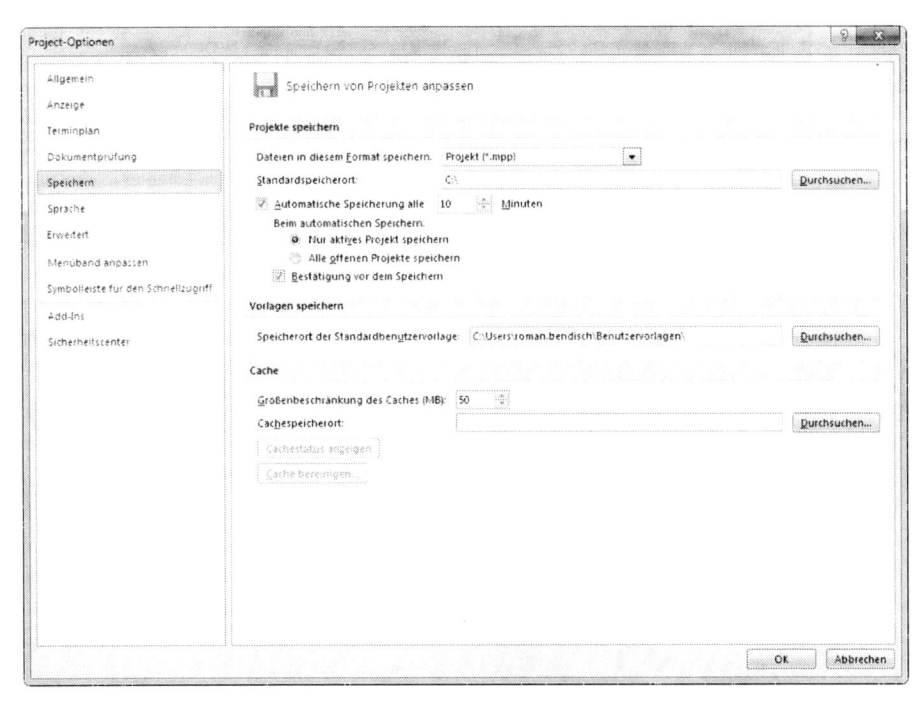

Abb. 5.2-3: Dialogfeld Project-Optionen-Speichern.

5.2.2 Projektinformationen *

Projektinformationen dienen dazu, allgemeine Angaben (Metadaten) - z. B. über den Projektinhalt oder den Projektzeitraum - zu speichern. Im Laufe des Projektes werden globale Angaben zu Projektdauer, Kosten und Arbeitszeit in der Statistik angezeigt.

Zu jedem Projekt können optionale Informationen wie Autor, Manager des Projektes, Firma, Kategorie usw. über den Menüpunkt Datei-Informationen-Projektinformationen-Erweiterte Eigenschaften erfasst werden (Abb. 5.2-4).

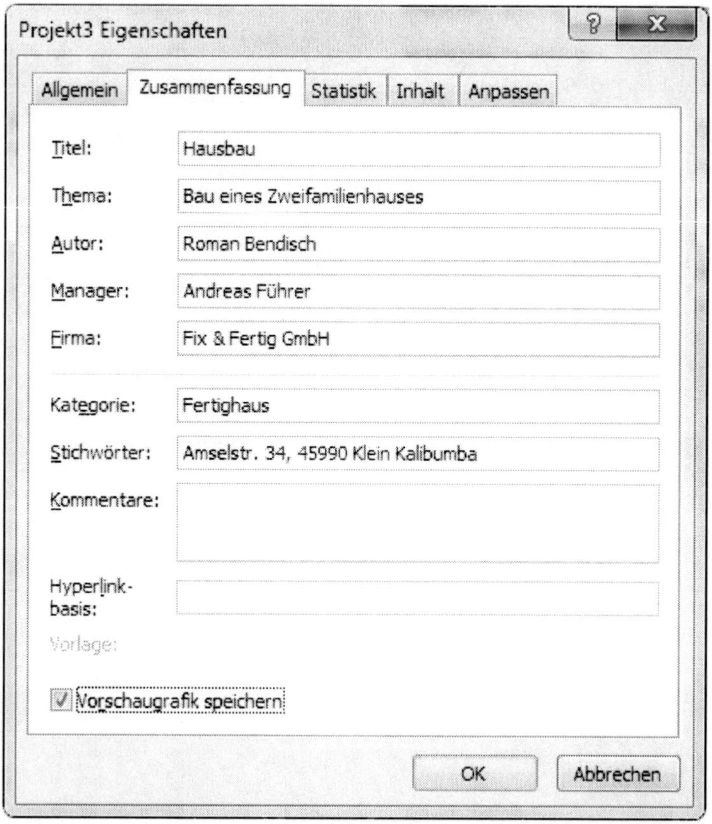

Abb. 5.2-4: Dialogfenster Datei-Eigenschaften.

5.2 Leinen los! *

Im Dialogfenster Projekt-Projektinformationen (Abb. 5.2-5) können dem Projekt verschiedenen **Grundinformationen**, z. B. zur Berechnung des Projektes, mitgegeben werden (Tab. 5.2-1).

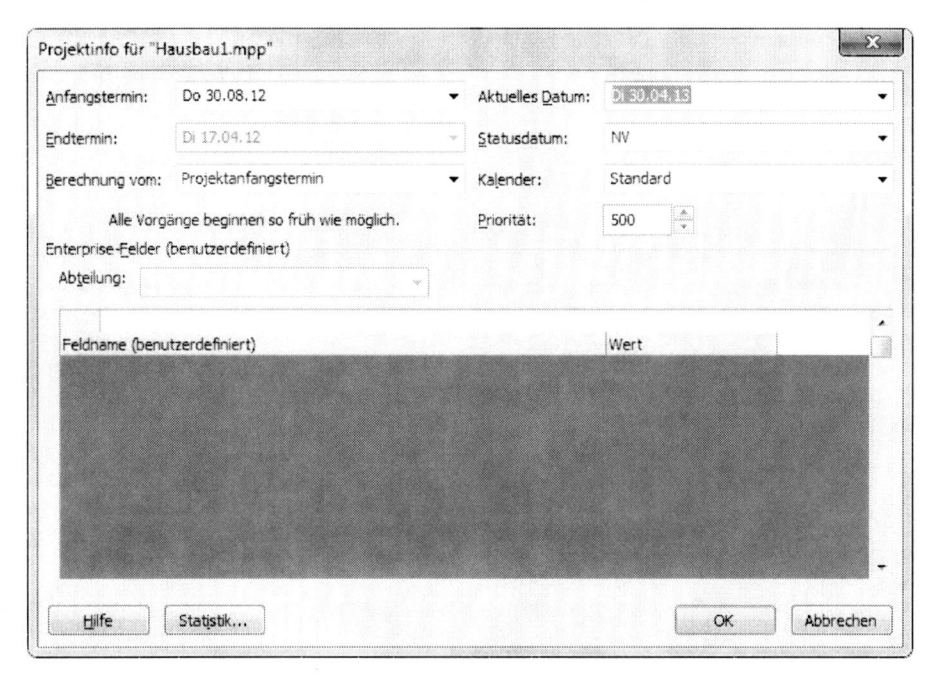

Abb. 5.2-5: Dialogfenster Projektinfo.

Durch Betätigung der Pfeiltasten erscheinen feldbezogene Auswahllisten. Bei den Feldern Anfangstermin und Endtermin erscheint ein Kalender (Abb. 5.2-6), mit dessen Hilfe das richtige Datum für den Projektbeginn bzw. das Projektende ausgewählt werden kann. Wird die feldbezogene Pfeiltaste des Feldes Berechnung vom: gedrückt, erscheint eine Auswahlliste mit den Einträgen »Projektanfangstermin« und »Projektendtermin«.

> Durch Betätigung der Schaltfläche Inhalt können die aktuellen Informationen, wie Projektdauer, Arbeitszeit und Kosten, des Projektes abgefragt werden (Abb. 5.2-7).

Tipp

Feld	Beschreibung
Berechnung vom:	Zu Beginn wird festgelegt, ob das Projekt vorwärts oder rückwärts berechnet werden soll (vgl. »Termine und Dauer«, S. 43).
Anfangstermin:	Wird im Feld Berechnung vom aus der Auswahlliste der Eintrag »Projektanfangstermin« ausgewählt, wird das Feld Anfangstermin aktiviert. Hier kann direkt aus dem Dialog das Startdatum des Projektes eingetragen werden.
Endtermin:	Wird im Feld Berechnung vom aus der Auswahlliste der Eintrag »Projektendtermin« ausgewählt, wird das Feld Endtermin aktiviert. Hier kann direkt aus dem Dialog das Enddatum des Projektes eingetragen werden.
Aktuelles Datum:	Hier kann das aktuelle Datum oder ein anderes beliebiges Datum eingegeben werden.
Statusdatum:	Dieses Datum ist nur relevant, wenn das Projekt regelmäßig überwacht werden soll.
Priorität:	Die Eingabe der Priorität macht dann Sinn, wenn Ressourcen aus einem Ressourcenpool für mehrere Projekte genutzt werden sollen (vgl. »Multiprojektmanagement«, S. 255)
Kalender:	**Es gibt drei Auswahlmöglichkeiten:** Standard = Ist für die meisten Projekte und Unternehmen gültig, da hier ein 8-stündiger Arbeitstag zu Grunde gelegt wird. Arbeitszeiten: 08:00 bis 12:00 und 13:00 bis 17:00 Uhr. 24 Stunden = Handelt es sich beispielsweise um einen Produktionsbetrieb, der in drei Schichten à 8 Stunden arbeitet, ist diese Option auszuwählen. Arbeitszeit: 00:00 bis 00:00 Uhr. Nachtschicht = Diese Auswahlmöglichkeit ist zu wählen, wenn es sich um ein Unternehmen handelt, dass eine normale Tagesschicht und zusätzlich mit einer Nachtschicht arbeitet. Arbeitszeiten: 00:00 bis 03:00, 04:00 bis 08:00 und 23:00 bis 00:00 Uhr.

Tab. 5.2-1: Funktionalitäten des Dialogfensters Projekt-Projektinfo ...

5.2 Leinen los! * 73

Abb. 5.2-6: Kalender.

Projektstatistik für "Hausbau1.mpp"

	Anfang	Ende
Berechnet	Mi 29.08.12	Do 25.04.13
Geplant	NV	NV
Aktuell	NV	NV
Abweichung	0t	0t

	Dauer	Arbeit	Kosten
Berechnet	183,4t	615h	10.603,00 €
Geplant	0t	0h	0,00 €
Aktuell	0t	0h	0,00 €
Verbleibend	183,4t	615h	10.603,00 €

Prozent abgeschlossen:
Dauer: 0%   Arbeit: 0%

[Schließen]

Abb. 5.2-7: Anzeigefenster Projektstatistik.

5.3 Das Herz – Der Kalender *

Das Verständnis für und der richtige Einsatz von Kalendern sind wesentliche Voraussetzungen für den erfolgreichen Einsatz von Microsoft Project. Kalender steuern die zur Verfügung stehenden Arbeitszeiten der Ressourcen und damit mittelbar auch die Vorgangsdauern und -kosten. Die Kalendereinstellungen können – je nach Projekt – erhebliche Komplexität annehmen.

Der folgende Abschnitt stellt die in Microsoft Project zur Verfügung stehenden Kalender vor. Darüber hinaus zeigt er, wie Kalender den Projekteigenarten angepasst oder eigene Kalender erstellt werden können:

- »Arten von Kalendern«, S. 74

Kalender lassen sich auf verschiedenen Detaillierungsebenen erstellen und einsetzen. Sie lassen sich sogar einzelnen Ressourcen oder Vorgängen zuordnen:

- »Kalender zuweisen und Prioritäten beachten«, S. 87

5.3.1 Arten von Kalendern *

Basiskalender, Projektkalender, Ressourcenkalender, Vorgangskalender... – Microsoft Project kann nahezu beliebig komplexe Zeiträume und Kalenderdefinitionen bis auf Detailebene, d. h. die Vorgangs- oder Ressourcenebene, verwalten. Dabei sind die Zusammenhänge und Prioritäten der Kalenderarten zu beachten, um nicht ungewollte Ergebnisse im Projektmanagement zu erhalten.

Microsoft Project arbeitet mit vier unterschiedlichen **Kalendern**:

1. Basiskalender
2. Projektkalender
3. Ressourcenkalender
4. Vorgangskalender

Kalenderinformationen

In den Kalendern werden beispielsweise die Arbeitsdauer pro Tag (Start und Ende), Pausen, nicht standardmäßige Arbeitszeiten sowie Urlaubszeiten erfasst. Es existieren drei **Basiskalender**:

1 Standard
2 24 Stunden
3 Nachtschicht

Der Basiskalender ist die Grundlage aller anderen Kalender. | Hinweis

Für ein durchzuführendes Projekt muss ein **Basiskalender** als Grundlage des Projektkalenders ausgewählt werden. Der **Projektkalender** wird dann individuell für das Projekt angepasst. Dazu gehören die Anpassung der Arbeitszeiten, die Bekanntmachung von Feiertagen usw.

Der **Ressourcenkalender** kann ressourcenspezifische individuelle Abweichungen (z. B. Urlaubszeiten) vom Basiskalender enthalten.

Im **Vorgangskalender** können wiederum spezielle, für einen oder mehrere Vorgänge geltende Einstellungen fixiert werden.

Basiskalender und Standardarbeitszeit anpassen

Erst, wenn einem Basiskalender ein Objekt zugewiesen wird, wird dieser aktiviert. Objekte in diesem Sinne können das gesamte Projekt, einzelne Ressourcen oder Vorgänge sein. | Hinweis

Ein Basiskalender kann also als Projektkalender, Ressourcenkalender oder Vorgangskalender dienen. Ein Basiskalender kann hierbei mehreren Objekten zugleich zugewiesen sein. Änderungen am Basiskalender werden dann automatisch an die ihm zugeordneten Objekte übergeben.

Anmerkung zu dem folgenden Beispiel: | Beispiel 1a
Um die Flexibilität des Kalenders zu zeigen, wird für die folgenden Abschnitte ein von der Fallstudie abweichender Zeitraum gewählt. Der Projektzeitraum wird hierfür auf eine Jahresperiode mit Ferienzeiten und relevanten gesetzlichen Feiertagen verschoben.

Das Projekt »Zweifamilienhaus Amselweg 34« soll am 01.08. beginnen und am 31.05. beendet sein. An den ge-

> setzlichen Feiertagen wird nicht gearbeitet. In den genannten Zeitraum fallen der 3. Oktober (Tag der deutschen Einheit), der 03. November (Allerheiligen), der 25. Dezember (1. Weihnachtstag) und der 26. Dezember (2. Weihnachtstag). Am 24. Dezember wird nur halbtags gearbeitet. Zudem hat das Fertigbauunternehmen vom 01.09. bis zum 01.09. Betriebsferien. An den Wochenenden im Dezember soll gearbeitet werden.

Über den Reiter Projekt-Arbeitszeit ändern-Ausnahmen können die Ausnahmen für Arbeitszeiten festgelegt werden (Abb. 5.3-1). Eine Ausnahme kann beispielsweise sein, dass an einem Wochenendtag gearbeitet, oder an einem Wochentag (z. B. Feiertag, Betriebsferien) nicht gearbeitet werden muss.

Der einfachste und zeiteffizienteste Weg, die Wochenenden als Arbeitszeit zu definieren ist der Folgende:

1 Vergeben Sie eine Bezeichnung im Feld Name (z. B. Wochenendarbeitszeit).
2 Markieren Sie das Feld Anfang und betätigen die Schaltfläche Details.
3 Aktivieren Sie das Feld Arbeitszeiten.
4 Wählen Sie in dem Bereich Auftreten das Intervall »Wöchentlich«. Markieren Sie die Tage »Samstag« und »Sonntag«.
5 Geben Sie in dem Bereich Zeitraum in dem Feld Anfang das Startdatum und in dem Feld Ende das Enddatum ein (Abb. 5.3-2).

Beispiel 1b

Zur Erfassung des halben Arbeitstages am Heilig Abend ist wie folgt vorzugehen:

1 Vergeben Sie in dem Feld Name eine Bezeichnung (z. B. Heilig Abend).
2 Aktivieren Sie das Feld Arbeitszeiten. Die »von« und »bis« Zeit wird modifiziert, indem der standardmäßig eingetragene Zeitraum »von 13:00 bis 17:00« Uhr mit Hilfe der Taste »Entfernen« gelöscht wird.
3 Tragen Sie die Arbeitszeit von »08:00« bis »12:00« ein (Abb. 5.3-3).

5.3 Das Herz – Der Kalender *

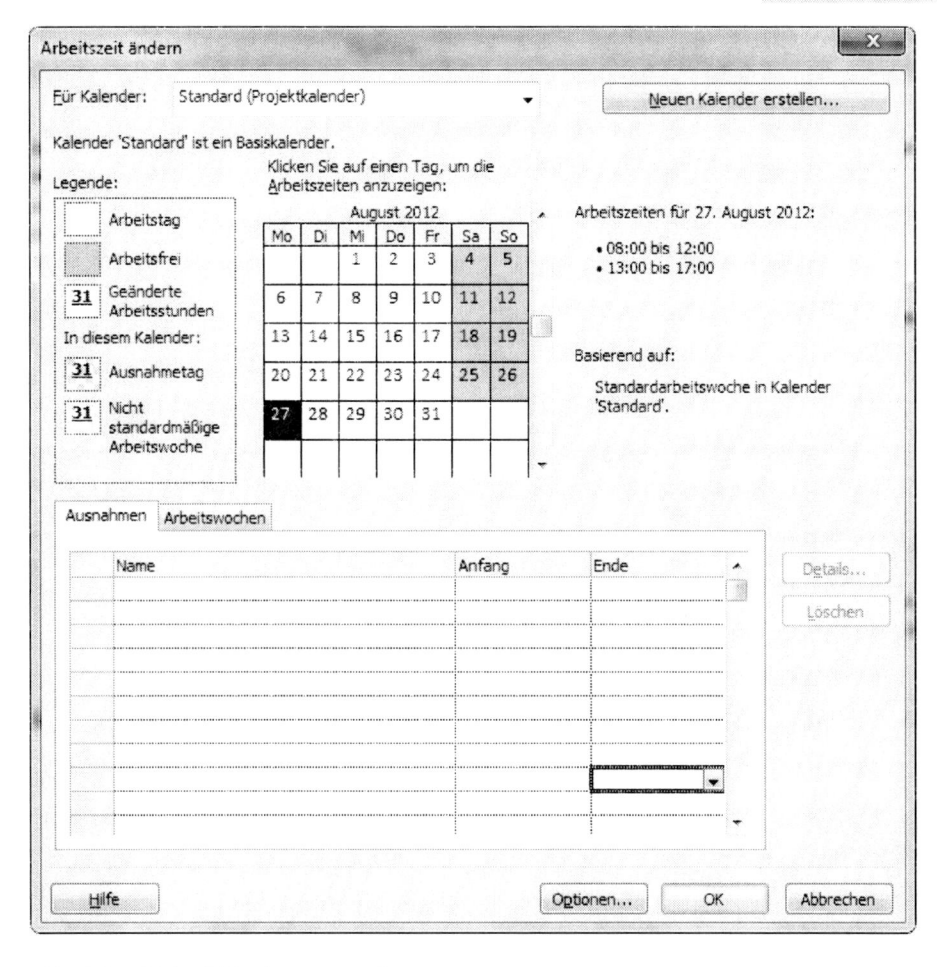

Abb. 5.3-1: Dialogfeld Arbeitszeit ändern.

4 Nach Bestätigung der Schaltfläche OK werden nun alle Ausnahmen angezeigt, die im Rahmen des Projektes zu definieren waren Abb. 5.3-4.

Die **Standardarbeitszeit** (Anfangs- und Endzeit), Stunden pro Tag, Stunden pro Woche und die Tage pro Monat können über das Menü Datei-Optionen über den Reiter Terminplan geändert werden.

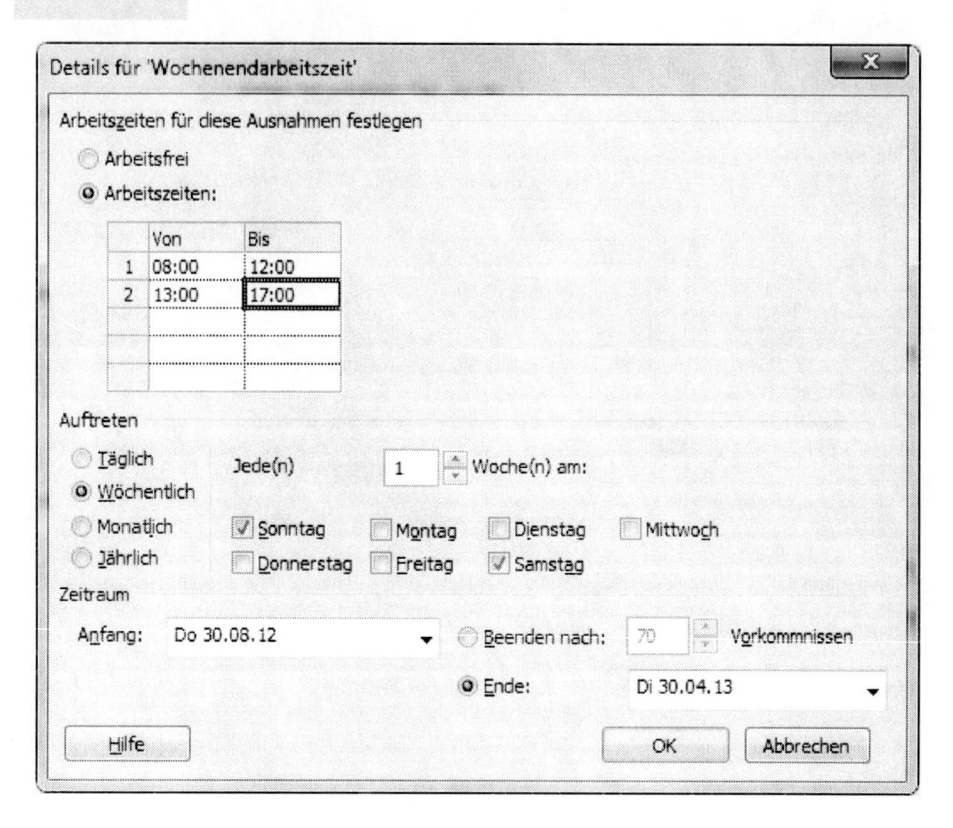

Abb. 5.3-2: Dialogfeld Details für Arbeitszeit (Wochenendarbeitszeit).

Benutzerdefinierte Kalender

Anstatt einen vorhandenen Kalender zu ändern, können Sie auch einen neuen Kalender erzeugen. Ein neuer Kalender ist über das Menü Projekt-Arbeitszeit ändern und die Schalftfläche Neuen Kalender erstellen wie folgt anzulegen:

1. Geben Sie dem neuen Kalender einen Namen (z. B. Fix + Fertig GmbH).
2. Markieren Sie das das Feld Neuen Basiskalender erstellen, um einen komplett bei Null beginnenden Kalender zu erstellen. Die Aktivierung des Feldes Kopie erstellen von Kalender und Auswahl eines Standardkalenders führt dazu, dass die entsprechenden vorhandenen Einstellungen übernommen werden und dann modifiziert werden können.

5.3 Das Herz – Der Kalender *

Abb. 5.3-3: Dialogfeld Details für Arbeitszeit (Heilig Abend).

Abb. 5.3-4: Anzeige Arbeitszeit Ändern-Ausnahmen.

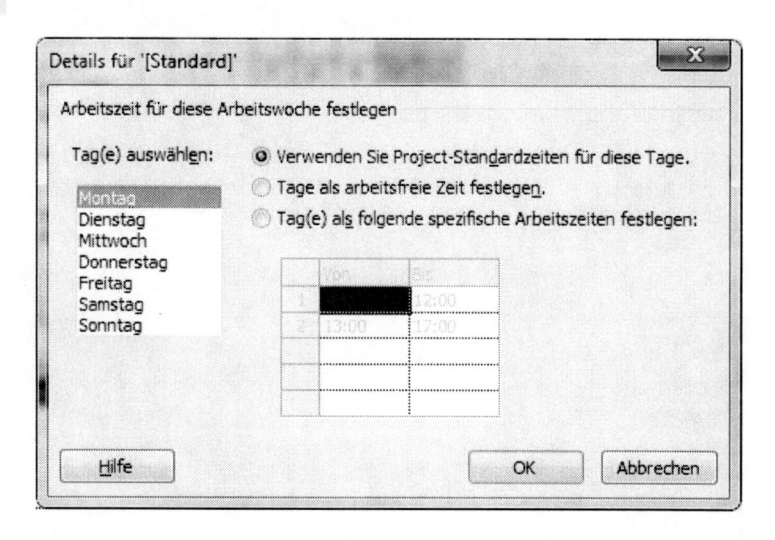

Abb. 5.3-5: Anzeige Arbeitszeit Ändern-Arbeitswochen-Details.

Tipp Eine Kopie ist dann sinnvoll, wenn in einem bestehenden Kalender beispielsweise bereits die Feiertage eingetragen worden sind.

3 Betätigen Sie die Schaltfläche OK (Abb. 5.3-7).

Die Arbeitszeiten und arbeitsfreien Zeiten können äquivalent – wie in »Das Herz – Der Kalender«, S. 74 beschrieben – angelegt werden. Gesetzliche Feiertage sind in der Standardeinstellung nicht berücksichtigt und müssen als Arbeitsfreie Zeit festgelegt werden.

Ressourcenkalender

Jedem **Ressourcenkalender** liegt ein Basiskalender mit den Eckdaten zu Grunde. Änderungen an dem Basiskalender werden an die Ressourcenkalender übergeben.

Ressourcen vs. Vorgangskalender Spezielle Vorgangskalender sollten nur ausnahmsweise erstellt werden. Haben Ressourcen einen anderen Basiskalender als die Vorgänge, denen sie zugeordnet sind, so bearbeiten sie die Vorgänge nur während der gemeinsamen Arbeitszeit (Schnittmenge) beider Kalender.

5.3 Das Herz – Der Kalender *

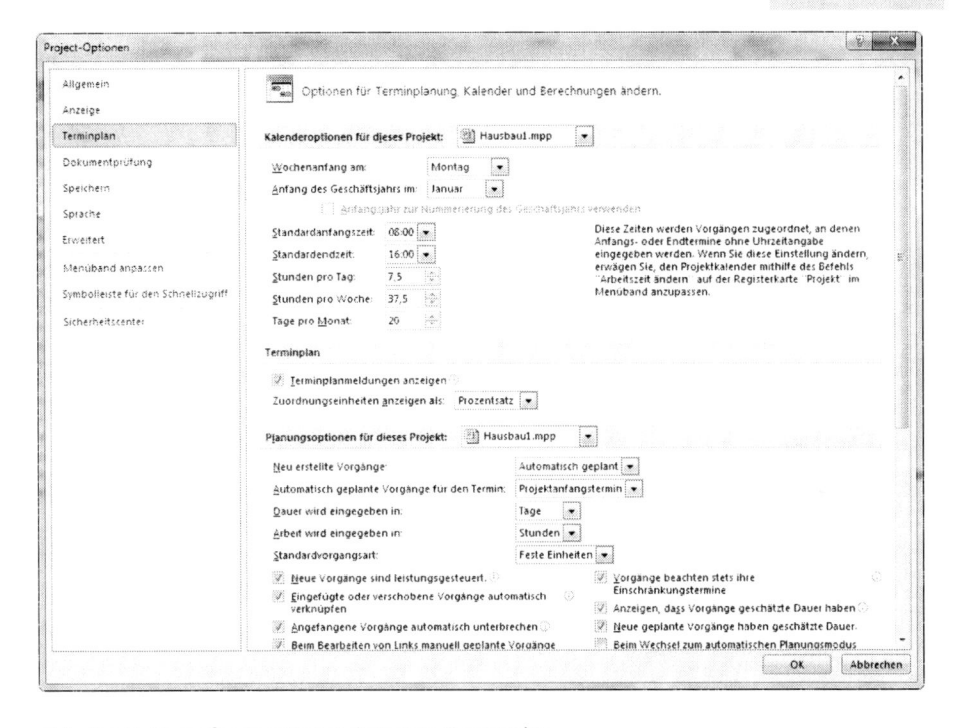

Abb. 5.3-6: Dialogfenster Project-Optionen-Terminplan.

Abb. 5.3-7: Namen für benutzerdefinierte Kalender vergeben.

Die Arbeitszeit von Ressourcen und die Bearbeitungszeiten von Vorgängen basieren standardmäßig auf dem Projektkalender. Ein neuer Projektkalender wird den Ressourcen aber nicht automatisch als Basiskalender zugewiesen. Wurde dem

5 Die ersten Schritte *

Projekt ein neuer Kalender zugewiesen, sollten auch die Ressourcen diesem Kalender folgen.

Beispiel 1c   Allen Ressourcen des Projektes »Zweifamilienhaus Amselweg 34« soll der Kalender »Fix & Fertig GmbH« zugewiesen werden.

Dazu ist die Ressourcentabelle über das Menü Ansicht-Ressource: Tabelle aufzurufen. In der Spalte »Basiskalender« ist der zuzuweisende Kalender mit dem Namen »Fix & Fertig GmbH« einzutragen (Abb. 5.3-8).

	Ressourcenname	Art	Materialbes.	Kürz.	Gruppe	Max. Einh.	Standardsatz	Überstd.-Satz	Kosten/Einsatz	Fällig am	Basiskalender
1	Bauarbeiter	Arbeit		BA	Tiefbau	500%	15,50 €/Std.	17,00 €/Std.	0,00 €	Anteilig	Fix + Fertig GmbH
2	Baggerfahrer	Arbeit		BF	Tiefbau	100%	17,00 €/Std.	19,00 €/Std.	0,00 €	Anteilig	Fix + Fertig GmbH
3	Fertighausbauer	Arbeit		FH	Tiefbau	400%	23,00 €/Std.	25,00 €/Std.	0,00 €	Anfang	Fix + Fertig GmbH
4	Elektriker	Arbeit		EL	Ausbau	200%	20,00 €/Std.	23,00 €/Std.	0,00 €	Anteilig	Fix + Fertig GmbH
5	Schreiner	Arbeit		SC	Ausbau	100%	21,00 €/Std.	24,00 €/Std.	0,00 €	Anteilig	Fix + Fertig GmbH
6	Maler	Arbeit		MA	Ausbau	300%	20,00 €/Std.	23,00 €/Std.	0,00 €	Anteilig	Fix + Fertig GmbH
7	Installateur	Arbeit		IN	Ausbau	100%	19,50 €/Std.	22,00 €/Std.	0,00 €	Anteilig	Fix + Fertig GmbH
8	Gärtner	Arbeit		G	Grundstück	100%	16,00 €/Std.	18,00 €/Std.	0,00 €	Anteilig	Fix + Fertig GmbH
9	Pflasterer	Arbeit		PL	Grundstück	100%	16,00 €/Std.	18,00 €/Std.	0,00 €	Anteilig	Fix + Fertig GmbH
10	Maurer	Arbeit		MR	Tiefbau	100%	15,00 €/Std.	17,00 €/Std.	0,00 €	Anteilig	Fix + Fertig GmbH
11	Bagger	Arbeit		BA	Tiefbau	100%	0,00 €/Std.	0,00 €/Std.	500,00 €	Ende	Fix + Fertig GmbH
12	Parkett	Material	Quadratmeter				65,00 €		0,00 €	Anteilig	
13	Tapeten	Material	Rolle				12,00 €		0,00 €	Anteilig	
14	Dachziegel	Material	Stück				4,50 €		0,00 €	Anteilig	
15	Bauleiter	Arbeit		BL		100%	50,00 €/Std.	55,00 €/Std.	0,00 €	Anteilig	Fix + Fertig GmbH
16	Bauherr	Arbeit		BH		100%	0,00 €/Std.	0,00 €/Std.	0,00 €	Anteilig	Fix + Fertig GmbH

Abb. 5.3-8: Zuweisung eines Kalenders über die Ansicht Ressource: Tabelle.

Tipp   Die Zuweisung muss nicht in jedem Feld separat erfolgen. Sobald der Kalender der ersten Ressource zugewiesen wurde, ist das Feld Basiskalender dieser Ressource zu markieren und der Mauszeiger auf der rechten unteren Ecke zu positionieren. Der Mauszeiger wird zu einem Kreuz, so dass durch die gedrückte linke Maustaste und einer Bewegung des Mauszeigers nach unten bis zur letzten Ressource die Zuweisung kopiert wird.

Für jede neue Ressource wird automatisch ein Ressourcenkalender angelegt. Hier können individuelle Regelungen wie Arbeitszeit, Fehlzeit und Urlaub getroffen werden. Deshalb sind in der Liste »Für Kalender:« im Dialogfeld Projekt-Arbeitszeit ändern neben den bekannten Kalendern auch die Namen aller Arbeitsressourcen aufgeführt (Abb. 5.3-9).

Abb. 5.3-9: Dialogfeld Arbeitszeit ändern.

Die Elektriker haben vom 01.10. bis 01.10. und der Gartenbauer von 01.11. bis 15.11. Urlaub. Für die Bauarbeiter endet der Arbeitstag jeden Freitag um 15.00 Uhr.

Beispiel 1d

Folgende Schritte sind zur Erfassung der individuellen Urlaubszeiten durchzuführen:

1. Rufen Sie das Dialogfeld Arbeitszeit ändern über das Menü Projekte auf.
2. Wählen Sie den Ressourcenkalender der Elektriker im Feld Für Kalender aus.
3. Vergeben Sie einen Namen (z. B. Urlaub).
4. Geben Sie den Start und das Ende des Urlaubes in den Feldern Anfang und Ende ein (Abb. 5.3-10).
5. Gehen Sie für die Ressourcen »Gartenbauer« äquivalent vor.

Um für die Bauarbeiter die Ausnahme zu definieren, dass jeden Freitag um 15:00 Uhr der Arbeitstag vorüber ist, ist wie folgt vorzugehen:

1. Öffnen Sie das Dialogfeld Arbeitszeit ändern über das Menü Projekte. Wählen Sie den Ressourcenkalender der Bauarbeiter in dem Bereich Für Kalender aus.

2 Wählen Sie den Reiter Arbeitswochen aus und betätigen Sie die Schaltfläche Details....
3 Markieren Sie auf der linken Seite den Tag »Freitag« und auf der linken Seite das Feld Tag(e) als folgende spezifische Arbeitszeiten festlegen.
4 Ändern Sie das standardmäßige von »13:00« bis »17:00« Uhr festgelegte Intervall in »13:00« bis »15:00« Uhr und betätigen die Schaltfläche OK.

Tipp Änderungen an Basiskalendern werden nur an einer Stelle durchgeführt und werden an alle anhängenden Kalender übertragen. Ein Basiskalender für Teilzeitkräfte lässt sich schnell realisieren. Eine Modifikation aller einzelnen Ressourcenkalender dieser Kräfte hingegen nicht.

Vorgangskalender

Zuweisen von Vorgangskalendern Ebenso wie dem Projekt und den Ressourcen können auch den Vorgängen gezielt Kalender zugewiesen werden. Hierzu sind ein oder mehrere Vorgänge mit der Maus zu markieren. Dazu wird der Mauszeiger auf der Vorgangsnummer platziert und mit der gedrückten linken Maustaste beliebig weit nach unten gezogen (Abb. 5.3-11).

Über das Menü Projekt-Informationen kann nun über den Reiter Erweitert und das Feld Kalender ein Kalender den Vorgängen zugeordnet werden (Abb. 5.3-12).

Tipp Einem Vorgang kann nur ein bestehender Basiskalender zugewiesen sein, der im Dialogfeld »Arbeitszeit ändern« angelegt worden ist. Vorgangskalender sind eher unpraktisch und führen schnell zu Problemen. Einem Vorgang sollte nur dann ein Kalender zugewiesen werden, wenn bestimmte Zeiten bewusst eingegrenzt werden sollen!

5.3 Das Herz – Der Kalender *

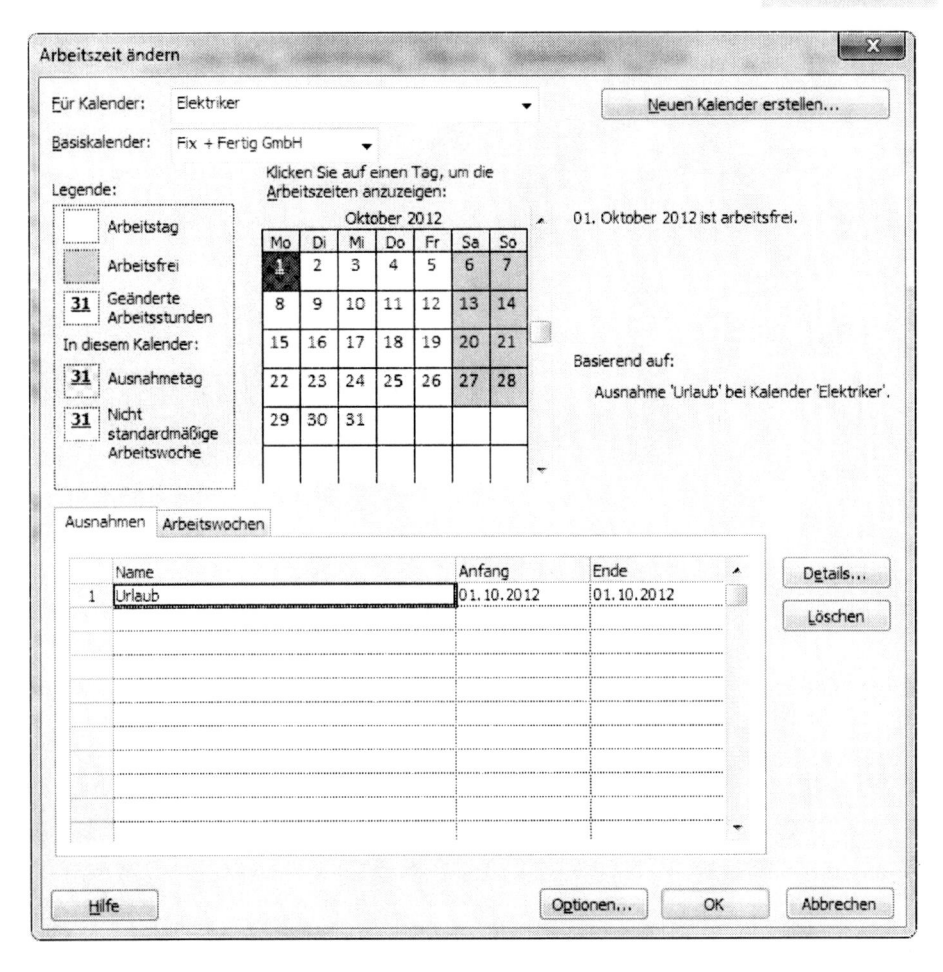

Abb. 5.3-10: Ressourcenbezogener Urlaub im Dialogfeld Arbeitszeit ändern.

5 Die ersten Schritte *

	Vorgangsname	Dauer	Anfang	Fertig stellen	Vorgän
1	− Tiefbau	59,73 Tage	Mi 29.08.12	Mi 14.11.12	
2	− Baugrube	8,53 Tage	Mi 29.08.12	Fr 07.09.12	
3	Loch vermessen	2 Tage	Mi 29.08.12	Do 30.08.12	
4	Grube ausheben	3,2 Tage	Fr 31.08.12	Fr 07.09.12	3
5	− Kellergeschoss	39,47 Tage	Di 25.09.12	Mi 14.11.12	2
6	Fundament gießen	17,07 Tage	Di 25.09.12	Mo 29.10.12	
7	Grundmauer hochziehen	2 Tage	Di 30.10.12	Mi 31.10.12	6
8	Decke einziehen	10,67 Tage	Do 01.11.12	Mi 14.11.12	7
9	Tiefbau abgeschlossen	0 Tage	Mi 14.11.12	Mi 14.11.12	1
10	− Haus	45,67 Tage	Mo 19.11.12	Mi 16.01.13	
11	− Rohbau	24 Tage	Mo 19.11.12	Mi 19.12.12	1
12	Außenwände aufbauen	5 Tage	Mo 19.11.12	Fr 23.11.12	
13	Decken einziehen	1 Tag	Fr 23.11.12	Mo 26.11.12	12
14	Dach decken	2 Tage	Mo 26.11.12	Mi 28.11.12	13
15	Treppe einbauen	8 Tage	Mo 10.12.12	Mi 19.12.12	
16	− Ausbau	35 Tage	Mo 03.12.12	Mi 16.01.13	

Abb. 5.3-11: Vorgänge markieren.

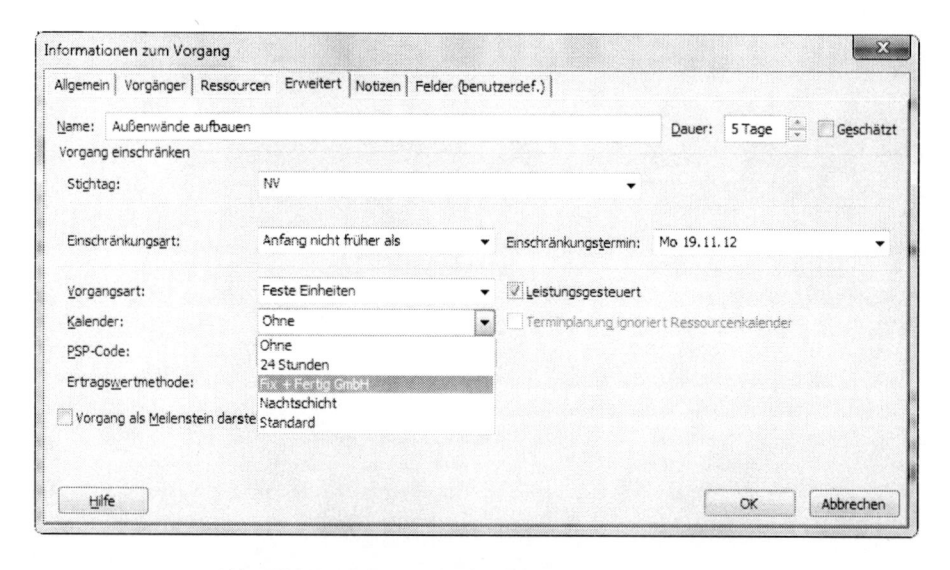

Abb. 5.3-12: Vorgängen Kalender zuweisen.

5.3.2 Kalender zuweisen und Prioritäten beachten *

Kalender können Ressourcen und Vorgängen zugewiesen werden. Die Zusammenhänge und Priorisierung der verschiedenen Kalender spielen bei der Anwendung eine entscheidende Rolle. Werden sie nicht beachtet kann das Projekt nicht wie geplant ablaufen.

Die Zuweisung eines Kalenders zu einem Projekt erfolgt über das Menü Projekt-Projektinformationen. Alle Vorgänge werden dann nur innerhalb der Arbeitszeiten des zugewiesenen Kalenders bearbeitet. Der Projektkalender ist automatisch Basiskalender für die Vorgänge.

Verknüpfen von Kalender & Projekt

Der neue Projektkalender wird den Ressourcen nicht automatisch als Basiskalender zugewiesen. Die Ressourcen arbeiten weiterhin unter dem Basiskalender »Standard«. Bestehende Vorgänge orientieren sich an den Kalendern der Ressourcen, die ihm zugeordnet sind. Nur deshalb hat der neue Basiskalender keine sichtbaren Auswirkungen auf die bestehenden Vorgänge. Wird jedoch ein neuer Vorgang erstellt, so findet für diesen der neue Projektkalender Anwendung. Das ändert sich wiederum, sobald einem neuen Vorgang Ressourcen zugewiesen werden, die ihrerseits auf einem anderen Kalender basieren.

Auswirkung von Kalenderzuweisungen

Bei der Nutzung von Basiskalendern, Ressourcenkalendern, Vorgangskalendern, Projektkalendern und benutzerdefinierten Kalendern verliert man leicht den Überblick, wann welcher Kalender Priorität hat. Zusammengefasst gilt:

Prioritäten

1 Grundsätzlich existieren standardmäßig **drei Basiskalendervorlagen** (Nachtschicht, 24 Stunden, Standard). Die Basiskalender können dem Projektkalender zugeordnet werden. Sind keine weiteren individuellen Einstellungen nötig, werden alle Zeiten und Tage der Ressourcen und Vorgänge hierdurch gesteuert.

2 Legen Sie für Ressourcen und Vorgänge unterschiedliche Kalender an, so wird nur die Arbeitszeit zur Umsetzung genutzt, die **Ressourcen und Vorgänge als Schnittmenge** haben.

Wenn Sie Änderungen bezüglich der Kalender für Ressourcen oder Vorgänge fixieren, haben die **ressourcen- bzw.**

Kalender-optionen

vorgangsbezogenen Kalender eine höhere Priorität als der Projektkalender selbst. Um einen Überblick über vorhandene Kalenderoptionen zu bekommen, ist unter dem Menü Projekt-Berichte (Abb. 5.3-13) das grafische Symbol »Übersicht« auszuwählen (Abb. 5.3-14).

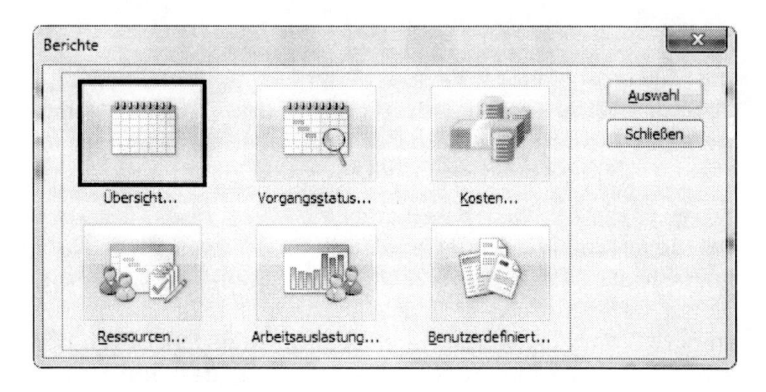

Abb. 5.3-13: Dialogfeld Projekt-Berichte...

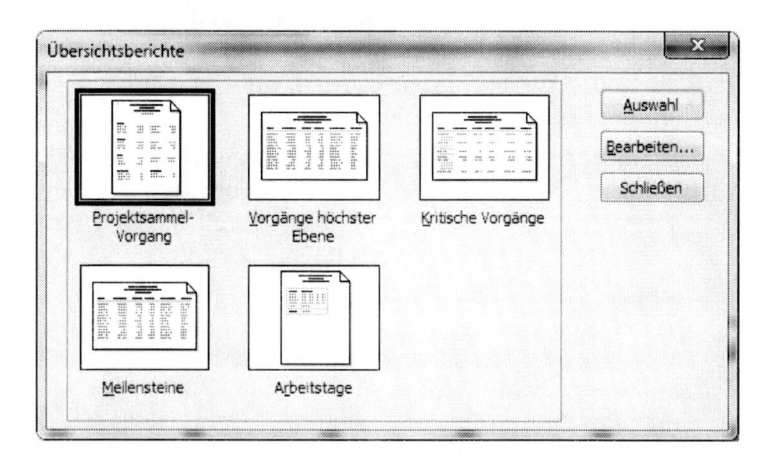

Abb. 5.3-14: Dialogfeld Projekt-Berichte-Übersichtsberichte.

Im Bericht Arbeitstage werden sämtliche Kalenderoptionen angezeigt.

6 Sukzessive Vorgehensweise *

Bisher wurden in diesem Buch die Grundlagen für die Arbeit mit Microsoft Project vorgestellt bzw. gelegt. Hierzu zählte vor allem der Abschluss aller Projektplanungen und -vorbereitungen, die als Grundeinstellungen in das Projekt einfließen.

Im Folgenden wird schrittweise die Vorgehensweise zur Erstellung eines komplexen Projektplans dargestellt.

Am Anfang sind die notwendigen Grundeinstellungen vorzunehmen:

- »Grundeinstellungen«, S. 90

Der erste Schritt bei der Eingabe bzw. Übertragung der Projektplanungen in Microsoft Project ist die Anlage der Projektvorgänge und deren Strukturierung:

- »Jetzt geht's los«, S. 91

Nicht nur die Vorgänge selbst, sondern auch die zu Ihrer Bearbeitung zur Verfügung stehenden Ressourcen müssen als Daten in Microsoft Project verfügbar sein:

- »Er, Sie oder Es macht den Job«, S. 117

Microsoft Project hält nun Informationen über die notwendigen Arbeiten (Vorgänge) wie auch über die zur Verfügung stehenden Ressourcen vor. Im nächsten Schritt müssen die Ressourcen den einzelnen Vorgängen zugewiesen werden, damit Microsoft Project über diese Verknüpfung, z.B. mit Hilfe der hinterlegten Kalender, Vorgangskosten und Arbeitszeiten berechnen kann:

- »Es gibt Arbeit«, S. 127

Nicht alle Kosten sind direkt zurechenbar. So können Vorgänge z.B. auch feste Kosten erzeugen. Darüber hinaus lassen sich in Microsoft Project individuell benutzerdefinierte Kostenfelder definieren:

- »Kosten zuordnen«, S. 140

6.1 Grundeinstellungen *

Damit mit der eigentlichen Arbeit in Microsoft Project begonnen werden kann, sind unterschiedliche Einstellungen zu tätigen bzw. Vorbereitungen zu treffen.

Folgende Grundeinstellungen sind zu Beginn eines Projektes in Microsoft Project vorzunehmen:

- Ein Projekt muss angelegt und ihm verschiedene beschreibende Informationen mitgegeben werden. Es ist zu prüfen, ob eine Vorlage existiert, die dem geplanten Projekt ähnelt und somit als Vorlage genutzt werden kann. Das spart Zeit! (siehe »Projekte anlegen«, S. 67). Hierzu kann eine Standardvorlage von Microsoft Project oder eine Vorlage eines bereits durchgeführten Projektes fungieren.
- Verschiedene Einstellungen sind vorzunehmen, die das Arbeiten mit Microsoft Project effizienter und ergonomischer machen. Dazu gehören beispielsweise – abhängig von dem jeweiligen Land in dem das Projekt stattfindet – die Einstellung des Datumsformats und die Auswahl des Währungssymbols. Bevor mit dem Cockpit gearbeitet wird, ist zu entscheiden, welche Spalten ein und ausgeblendet werden sollen (siehe »Spalten anzeigen und verbergen«, S. 167). Nicht zu vergessen ist die Einstellung der Zeitskala des Gantt-Diagramms und die damit verwendete Einheit (Stunden, Tage, Monate usw.) des Projektes.
- Der Kalender, der für das Projekt genutzt werden soll, ist auszuwählen und dem Projekt zuzuweisen. Auf jeden Fall ist zu überprüfen, ob die Standardarbeitszeit in Microsoft Project mit der in dem Unternehmen existierenden übereinstimmt. Zu berücksichtigen sind hier auch beispielsweise Betriebsferien.
- In einem weiteren Schritt ist zu ermitteln, welche individuellen Urlaubszeiten und ggf. Arbeitszeiten Projektressourcen haben. Sobald Arbeitsressourcen in einem Projekt angelegt werden, wird für diese jeweils ein Ressourcenkalender angelegt, in den derartige Informationen eingetragen werden können.

6.2 Jetzt geht's los *

Die Eingabe von Vorgangsinformationen sollte strukturiert ablaufen. Dabei werden zuerst die Vorgänge und Strukturierungsebenen erfasst und die Vorgangsarten festgelegt. Sobald die Dauern der Vorgänge eingetragen und die Vorgänge entsprechend ihrer Abhängigkeiten verknüpft sind, erscheint eine erste strukturierte grafische Darstellung im Balkendiagramm.

In der Regel setzt sich der Projektleiter nicht hin und beginnt in der Projektvorbereitungsphase direkt mit Microsoft Project. Es ist weitaus effizienter die Gesamtplanung des Projektes unter Zuhilfenahme verschiedener Methoden und unterschiedlicher Programme vorzubereiten.

Planung vorbereiten

Je komplexer ein Projekt ist, desto mehr Informationen sind für die Planung zusammenzutragen und umso sinnvoller ist es, die Planung vorzubereiten, zu strukturieren und als Diskussionsgrundlage für alle Projektbeteiligten zu visualisieren (siehe »Das 1 x 1 der Planung«, S. 46). Erst wenn das geschehen ist, ist Microsoft Project an der Reihe.

Die in »Softwareprogramme zur Unterstützung der Planung«, S. 17, beschriebenen Programme haben direkt oder indirekt eine Schnittstelle zu Microsoft Project, sodass keine Doppelerfassung notwendig ist. Die Informationen sind »per Knopfdruck« oder Tastenkombination übertragbar

Tipp

Nach Abschluss der Planungsvorbereitung kann die Anlage der Vorgänge in folgender Reihenfolge durchgeführt werden:

- »Vorgänge erfassen«, S. 92
- »Meilensteine setzen«, S. 99
- »Vorgangsart festlegen«, S. 102
- »Leistungsgesteuerte Terminplanung«, S. 106
- »Vorgangsdauer festlegen«, S. 107
- »Vorgänge verknüpfen«, S. 108
- »Periodische Vorgänge«, S. 110
- »Vorgänge unterbrechen«, S. 112
- »Informationen zum Vorgang«, S. 113
- »Anordnungsbeziehung festlegen«, S. 115

6.2.1 Vorgänge erfassen *

Die Vorgänge für ein Projekt können im Cockpit von Microsoft Project automatisch oder manuell erfasst werden. Voraussetzung für die automatische Erfassung ist, dass die für ein Projekt notwendigen Vorgänge bereits im Rahmen der Projektvorbereitung anderweitig erfasst wurden. Bei der manuellen Erfassung werden die Vorgänge und alle dazugehörigen Informationen in den dafür vorgesehenen Spalten erfasst.

Zur manuellen Erfassung der Vorgänge ist am sinnvollsten die Tabelle: Eingabe zu wählen (Abb. 6.2-1).

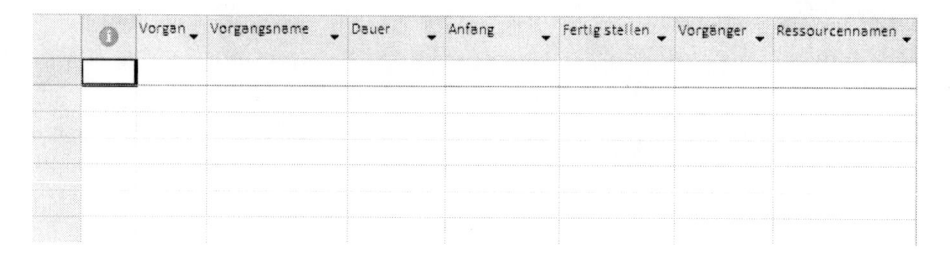

ⓘ	Vorgan	Vorgangsname	Dauer	Anfang	Fertig stellen	Vorgänger	Ressourcennamen

Abb. 6.2-1: Der Tabellenbereich der Tabelle: Eingabe im Cockpit von Microsoft Project.

Die Vorgänge werden in der Spalte »Vorgangsname« untereinander eingegeben. Die Spalten »Dauer«, »Anfang« und »Fertig stellen« werden mit Standardwerten vorbelegt. Die Vorgänge müssen nicht chronologisch erfasst werden, da die Abhängigkeiten zu einem späteren Zeitpunkt über die Spalte »Vorgänger« festgelegt werden.

Tipp — Aus Gründen der Übersichtlichkeit ist es ratsam, gerade in umfangreichen Projekten mit vielen Vorgängen, die Vorgänge so weit es möglich ist, chronologisch einzugeben. Wurden die Vorgänge vorstrukturiert, fällt die chronologische Erfassung der Vorgänger einfacher.

Spaltenbreite ändern — Sollten bei der Erfassung in einer Spalte »Rautenzeichen« erscheinen (Abb. 6.2-2), bedeutet das lediglich, dass die Spalte zu schmal für die erfassten Werte ist.

Anpassung der Spaltenbreite — Die Lösung ist einfach: Der Mauszeiger ist in der grauen Kopfzeile auf der Spaltentrennlinie zwischen den Spalten

6.2 Jetzt geht's los *

»Dauer« und »Anfang« zu positionieren, sodass der Cursor seine Form verändert. Durch einen Doppelklick mit der linken Maustaste wird die Spalte bis auf ihre optimale Größe verändert.

	Vorgangsname	Dauer	Anfang	Fertig stellen
1	− Tiefbau	######	Mi 29.08.12	Mi 14.11.12
2	− Baugrube	######	Mi 29.08.12	Fr 07.09.12
3	Loch vermessen	######	Mi 29.08.12	Do 30.08.12
4	Grube ausheben	######	Fr 31.08.12	Fr 07.09.12

Abb. 6.2-2: Darstellung zu breiter Spalteninhalte durch Rauten.

Ist der Tabellenbereich zu klein, weil er von der Anzeige Tabellenbereich des Gantt-Diagramms überlagert wird, ist eine Vergrößerung des Tabellenbereiches einfach (Abb. 6.2-3).

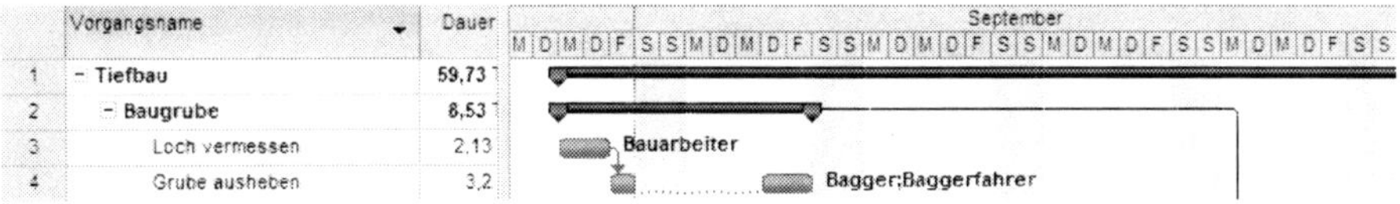

Tabellenbereich vergrößern

Abb. 6.2-3: Gantt-Diagramm überlagerter Tabellenbereich.

Durch Positionierung des Mauszeigers auf der dicken Linie, die sich auf der Spalte »Dauer« zwischen Tabellen- und Diagrammbereich befindet, kann durch eine Mausbewegung nach links oder rechts bei gedrückter linker Maustaste der Tabellenbereich vergrößert oder verkleinert werden.

Im Rahmen des Projektes »Zweifamilienhaus Amselweg 34« wurde in der Planungsphase »Aufgaben strukturieren« (»Schritt für Schritt«, S. 31) ein Projektstrukturplan erstellt (Abb. 6.2-4). Das Projekt wurde in die drei Teilprojekte »Tiefbau«, »Haus« und »Grundstück« unterteilt, die wie folgt weiter untergliedert sind:

Beispiel

Das Arbeitspaket »Bodenbeläge verlegen« wurde in die Vorgänge »Material einkaufen«, »Dämmung verlegen«, »Abstandhalter befestigen«, »Parkett zuschneiden«, »Parkett verlegen«, »Parkett versiegeln«, »Übergangsleisten befestigen«, »Abschlussleisten befestigen« und »Parkett reinigen« zerlegt. Im ersten Schritt sind alle Vorgänge und Strukturierungsebenen (Teilprojekte, Unterprojekte) zu erfassen (Abb. 6.2-5).

Strukturierung der Aufgaben

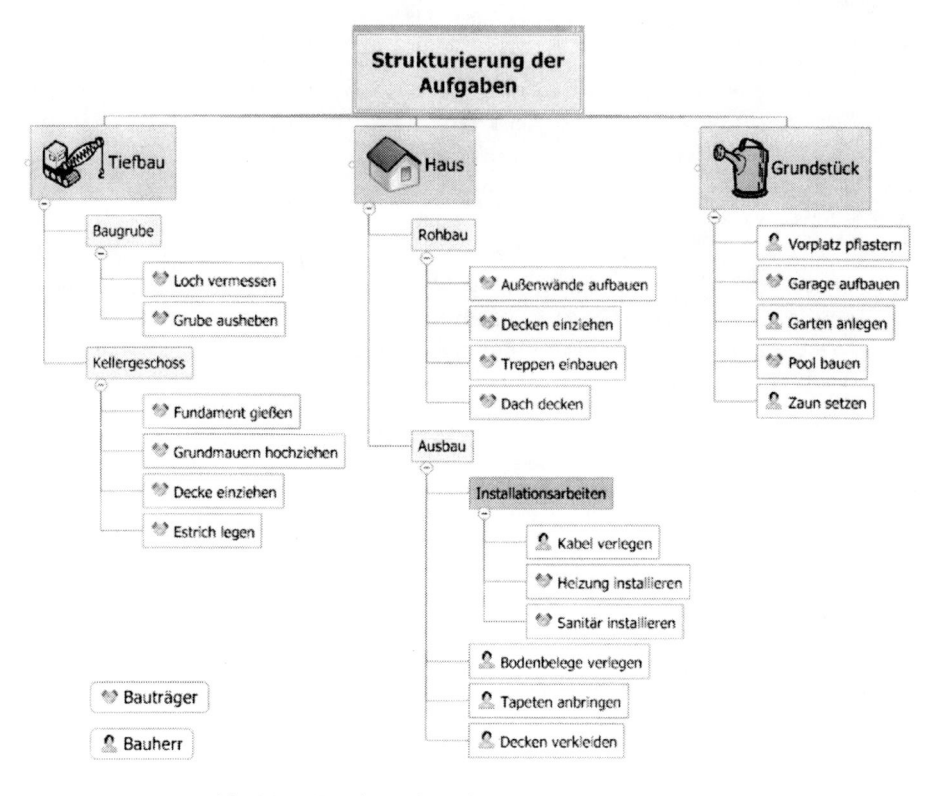

- **Tiefbau**
  - Baugrube
    - Loch vermessen
    - Grube ausheben
  - Kellergeschoss
    - Fundament gießen
    - Grundmauern hochziehen
    - Decke einziehen
    - Estrich legen
- **Haus**
  - Rohbau
    - Außenwände aufbauen
    - Decken einziehen
    - Treppen einbauen
    - Dach decken
  - Ausbau
    - Installationsarbeiten
      - Kabel verlegen
      - Heizung installieren
      - Sanitär installieren
    - Bodenbeläge verlegen
    - Tapeten anbringen
    - Decken verkleiden
- **Grundstück**
  - Vorplatz pflastern
  - Garage aufbauen
  - Garten anlegen
  - Pool bauen
  - Zaun setzen

Bauträger
Bauherr

Abb. 6.2-4: Projektstrukturplan.

Sollen in einer vorhandenen Vorgangsliste zwischen zwei Vorgängen ein oder mehrere Vorgänge eingefügt werden, so ist wie folgt vorzugehen:

1 Der Vorgang, vor dem ein neuer Vorgang eingefügt werden soll, ist zu markieren (Abb. 6.2-6). Der Mauszeiger wird hierzu links auf der Vorgangsnummer positioniert, welche durch einen Klick mit der linken Maustaste markiert wird.

6.2 Jetzt geht's los *

	Vorgangsname	Dauer	Anfang	Fertig stellen
1	Materialien einkaufen	1 Tag?	Mo 01.10.12	Mo 01.10.12
2	Dämmung verlegen	1 Tag?	Mo 01.10.12	Mo 01.10.12
3	Abstandhalter befestigen	1 Tag?	Mo 01.10.12	Mo 01.10.12
4	Parkett zuschneiden	1 Tag?	Mo 01.10.12	Mo 01.10.12
5	Parkett verlegen	1 Tag?	Mo 01.10.12	Mo 01.10.12
6	Parkett versiegeln	1 Tag?	Mo 01.10.12	Mo 01.10.12
7	Übergansleisten befestigen	1 Tag?	Mo 01.10.12	Mo 01.10.12
8	Abschlussleisten befestigen	1 Tag?	Mo 01.10.12	Mo 01.10.12
9	Parkett reinigen	1 Tag?	Mo 01.10.12	Mo 01.10.12
10	Tapeten anbringen	1 Tag?	Mo 01.10.12	Mo 01.10.12
11	Decken verkleiden	1 Tag?	Mo 01.10.12	Mo 01.10.12
12	Grundstück	1 Tag?	Mo 01.10.12	Mo 01.10.12
13	Vorplatz pflastern	1 Tag?	Mo 01.10.12	Mo 01.10.12
14	Garage aufbauen	1 Tag?	Mo 01.10.12	Mo 01.10.12
15	Pool bauen	1 Tag?	Mo 01.10.12	Mo 01.10.12
16	Garten anlegen	1 Tag?	Mo 01.10.12	Mo 01.10.12
17	Zaun setzen	1 Tag?	Mo 01.10.12	Mo 01.10.12

Abb. 6.2-5: Erfassung von Vorgängen und Strukturierungsebenen.

	Vorgangsname	Dauer	Anfang	Fertig stellen
1	− Tiefbau	59,73 Tage	Mi 29.08.12	Mi 14.11.12
2	− Baugrube	8,53 Tage	Mi 29.08.12	Fr 07.09.12
3	Loch vermessen	2,13 Tage	Mi 29.08.12	Do 30.08.12
4	Grube ausheben	3,2 Tage	Fr 31.08.12	Fr 07.09.12
5	− Kellergeschoss	39,47 Tage	Di 25.09.12	Mi 14.11.12
6	Fundament gießen	17,07 Tage	Di 25.09.12	Mo 29.10.12
7	Grundmauer hochziehen	2,13 Tage	Di 30.10.12	Mi 31.10.12

Abb. 6.2-6: Vorgang markieren.

2   Durch Betätigung der rechten Maustaste erscheint ein Untermenü. Hier ist der Menüeintrag Vorgang einfügen auszuwählen (Abb. 6.2-7).

Müssen beispielsweise fünf Vorgänge vor dem Vorgang zehn eingefügt werden, so sind der Vorgang zehn und noch vier weitere Vorgänge (11, 12, 13, 14) zu markieren. Wird nun

Einfügen mehrerer Vorgänge in einem Schritt

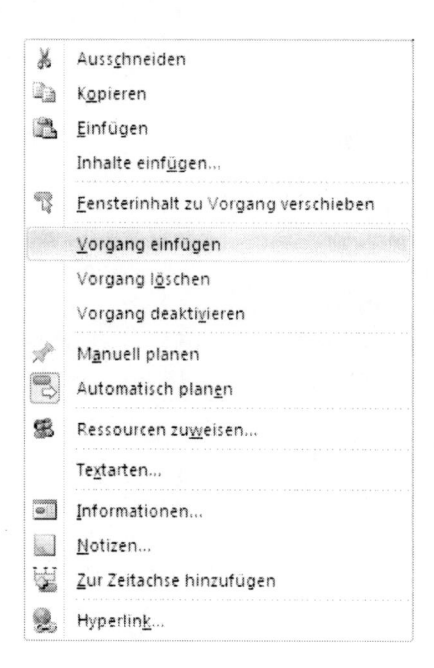

```
             Ausschneiden
             Kopieren
             Einfügen
             Inhalte einfügen...
             Fensterinhalt zu Vorgang verschieben
             Vorgang einfügen
             Vorgang löschen
             Vorgang deaktivieren
             Manuell planen
             Automatisch planen
             Ressourcen zuweisen...
             Textarten...
             Informationen...
             Notizen...
             Zur Zeitachse hinzufügen
             Hyperlink...
```

Abb. 6.2-7: Kontextmenü Vorgang einfügen.

in dem Untermenü der Menüpunkt Vorgang einfügen ausgewählt, werden insgesamt fünf neue Vorgänge eingefügt.

Vorgänge löschen

Um einen oder mehrere Vorgänge zu löschen, ist äquivalent vorzugehen. Zuerst ist der oder die zu löschenden Vorgänge zu markieren (Abb. 6.2-6). Durch Drücken der rechten Maustaste während der Mauszeiger auf den Vorgangsnummern positioniert ist, erscheint wiederum das Untermenü, aus dem der Menüpunkt Vorgang löschen auszuwählen ist (vgl. Abb. 6.2-8).

Vorgänge hierarchisch gliedern

Damit die Vorgangsliste übersichtlicher wird, ist sie zu strukturieren. Die **Strukturierungselemente** wurden bereits in der Liste (Abb. 6.2-5) aufgenommen.

Beispiel

Das Teilprojekt »Tiefbau«, die dazugehörigen Unterprojekte und Arbeitspakete sollen gemäß des Projektstrukturplans (Abb. 6.2-4) strukturiert werden.

1   Markieren Sie die Vorgänge, die tiefer gestellt werden sollen (Abb. 6.2-9).

6.2 Jetzt geht's los *

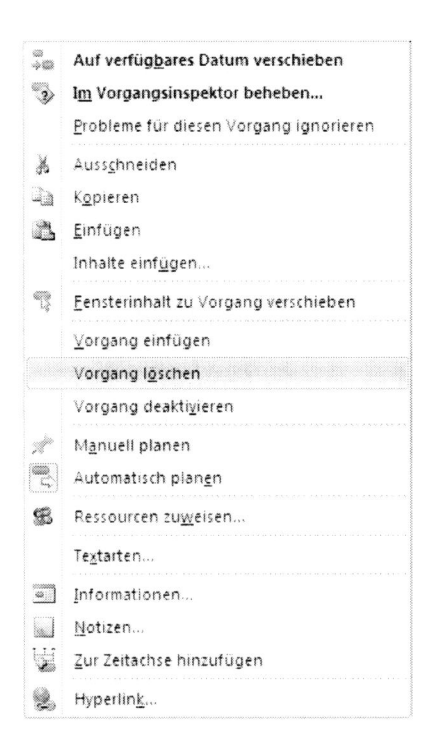

	Auf verfügbares Datum verschieben
	I̲m Vorgangsinspektor beheben...
	P̲robleme für diesen Vorgang ignorieren
✂	Auss̲chneiden
	K̲opieren
	E̲infügen
	Inhalte einf̲ügen...
	F̲ensterinhalt zu Vorgang verschieben
	V̲organg einfügen
	Vorgang l̲öschen
	Vorgang deakti̲vieren
	M̲anuell planen
	Automatisch plane̲n
	Ressourcen zuw̲eisen...
	Te̲xtarten...
	I̲nformationen...
	N̲otizen...
	Z̲ur Zeitachse hinzufügen
	Hyperlin̲k...

Abb. 6.2-8: Kontextmenü Vorgang löschen.

	Vorgangsname	Dauer	Anfang	Fertig stellen
1	Tiefbau	1 Tag?	Mo 01.10.12	Mo 01.10.12
2	Baugrube	1 Tag?	Mo 01.10.12	Mo 01.10.12
3	Loch vermessen	1 Tag?	Mo 01.10.12	Mo 01.10.12
4	Grube ausheben	1 Tag?	Mo 01.10.12	Mo 01.10.12
5	Kellergeschoss	1 Tag?	Mo 01.10.12	Mo 01.10.12
6	Fundament gießen	1 Tag?	Mo 01.10.12	Mo 01.10.12
7	Grundmauer hochziehen	1 Tag?	Mo 01.10.12	Mo 01.10.12
8	Decke einziehen	1 Tag?	Mo 01.10.12	Mo 01.10.12

Abb. 6.2-9: Markieren der einzurückenden Vorgänge Stufe 1.

2 Betätigen Sie den nach rechts zeigenden grünen Pfeil Vorgang tiefer stufen (Abb. 6.2-10), der sich in der Fluent-Benutzer-Oberfläche in dem Bereich Aufgabe befindet.

6 Sukzessive Vorgehensweise *

Abb. 6.2-10: Kontextmenü Vorgänge tiefer stufen.

	Vorgangsname	Dauer	Anfang	Fertig stellen
1	– Tiefbau	1 Tag?	Mo 01.10.12	Mo 01.10.12
2	Baugrube	1 Tag?	Mo 01.10.12	Mo 01.10.12
3	Loch vermessen	1 Tag?	Mo 01.10.12	Mo 01.10.12
4	Grube ausheben	1 Tag?	Mo 01.10.12	Mo 01.10.12
5	Kellergeschoss	1 Tag?	Mo 01.10.12	Mo 01.10.12
6	Fundament gießen	1 Tag?	Mo 01.10.12	Mo 01.10.12
7	Grundmauer hochziehen	1 Tag?	Mo 01.10.12	Mo 01.10.12
8	Decke einziehen	1 Tag?	Mo 01.10.12	Mo 01.10.12

Abb. 6.2-11: Ergebnis des Vorgangs Vorgänge tiefer stufen (Stufe 1).

3 Um eine weitere Tieferstellung zu erzeugen, markieren Sie wiederum die betroffenen Vorgänge (Abb. 6.2-12).

	Vorgangsname	Dauer	Anfang	Fertig stellen
1	– Tiefbau	1 Tag?	Mo 01.10.12	Mo 01.10.12
2	Baugrube	1 Tag?	Mo 01.10.12	Mo 01.10.12
3	Loch vermessen	1 Tag?	Mo 01.10.12	Mo 01.10.12
4	Grube ausheben	1 Tag?	Mo 01.10.12	Mo 01.10.12
5	Kellergeschoss	1 Tag?	Mo 01.10.12	Mo 01.10.12
6	Fundament gießen	1 Tag?	Mo 01.10.12	Mo 01.10.12
7	Grundmauer hochziehen	1 Tag?	Mo 01.10.12	Mo 01.10.12
8	Decke einziehen	1 Tag?	Mo 01.10.12	Mo 01.10.12

Abb. 6.2-12: Markieren der einzurückenden Vorgänge Stufe 2.

4 Betätigen Sie den nach rechts zeigenden grünen Pfeil Vorgang tiefer stufen (Abb. 6.2-10), der sich in der Fluent-Benutzer-Oberfläche in dem Bereich Aufgabe befindet.

Weitere Gliederungsstufen sind äquivalent zu den Schritten 3 und 4 vorzunehmen. Sollen Vorgänge höher gestellt werden, wird ebenfalls wie in den Schritten 3 und 4 vor-

6.2 Jetzt geht's los *

gegangen, nur wird im Menü (Abb. 6.2-10) der Menüpunkt Vorgang höher stufen ausgewählt.

	Vorgangsname	Dauer	Anfang	Fertig stellen
1	− Tiefbau	1 Tag?	Mo 01.10.12	Mo 01.10.12
2	− Baugrube	1 Tag?	Mo 01.10.12	Mo 01.10.12
3	Loch vermessen	1 Tag?	Mo 01.10.12	Mo 01.10.12
4	Grube ausheben	1 Tag?	Mo 01.10.12	Mo 01.10.12
5	Kellergeschoss	1 Tag?	Mo 01.10.12	Mo 01.10.12
6	Fundament gießen	1 Tag?	Mo 01.10.12	Mo 01.10.12
7	Grundmauer hochziehen	1 Tag?	Mo 01.10.12	Mo 01.10.12
8	Decke einziehen	1 Tag?	Mo 01.10.12	Mo 01.10.12

Abb. 6.2-13: Darstellung der Tieferstellung Stufe 2.

Durch einen Mausklick auf der vor den **Strukturierungsebenen** angezeigten Minuszeichen bzw. Pluszeichen können Strukturen auf bzw. zugeklappt werden. — Hinweis

In dem Projektplan können an jeder Stelle **manuell geplante Vorgänge** eingefügt werden. Diese Vorgänge werden nicht automatisch, zum Beispiel durch gesetzte Anordnungsbeziehungen, verschoben.

Mit Hilfe von **inaktiven Vorgängen** (deaktiverte Vorgänge) können Informationen, zum Beispiel aus Archivierungsgründen, abgelegt werden.

6.2.2 Meilensteine setzen *

Meilensteine sind Zwischenziele und dienen als Kontrollpunkte. In Microsoft Project wird ein Meilenstein daher durch einen Vorgang ohne Dauer dargestellt.

Am Ende des Teilprojektes »Tiefbau« soll ein Meilenstein gesetzt werden. Gehen Sie dazu wie folgt vor: — Beispiel

1 Erfassen Sie einen normalen Vorgang am Ende des Teilprojektes »Tiefbau« und sorgen Sie dafür, dass er sich auf der höchsten Gliederungsebene befindet (»Gliederungsebenen und Sammelvorgänge«, S. 152).

6 Sukzessive Vorgehensweise *

Vergeben Sie für den Meilenstein einen Namen (z. B. Tiefbau abgeschlossen).

2 Markieren Sie den Meilenstein »Tiefbau abgeschlossen«. Drücken Sie die rechte Maustaste und wählen Sie den Menüeintrag Informationen... aus (Abb. 6.2-14).

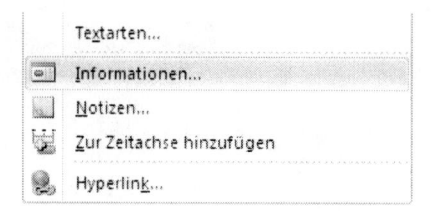

Abb. 6.2-14: Auswahl des Dialogfensters Informationen zum Vorgang.

3 Wählen Sie den Reiter Erweitert aus. Aktivieren Sie das Feld Vorgang als Meilenstein darstellen (Abb. 6.2-15).

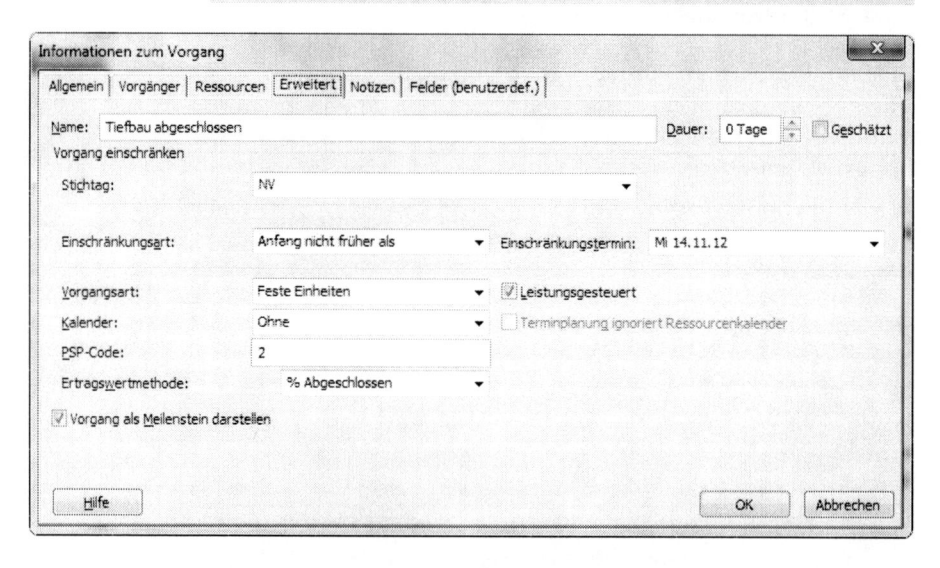

Abb. 6.2-15: Dialogfeld Informationen zum Vorgang.

4 Bestätigen Sie die Eingabe mit OK und geben im Feld »Dauer« eine »0« ein. Der Wert kann mit Hilfe der Tastatur eingegeben werden (Abb. 6.2-16).

	Vorgangsname	Dauer	Anfang	Fertig stellen
1	**Tiefbau**	**59,73 Tage**	**Mi 29.08.12**	**Mi 14.11.12**
2	**Baugrube**	**8,53 Tage**	**Mi 29.08.12**	**Fr 07.09.12**
3	Loch vermessen	2,13 Tage	Mi 29.08.12	Do 30.08.12
4	Grube ausheben	3,2 Tage	Fr 31.08.12	Fr 07.09.12
5	**Kellergeschoss**	**39,47 Tage**	**Di 25.09.12**	**Mi 14.11.12**
6	Fundament gießen	17,07 Tage	Di 25.09.12	Mo 29.10.12
7	Grundmauer hochziehen	2,13 Tage	Di 30.10.12	Mi 31.10.12
8	Decke einziehen	10,67 Tage	Do 01.11.12	Mi 14.11.12
9	Tiefbau abgeschlossen	0 Tage	Mi 14.11.12	Mi 14.11.12

Abb. 6.2-16: Dauer des Meilensteins auf 0 setzen.

Die Darstellung des Meilensteins erfolgt durch eine Raute in der Diagramm-Ansicht (Abb. 6.2-17).

	Vorgangsname	Dauer	Anfang	Fertig stellen
1	**Tiefbau**	**59,73 Tage**	**Mi 29.08.12**	**Mi 14.11.12**
2	**Baugrube**	**8,53 Tage**	**Mi 29.08.12**	**Fr 07.09.12**
3	Loch vermessen	2,13 Tage	Mi 29.08.12	Do 30.08.12
4	Grube ausheben	3,2 Tage	Fr 31.08.12	Fr 07.09.12
5	**Kellergeschoss**	**39,47 Tage**	**Di 25.09.12**	**Mi 14.11.12**
6	Fundament gießen	17,07 Tage	Di 25.09.12	Mo 29.10.12
7	Grundmauer hochziehen	2,13 Tage	Di 30.10.12	Mi 31.10.12
8	Decke einziehen	10,67 Tage	Do 01.11.12	Mi 14.11.12
9	Tiefbau abgeschlossen	0 Tage	Mi 14.11.12	Mi 14.11.12

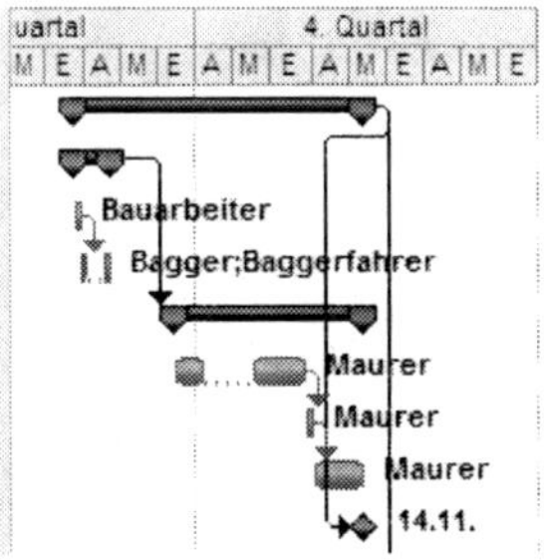

Abb. 6.2-17: Darstellung des Meilensteins in der Diagrammansicht.

Der Meilenstein »Tiefbau abgeschlossen« kann erst erreicht werden, wenn alle Vorgänge des Sammelvorgangs »Tiefbau« zu 100% erledigt wurden. Der Meilenstein »Tiefbau abgeschlossen« sollte also mit dem Sammelvorgang »Tiefbau« verknüpft werden (nicht aber mit dem letzten zugehörigen Teilvorgang).

1 Der Sammelvorgang und der Meilenstein sind mit gedrückt gehaltener »Steuerungstaste« zu markieren (Abb. 6.2-18).
2 Durch Betätigung der Tastenkombination `Strg+F2` werden beide Vorgänge miteinander verknüpft (Abb. 6.2-19). Des Weiteren können die Vorgänge, durch Eingabe der Vorgangsnummer des Vorgangs »Tiefbau« in

6 Sukzessive Vorgehensweise *

das Feld Vorgänger des Vorganges »Tiefbau abgeschlossen«, miteinander verknüpft werden.

	Vorgangsname	Dauer	Anfang	Fertig stellen
1	- Tiefbau	59,73 Tage	Mi 29.08.12	Mi 14.11.12
2	- Baugrube	8,53 Tage	Mi 29.08.12	Fr 07.09.12
3	Loch vermessen	2,13 Tage	Mi 29.08.12	Do 30.08.12
4	Grube ausheben	3,2 Tage	Fr 31.08.12	Fr 07.09.12
5	- Kellergeschoss	39,47 Tage	Di 25.09.12	Mi 14.11.12
6	Fundament gießen	17,07 Tage	Di 25.09.12	Mo 29.10.12
7	Grundmauer hochziehen	2,13 Tage	Di 30.10.12	Mi 31.10.12
8	Decke einziehen	10,67 Tage	Do 01.11.12	Mi 14.11.12
9	Tiefbau abgeschlossen	0 Tage	Mi 14.11.12	Mi 14.11.12

Abb. 6.2-18: Sammelvorgang und Meilenstein markieren.

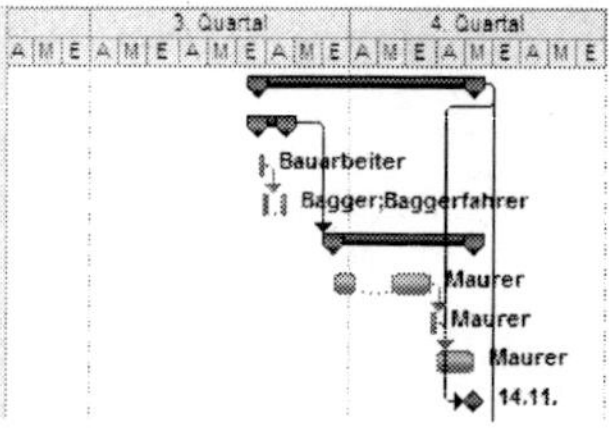

Abb. 6.2-19: Darstellung der vollzogenen Verknüpfung.

6.2.3 Vorgangsart festlegen *

Arbeit, Dauer und Einheiten sind die zentralen Größen, auf denen Berechnungen innerhalb von Microsoft Project basieren. Bei der Festlegung der Vorgangsart müssen die Abhängigkeiten zwischen diesen Variablen beachtet werden.

Die Berechnung von Vorgängen basiert auf drei voneinander abhängigen Größen:

- Arbeit
- Dauer
- Einheiten

6.2 Jetzt geht's los * 103

Folgende Beziehung liegt zwischen ihnen vor:

Dauer * Einheiten = Arbeit

Änderungen eines Faktors wirken sich gemäß dieser Formel auf die anderen Faktoren aus.

Es muss festgelegt werden können, welche der beiden übrigen Größen reagiert, wenn man die dritte verändert. Microsoft Project arbeitet mit **festen Größen**. Eine der drei Variablen wird damit bereits im Vorfeld als konstant angesehen.

Es soll ein neues Projekt eröffnet werden. Es ist ein Vorgang »Parkett verlegen« mit einer Dauer von zwei Tagen anzulegen. Des Weiteren soll eine Ressource »Schreiner« angelegt werden. Diese ist vom Typ »Arbeit« und basiert auf dem Standardkalender. Die maximalen Einheiten betragen 100 %.

Beispiel

1 Rufen Sie dazu die Ansicht-Andere Ansichten-Weitere Ansichten-Vorgang:Eingabe auf.
2 Ordnen Sie dem Vorgang »Parkett verlegen« die Ressource »Schreiner« zu.
3 Bestätigen Sie die Änderung mit OK.

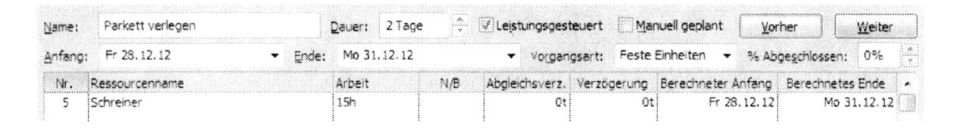

Name:	Parkett verlegen		Dauer:	2 Tage	☑ Leistungsgesteuert	☐ Manuell geplant	Vorher	Weiter
Anfang:	Fr 28.12.12	▼	Ende:	Mo 31.12.12	▼ Vorgangsart:	Feste Einheiten ▼	% Abgeschlossen:	0%
Nr.	Ressourcenname		Arbeit	N/B	Abgleichsverz.	Verzögerung	Berechneter Anfang	Berechnetes Ende
5	Schreiner		15h		0t	0t	Fr 28.12.12	Mo 31.12.12

Abb. 6.2-20: Vorgangsart »Feste Einheit«.

Bei einer Dauer von 2 Tagen und einer Zuordnung mit 100 % Einheiten sind gemäß Projektkalender 15 Stunden Arbeit zu verrichten.

Die Standardeinstellung geht von einem **leistungsgesteuerten Vorgang** mit der **Vorgangsart** »Feste Einheiten« aus (Abb. 6.2-20).

Hinweis

Mit der Größe legen Sie fest, welche der drei Größen konstant bleibt.

Feste Einheiten

Beispiel

> Der Bauherr wünscht zusätzlich, dass der Schreiner auch noch Parkett im Dachgeschoss verlegt, was zuerst nicht vorgesehen war. Der Aufwand erhöht sich um zusätzliche 6 Stunden. Somit erhöht sich der Vorgang »Parkett verlegen« auf 21 Stunden.
>
> 1 Wählen Sie die Einheit »Feste Einheiten« aus.
> 2 Erhöhen Sie die Stundenzahl um 6 Stunden.
> 3 Bestätigen Sie die Änderung mit OK.
>
> Der Vorgang verlängert sich auf 2,8 Tage.

Änderungen nur bezüglich der Dauer

Die Einheiten sind als feste Größe von Veränderungen ausgeschlossen. Änderungen der Arbeit können sich daher nur auf die Dauer auswirken. Die Berechnung mit **festen Einheiten** ist die Standardeinstellung von Microsoft Project.

Diese Methode hat den Vorteil, dass die Verteilung von Ressourcen in der Hand des Benutzers bleibt. Insbesondere bei personalintensiven Vorgängen wird man Arbeitskräfte den Vorgängen mit einem festen Prozentsatz zuordnen. Die beiden anderen Vorgehensarten tragen schnell zur Verwirrung der Mitarbeiter bei.

Feste Dauer

Beispiel

> Der Terminplan des Schreiners lässt nicht zu, dass der Vorgang länger als 2 Tage dauert. Die Ressourcen sind danach bereits verplant.
>
> 1 Setzen Sie das Beispiel auf den Ausgangswert (15 Stunden) zurück.
> 2 Ändern Sie die Berechnungsart auf »Feste Dauer«.
> 3 Die Arbeitszeit ist nun von 15 auf 21 Stunden zu erhöhen. Bestätigen Sie die Änderung mit OK.
>
> Die Einheiten erhöhen sich auf 140 % (Abb. 6.2-21). Um den Vorgang in der vorgeschriebenen Dauer von zwei Tagen durchführen zu können, wird eine zusätzliche Hilfskraft benötigt.

Einsatzintensität der Ressourcen betroffen

Bei einem Vorgang mit fester Dauer wirken sich Änderungen bei den Einheiten ausschließlich auf die Arbeit aus und umgekehrt. Werden einem solchen Vorgang weitere Ressourcen

6.2 Jetzt geht's los *

| Name: | Parkett verlegen | | Dauer: | 2 Tage | | ✓ Leistungsgesteuert | ☐ Manuell geplant | Vorher | | Weiter |
| Anfang: | Fr 28.12.12 | ▼ | Ende: | Mo 31.12.12 | ▼ | Vorgangsart: | Feste Dauer | ▼ | % Abgeschlossen: | 0% |

Nr.	Ressourcenname	Arbeit	N/B	Abgleichsverz.	Verzögerung	Berechneter Anfang	Berechnetes Ende
5	Schreiner	21h		0t	0t	Fr 28.12.12	Mo 31.12.12

Abb. 6.2-21: Vorgangsart »Feste Dauer«.

hinzugefügt, hat das zur Folge, dass die einzelnen Ressourcen mit geringeren Einheiten an diesem Vorgang beteiligt werden bzw. für die Fertigstellung weniger Arbeit aufwenden müssen.

Feste Arbeit

Für den Vorgang »Parkett Verlegen« werden 21 Stunden benötigt (inkl. Dachgeschoss). Diese Dauer wird als konstante Größe betrachtet und ist somit unveränderlich. Aufgrund von Terminproblemen steht dem Schreiner jedoch momentan nur eine Arbeitskraft (100% Einheiten) zur Verfügung.

Beispiel

1 Ändern Sie die Vorgangsart auf »Feste Arbeit« (Abb. 6.2-22).
2 Reduzieren Sie die Einheit auf 100% und bestätigen Sie die Änderungen mit OK.

Der Vorgang verlängert sich auf 2,8 Tage. Die Arbeit ist als feste Größe bekannt. Änderungen der Einheiten können sich nur auf die Dauer auswirken.

| Name: | Parkett verlegen | | Dauer: | 2,8 Tage | | ✓ Leistungsgesteuert | ☐ Manuell geplant | Vorher | | Weiter |
| Anfang: | Fr 28.12.12 | ▼ | Ende: | Di 01.01.13 | ▼ | Vorgangsart: | Feste Arbeit | ▼ | % Abgeschlossen: | 0% |

Nr.	Ressourcenname	Arbeit	N/B	Abgleichsverz.	Verzögerung	Berechneter Anfang	Berechnetes Ende
5	Schreiner	21h		0t	0t	Fr 28.12.12	Di 01.01.13

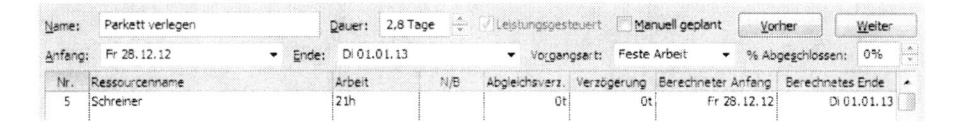

Abb. 6.2-22: Vorgangsart »Feste Arbeit«.

Die Vorgangsart »Feste Arbeit« ist zwangsläufig leistungsgesteuert. Das ist durchaus sinnvoll. Wenn im Voraus feststeht, wie viel Arbeit in einen Vorgang investiert werden muss, um ihn zum Abschluss zu bringen, kann eine Änderung der Einheiten nicht ohne Konsequenzen für die abhängige Größe »Dauer« bleiben.

6.2.4 Leistungsgesteuerte Terminplanung *

In Microsoft Project sind alle Vorgänge standardmäßig leistungsgesteuert. Dadurch verkürzt sich ein Vorgang, wenn ihm nachträglich weitere Ressourcen hinzugefügt werden bzw. verlängert er sich, wenn Ressourcen abgezogen werden. Der Arbeitsumfang eines Vorganges bleibt jedoch unverändert. Entscheidend ist hierbei, dass eine nachträgliche Zuweisung vorliegen muss. Änderungen an Arbeit, Dauer und Einheiten bleiben unberücksichtigt.

Auswirkungen von Leistungsänderungen auf die Dauer

Die leistungsgesteuerte Terminplanung ist mit Hilfe des Dialogfensters Aufgabe-Informationen über den Reiter Erweitert durch einen Haken im Feld Leistungsgesteuert aktivierbar. Wie sich die Aktivierung bzw. Nichtaktivierung auswirkt, zeigt das folgende Beispiel.

Beispiel

Basis ist das Beispiel aus »Vorgangsart festlegen«, S. 102. Es ist ein Vorgang »Parkett verlegen« mit einer Dauer von zwei Tagen anzulegen. Des Weiteren, abweichend von dem vorigen Beispiel, sollen zwei Ressourcen »Schreiner« angelegt werden. Diese sind vom Typ »Arbeit« und basieren auf dem Standardkalender. Die maximalen Einheiten betragen 100 % pro Ressource. Es sind also zwei Schreiner als Vollzeitkräfte verfügbar.

Wird der Vorgang von nur einem Schreiner bearbeitet, dauert der Vorgang zwei Tage. Ist der Haken »leistungsgesteuerte Terminplanung« gesetzt und wird nun ein zweiter Schreiner für den Vorgang eingesetzt, bleibt der Arbeitsumfang von 15 Stunden erhalten.

Die 15 Stunden werden jedoch auf zwei Schreiner verteilt und die Dauer verkürzt sich somit auf einen Tag. Ist die leistungsgesteuerte Terminplanung nicht aktiviert, würde der Einsatz des zweiten Schreiners nicht dazu führen, dass sich die Dauer ändert.

Sie würde für den Vorgang weiterhin zwei Tage betragen. Das heißt, dass zwei Ressourcen jeweils 15 Stunden an dem Vorgang arbeiten.

> Die leistungsgesteuerte Terminplanung sollte nur deaktiviert werden, wenn zusätzlich eingesetzte Ressourcen die Dauer eines Vorgangs nicht verkürzen sollen.

Tipp

> Die Handwerkerschulung »Neue Parkettverlegetechniken« dauert zwei Stunden. Es ist dabei nicht relevant, ob drei oder zehn Schreiner teilnehmen, die Schulung dauert weiterhin zwei Stunden.

Beispiel

6.2.5 Vorgangsdauer festlegen *

Für jeden Vorgang muss eine Vorgangsdauer erfasst werden. Die Dauer wird mit der Standardeinheit »Tage« angezeigt. Durch Eingabe des Kürzels einer anderen Zeiteinheit ist die Einheit pro Vorgang änderbar.

Mögliche Zeiteinheiten sind:

- m = Monate
- w = Wochen
- t = Tage
- std = Stunden
- min = Minuten

Die Eingabe der Dauer pro Vorgang kann auf zwei unterschiedliche Arten erfolgen.

1. Direkteingabe über die Tastatur im Feld »Dauer«
2. Durch Markierung des Feldes »Dauer« mit anschließender Betätigung der angezeigten nach oben zeigenden Pfeiltaste zur Erhöhung der Dauer und durch Drücken der nach unten zeigenden Pfeiltaste zur Verringerung der Dauer

> Die **Dauer von Sammelvorgängen** wird automatisch berechnet.

Hinweis

> Die Summe des **Sammelvorgang** es »Baugrube« ist 8,53 Tage und die des Sammelvorganges »Tiefbau« 59,73 Tage (Abb. 6.2-23).

Beispiel

	Vorgangsname	Dauer	Anfang	Fertig stellen
1	− Tiefbau	59,73 Tage	Mi 29.08.12	Mi 14.11.12
2	− Baugrube	8,53 Tage	Mi 29.08.12	Fr 07.09.12
3	Loch vermessen	2,13 Tage	Mi 29.08.12	Do 30.08.12
4	Grube ausheben	3,2 Tage	Fr 31.08.12	Fr 07.09.12
5	− Kellergeschoss	39,47 Tage	Di 25.09.12	Mi 14.11.12
6	Fundament gießen	17,07 Tage	Di 25.09.12	Mo 29.10.12
7	Grundmauer hochziehen	2,13 Tage	Di 30.10.12	Mi 31.10.12
8	Decke einziehen	10,67 Tage	Do 01.11.12	Mi 14.11.12

Abb. 6.2-23: Dauer mit Pfeiltasten erfassen.

Wenn es sich bei einer Dauer um einen Schätzwert handelt, der beispielsweise noch verifiziert werden muss, so kann man dies im Feld »Dauer« durch die abschließende Eingabe eines »?« kenntlich machen (Abb. 6.2-24).

	Vorgangsname	Dauer	Anfang
29	− Grundstück	18 Tage	Mo 21.01.13
30	Vorplatz pflastern	2 Tage	Mo 21.01.13
31	Garage aufbauen	2 Tage	Di 22.01.13
32	Pool bauen	8 Tage?	Fr 25.01.13
33	Garten anlegen	4 Tage	Di 05.02.13
34	Zaun setzen	2 Tage	Mo 11.02.13
35	+ Baubesprechung	182 Tage	Do 30.08.12

Abb. 6.2-24: Kennzeichnung einer geschätzten Dauer mittels Fragezeichen.

6.2.6 Vorgänge verknüpfen *

Durch die Verknüpfung der erfassten Vorgänge werden Abhängigkeiten und die Chronologie des Vorgangsablaufs deutlich. Zeitliche Konflikte können z. B. nach der Zuweisung der Ressourcen zu den einzelnen Vorgängen entstehen (z. B. Überlastungen).

In einem weiteren Schritt muss die Reihenfolge der Vorgänge festgelegt werden. Jeder Vorgang wird durch eine Vorgangsnummer eindeutig identifiziert (Abb. 6.2-25).

6.2 Jetzt geht's los *

	Vorgangsname	Dauer	Anfang	Fertig stellen
1	– Tiefbau	59,73 Tage	Mi 29.08.12	Mi 14.11.12
2	– Baugrube	8,53 Tage	Mi 29.08.12	Fr 07.09.12
3	Loch vermessen	2,13 Tage	Mi 29.08.12	Do 30.08.12
4	Grube ausheben	3,2 Tage	Fr 31.08.12	Fr 07.09.12
5	– Kellergeschoss	39,47 Tage	Di 25.09.12	Mi 14.11.12
6	Fundament gießen	17,07 Tage	Di 25.09.12	Mo 29.10.12
7	Grundmauer hochziehen	2,13 Tage	Di 30.10.12	Mi 31.10.12
8	Decke einziehen	10,67 Tage	Do 01.11.12	Mi 14.11.12

Abb. 6.2-25: Vorgangsnummern.

Sind Vorgänge miteinander verknüpft und es ändert sich beispielsweise die Anfangszeit des ersten Vorganges, so werden die verknüpften Vorgänge automatisch verschoben.

Ein klassisches Beispiel für eine Verknüpfung ist, dass ein Vorgang erst begonnen werden darf, wenn ein anderer vollständig abgeschlossen ist.

Beispiel

So kann das »Parkett« erst abgeschliffen werden, wenn es vollständig verlegt worden ist.

Vorgänge können auf dreierlei Art miteinander verknüpft werden:

1. Durch Eingabe der Vorgangsnummer des Vorgängers in der Spalte »Vorgänger« (Abb. 6.2-26)

	Vorgangsname	Dauer	Anfang	Fertig stellen	Vorgän	Ressour		
16	– Ausbau	35 Tage	Mo 03.12.12	Mi 16.01.13			Maurer	
17	Estrich legen	8 Tage	Mo 03.12.12	Mi 12.12.12		Maurer	Schreiner	
18	Materialien einkaufen	12 Std	Mi 19.12.12	Do 20.12.12		Schrein	Schreiner	
19	Dämmung verlegen	8 Std.	Fr 21.12.12	Fr 21.12.12	18	Schrein	Schreiner	
20	Abstandhalter befestigen	8 Std.	Mo 24.12.12	Mo 24.12.12	19	Schrein	Schreiner	
21	Parkett zuschneiden	4 Std	Do 27.12.12	Do 27.12.12	20	Schrein	Schreiner	
22	Parkett verlegen	16 Std	Fr 28.12.12	Mo 31.12.12	21	Schrein	Schreiner	
23	Parkett versiegeln	4 Std	Di 01.01.13	Di 01.01.13		Schrein	Schreiner	
24	Übergansleisten befestigen	4 Std	Mi 02.01.13	Mi 02.01.13		Schrein	Schreiner	
25	Abschlussleisten befestigen	12 Std	Do 03.01.13	Fr 04.01.13		Schrein	Schreiner	
26	Parkett reinigen	4 Std	Mo 07.01.13	Mo 07.01.13		Schrein	Schreiner	
27	Tapeten anbringen	3 Tage	Di 08.01.13	Do 10.01.13		Maler	Maler	
28	Decken verkleiden	3 Tage	Mo 14.01.13	Mi 16.01.13		Bauherr	Bauherr	

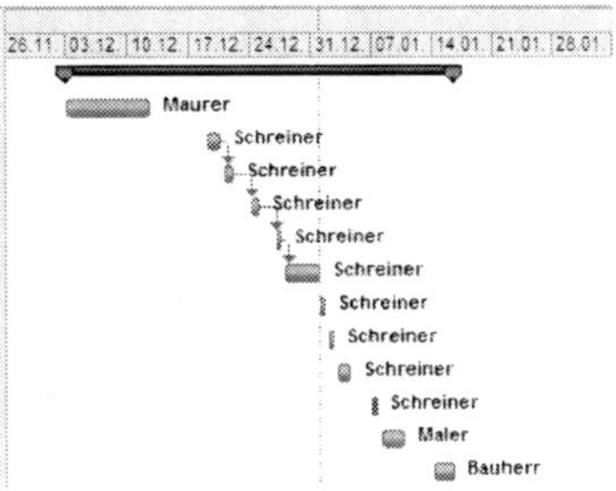

Abb. 6.2-26: Manuelle Verknüpfung über die Eingabe des jeweiligen Vorgängers.

2 Die zu verknüpfenden Vorgänge werden mit der Maus markiert und über die Tastenkombination Strg+F2 miteinander verknüpft (Abb. 6.2-27).

	Vorgangsname	Dauer	Anfang	Fertig stellen	Vorgän	Ressou	Die 18. Dez	Don 20. Dez
16	– Ausbau	35 Tage	Mo 03.12.12	Mi 16.01.13				
17	Estrich legen	8 Tage	Mo 03.12.12	Mi 12.12.12		Maurer		
18	Materialien einkaufen	12 Std.	Mi 19.12.12	Do 20.12.12		Schreine		Schreiner
19	Dämmung verlegen	8 Std.	Fr 21.12.12	Fr 21.12.12		Schreine		
20	Abstandhalter befestigen	8 Std.	Mo 24.12.12	Mo 24.12.12		Schreine		
21	Parkett zuschneiden	4 Std.	Do 27.12.12	Do 27.12.12		Schreine		
22	Parkett verlegen	16 Std.	Fr 28.12.12	Mo 31.12.12		Schreine		
23	Parkett versiegeln	4 Std.	Di 01.01.13	Di 01.01.13		Schreine		
24	Übergangsleisten befestigen	4 Std.	Mi 02.01.13	Mi 02.01.13		Schreine		
25	Abschlussleisten befestigen	12 Std.	Do 03.01.13	Fr 04.01.13		Schreine		

Abb. 6.2-27: Verknüpfung mit Hilfe des Menüs Bearbeiten-Vorgänge verknüpfen.

3 Der Mauszeiger wird auf den Balken eines Vorganges positioniert und mit gedrückt gehaltener linker Maustaste auf den Balken des Nachfolgers gezogen, wo dann die Maustaste losgelassen wird.

6.2.7 Periodische Vorgänge *

Vorgänge können periodisch wiederkehren. Die Erfassung unterstützt Microsoft Project durch entsprechende Eingabemöglichkeiten.

Ein Vorgang ist als Periodischer Vorgang anzulegen, wenn er regelmäßig in festen Zeitintervallen wiederkehrt.

Beispiel: Der Bauleiter plant für das Projekt »Zweifamilienhaus Amselweg 34« jede Woche Donnerstag um 10:00 Uhr eine regelmäßige einstündige Baubesprechung mit den Arbeitern und Handwerkern.

Ein **Periodischer Vorgang** kann über das Menü Aufgabe-Vorgang-Wiederkehrende Aufgaben definiert werden (Abb. 6.2-28 und Tab. 6.2-1).

Werden die getätigten Eingaben mit der Schaltfläche OK bestätigt, so wird der periodische Vorgang in eingeklappter Form angezeigt (Abb. 6.2-29).

6.2 Jetzt geht's los *

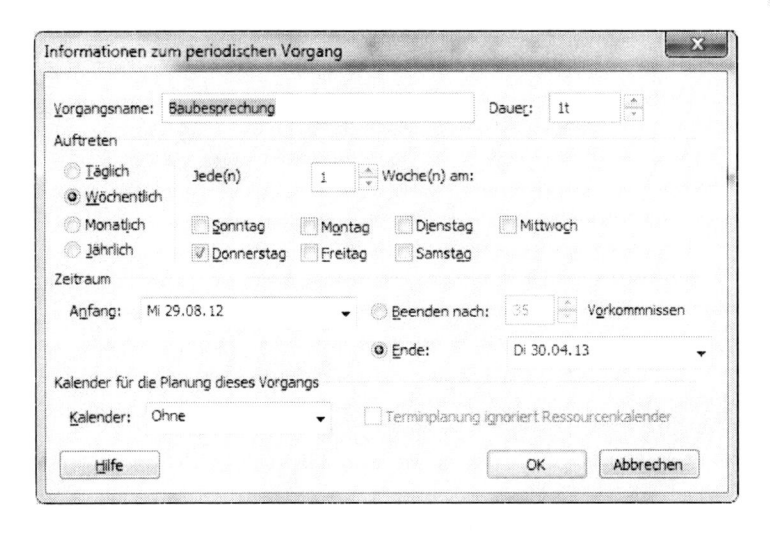

Abb. 6.2-28: Dialogfeld Informationen zum periodischen Vorgang.

Feld	Beschreibung
Vorgangsname	Vergabe einer eindeutigen Bezeichnung für die Besprechung.
Auftreten	Hier sind das Intervall, die Regelmäßigkeit und der Wochentag festzulegen.
Zeitraum	Der Zeitraum kann durch Angabe eines Anfangs und Endes oder durch Angabe eines Anfangs und der Anzahl der Vorkommnisse definiert werden.

Tab. 6.2-1: Felder im Dialogfenster Informationen zum periodischen Vorgang.

Abb. 6.2-29: Periodischer Vorgang (eingeklappt).

Nach einem Mausklick auf das Kreuz vor der Bezeichnung des periodischen Vorganges »Baubesprechung« werden alle geplanten Besprechungen, je nach angegebenem Intervall, angezeigt (Abb. 6.2-30).

6 Sukzessive Vorgehensweise *

		Vorgangsname	Dauer	Anfang	Fertig stellen	September
35	○	− Baubesprechung	182,33 Tage	Do 30.08.12	Do 25.04.13	
36		Baubesprechung 1	1 Tag	Do 30.08.12	Do 30.08.12	
37		Baubesprechung 2	1 Tag	Do 06.09.12	Do 06.09.12	
38		Baubesprechung 3	1 Tag	Do 13.09.12	Do 13.09.12	
39		Baubesprechung 4	1 Tag	Do 20.09.12	Do 20.09.12	
40		Baubesprechung 5	1 Tag	Do 27.09.12	Do 27.09.12	
41		Baubesprechung 6	1 Tag	Do 04.10.12	Do 04.10.12	
42		Baubesprechung 7	1 Tag	Do 11.10.12	Do 11.10.12	
43		Baubesprechung 8	1 Tag	Do 18.10.12	Do 18.10.12	
44		Baubesprechung 9	1 Tag	Do 25.10.12	Do 25.10.12	
45		Baubesprechung 10	1 Tag	Do 01.11.12	Do 01.11.12	
46		Baubesprechung 11	1 Tag	Do 08.11.12	Do 08.11.12	
47		Baubesprechung 12	1 Tag	Do 15.11.12	Do 15.11.12	
48		Baubesprechung 13	1 Tag	Do 22.11.12	Do 22.11.12	
49		Baubesprechung 14	1 Tag	Do 29.11.12	Do 29.11.12	
50		Baubesprechung 15	1 Tag	Do 06.12.12	Do 06.12.12	

Abb. 6.2-30: Periodischer Vorgang (ausgeklappt).

6.2.8 Vorgänge unterbrechen *

Es kann im Verlauf von Projekten unvorhergesehene Situationen geben, aufgrund deren Vorgänge – nachdem sie begonnen wurden – in eine Warteschleife gestellt werden müssen. Microsoft Project bietet die Möglichkeit an, laufende Vorgänge zu unterbrechen.

Unterbrechungen treten auf

Vorübergehende Unterbrechungen von Vorgängen können in Microsoft Project eingestellt werden (Abb. 6.2-31).

Beispiel

Beim Ausheben der Baugrube wird ein römischer Tonkrug gefunden. Einer der Bauarbeiter meldet den Fund dem Archäologischen Museum in Münster. Die Erdarbeiten werden vorübergehend eingestellt.

1 Markieren Sie den Vorgang, den Sie unterbrechen wollen.
2 Wählen Sie das Symbol Vorgang unterbrechen in dem Bereich Aufgabe aus.
3 Platzieren Sie den Mauszeiger im Diagrammbereich auf den Zeitpunkt des Balkens, an dem der Vorgang unterbrochen werden soll, und verschieben Sie bei gedrückter linker Maustaste den Balken soweit nach rechts, wie der Vorgang unterbrochen werden soll. Sobald Sie die Maustaste loslassen, wird der Vorgang unterbrochen.

Die Unterbrechung ist analog rückgängig zu machen. Der Mauszeiger muss hierzu auf den rechten Teil des unterbrochenen Balkens platziert und mit gedrückter linker Maustaste nach links bis zur linken Hälfte des Balkens verschoben werden. Sie werden dort automatisch zusammengefügt.

	Vorgangsname	Dauer	Anfang	Fertig stellen	
1	- Tiefbau	59,73 Tage	Mi 29.08.12	Mi 14.11.12	
2	- Baugrube	8,63 Tage	Mi 29.08.12	Fr 07.09.12	
3	Loch vermessen	2,13 Tage	Mi 29.08.12	Do 30.08.12	Bauarbeiter
4	Grube ausheben	3,2 Tage	Fr 31.08.12	Fr 07.09.12	Bagger;Baggerfahrer
5	- Kellergeschoss	39,47 Tage	Di 26.09.12	Mi 14.11.12	
6	Fundament gießen	17,07 Tage	Di 25.09.12	Mo 29.10.12	
7	Grundmauer hochziehen	2,13 Tage	Di 30.10.12	Mi 31.10.12	
8	Decke einziehen	10,67 Tage	Do 01.11.12	Mi 14.11.12	

Abb. 6.2-31: Unterbrochener Vorgang.

6.2.9 Informationen zum Vorgang *

Informationen zu den Vorgängen können in verschiedenen Formen hinterlegt werden. Sie dienen dazu, den Vorgang detailliert zu beschreiben und sowohl für Berechnungen notwendige wie auch rein informative Inhalte zu speichern.

In Abschnitt »Vorgänge unterbrechen«, S. 112, wurden schon einige Reiter und dazugehörige Felder der Dialogansicht Informationen zum Vorgang beschrieben (Abb. 6.2-32). Die Beschreibung weiterer wichtiger Felder erfolgt hier tabellarisch (Tab. 6.2-2).

Reiter	Feld	Beschreibung
Allgemein	Anfang/ Ende	Der Anfangs-/Endtermin eines Vorganges kann direkt in der Standardmaske (siehe »Das Cockpit des Kapitäns«, S. 57) oder über das Dialogfeld Informationen zum Vorgang eingegeben werden.
Allgemein	Priorität	Durch die Vergabe von Prioritäten wird festgelegt, welche Vorgänge zugunsten von anderen verschoben werden, wenn ein Kapazitätsabgleich (siehe »Überlastungen handhaben«, S. 133) durchgeführt wird. Die maximale und somit höchste Priorität beträgt 1000.

6 Sukzessive Vorgehensweise *

Reiter	Feld	Beschreibung
Erweitert	PSP-Code	Projektstrukturplan-Code (siehe »Schritt für Schritt«, S. 31). In Microsoft Project wird jedes Element in einem Projektstrukturplan mit einem eindeutigen Code versehen. Der Aufbau des Codes kann über das Dialogfenster Projekt-PSP-Code → Codedefinition konfiguriert werden. Hier können die Zeichenfolge, die Länge und die Trennzeichen festgelegt werden.
Erweitert	Einschränkungsart	Der Anfangs-/Endtermin eines Vorganges wird eingeschränkt. Insgesamt sind acht verschiedene Einschränkungsarten einstellbar (siehe »Termine und Dauer«, S. 43).
Erweitert	Stichtag	Der Stichtag ist ein Termin, an dem ein Vorgang abgeschlossen sein muss. Ansonsten wird in der Indikatorsprache ein Symbol angezeigt.
Notizen	Notizen	Im Feld Notizen können allgemeine Beschreibungen oder Notizen zum Vorgang gemacht werden. Eine Standardformatierung (z. B. Schriftart und -größe, Ausrichtung und Aufzählung) ist möglich.

Tab. 6.2-2: Beschreibung weiterer wichtiger Felder.

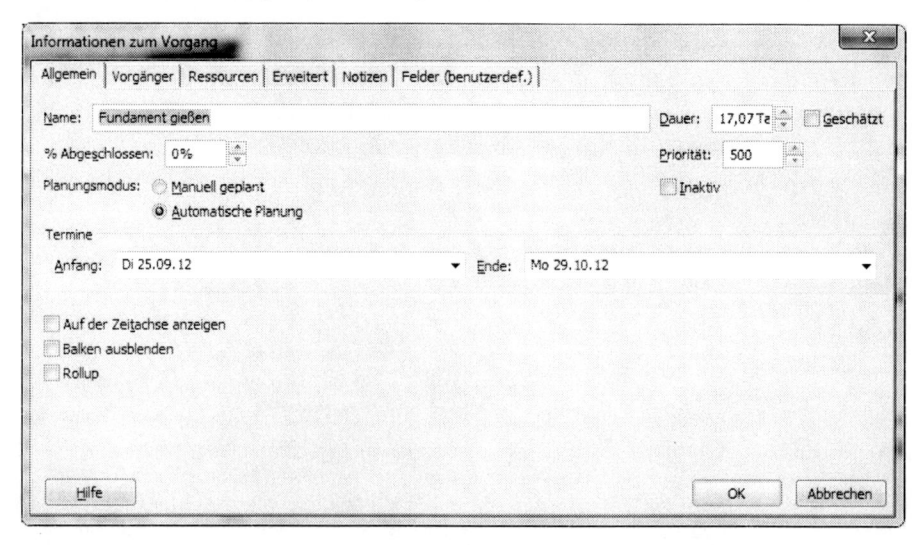

Abb. 6.2-32: Dialogfenster Informationen zum Vorgang.

6.2.10 Anordnungsbeziehung festlegen *

Vorgänge existieren nicht isoliert, sondern stehen in bestimmten Abhängigkeitsbeziehungen zueinander. Anordnungsbeziehungen sind Beziehungen zwischen einem Vorgänger und einem Nachfolger. Der jeweils nachfolgende Vorgang ist von seinem Vorgänger abhängig.

Abhängigkeiten werden durch **Verbindungspfeile** symbolisiert. Die Richtung eines Verbindungspfeils zeigt die **Anordnungsbeziehung** an.

Verbindungspfeile symbolisieren Abhängigkeiten

Die Anordnungsbeziehung kann auf zweierlei Art festgelegt werden:

1 Im Dialogfeld Informationen zum Vorgang über den Reiter Vorgänger (Abb. 6.2-33)

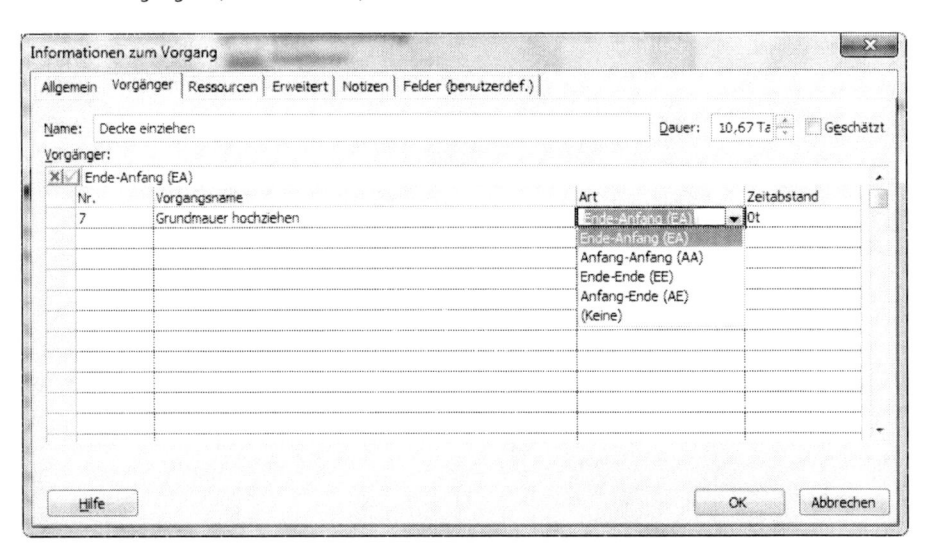

Abb. 6.2-33: Definition der Anordnungsbeziehung über den Dialog.

2 Durch einen Doppelklick mit der Maus auf einen Verbindungspfeil eines Vorganges (Abb. 6.2-34). Hier kann eine Anordnungsbeziehung ausgewählt oder gelöscht werden.

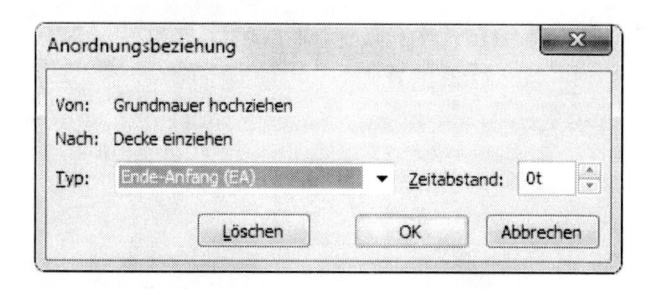

Abb. 6.2-34: Anordnungsbeziehung über Verbindungspfeil.

Hinweis   Die Bedeutung des Feldes »Zeitabstand« ist im Abschnitt »Das 1 x 1 der Planung«, S. 46, detailliert beschrieben worden.

Positionieren Sie den Mauszeiger ohne Betätigung einer Maustaste auf einen Verbindungspfeil, erscheint ein Informationsfenster (Abb. 6.2-35).

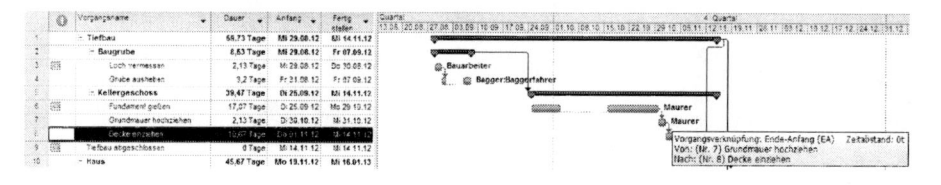

Abb. 6.2-35: Informationsfenster zur Vorgangsverknüpfung.

Wurden eine Anordnungsbeziehung und ein Zeitabstand festgelegt, so wird dies in der Spalte Vorgänger im Tabellenblatt angezeigt (Abb. 6.2-36).

Beispiel   Die Anzeige »6EA + 1 Std.« bedeutet:

1   Es handelt sich um eine »Ende – Anfang« Beziehung zum Vorgang »6«.
2   Der Vorgang beginnt 1 Stunde nach Ende des Vorganges »6«.

		Vorgangsname	Dauer	Anfang	Fertig stellen	Vorgänger
1		− Tiefbau	59,87 Tage	Mi 29.08.12	Do 15.11.12	
2		− Baugrube	8,53 Tage	Mi 29.08.12	Fr 07.09.12	
3		Loch vermessen	2,13 Tage	Mi 29.08.12	Do 30.08.12	
4		Grube ausheben	3,2 Tage	Fr 31.08.12	Fr 07.09.12	3
5		− Kellergeschoss	39,6 Tage	Di 25.09.12	Do 15.11.12	2
6		Fundament gießen	17,07 Tage	Di 25.09.12	Mo 29.10.12	
7		Grundmauer hochziehen	2,13 Tage	Di 30.10.12	Do 01.11.12	6EA+1 Std.

Abb. 6.2-36: Codierung der Anordnungsbeziehung.

6.3 Er, Sie oder Es macht den Job *

Der Begriff Ressourcen umfasst nicht nur Personalressourcen, also Mitarbeiter. Ressourcen werden nach Arbeits-, Material- und Kostenressourcen unterschieden. Bevor Ressourcen in einem Projekt genutzt werden können, müssen sie erfasst und beschrieben werden. Nachdem die Ressourcen in Microsoft Project angelegt wurden, müssen sie den Vorgängen zugeordnet werden. Ressourcen verursachen Kosten, die nach ihrer Zuordnung ausgewertet werden können. Sobald eine Ressource erfasst wird, wird automatisch ein Kalender angelegt.

Ressourcen lassen sich auf verschiedene Art und Weise erfassen:

- »Ressourcen und ihre Erfassung«, S. 117

Auch im Bereich der Ressourcen können benutzerdefinierte Informationen erfasst werden:

- »Benutzerdefinierte Ressourcenfelder«, S. 124

Bei großen Projekten mit vielen Ressourcendaten kann es notwendig sein, Suchfunktionen zur Auswahl der passenden Ressource zu verwenden:

- »Ressourcen suchen«, S. 126

6.3.1 Ressourcen und ihre Erfassung *

Ressourcen können ähnlich wie Vorgänge tabellarisch erfasst werden. Auch zu Ressourcen lassen sich abhängig von der Ressourcenart »harte« Informationen wie Name, Stundensatz oder Einheit, und ergänzende Inhalte speichern.

Abhängig von der Projektart (z. B. IT-Projekte, Forschungs- & Entwicklungsprojekte, Organisationsprojekte usw.) werden neben **internen** auch **externe Arbeitsressourcen** eingesetzt.

Des Weiteren bedeutet der Einsatz einer **Arbeitsressource** nicht, dass diese in allen Projektphasen eingesetzt wird. Bei Projekten ist es normal, dass der Projektleiter mit unternehmensinternen sowie externen Arbeitsressourcen arbeitet, die nur zeitweise eingesetzt werden. Oft werden sie ihm zugeteilt und er kennt sie vorher nicht.

Diese Tatsache beinhaltet Unwägbarkeiten. Je größer der Erfahrungsschatz des Projektleiters ist, desto genauer sind die Einschätzungen und die Basis des Projektes. Dennoch gibt es Komponenten, die schwer zu kalkulieren sind. Dazu gehören insbesondere bei Personalressourcen:

- Teamfähigkeit
- fachliche Qualifikation
- Erfahrung
- Flexibilität
- Engagement
- Identifikation mit der Aufgabe
- Leistungswille
- Ausfall aufgrund von Unfällen oder Krankheit

Einfluss von Ressourcen

Die Qualität und Quantität der eingesetzten Ressourcen beeinflusst die Projektplanung sehr stark.

Beispiel

Beispiele für Ressourcen sind:
- Handwerker
- Programmierer
- Projektleiter
- Kreissäge
- Drucker
- Parkett
- Steine
- Weiterbildungsseminarkosten

Über das Hauptmenü Ansicht ist das Untermenü Ressource:Tabelle auszuwählen. Die Übersicht der Abb. 6.3-1 erscheint.

6.3 Er, Sie oder Es macht den Job *

Abb. 6.3-1: Ansicht-Ressource: Tabelle.

Mit Hilfe des Dialogfeldes Informationen zur Ressource können alle notwendigen ressourcenspezifischen Informationen eingetragen werden (Abb. 6.3-2). Durch einen Doppelklick auf eine leere Zeile der Ressourcentabelle ist es zu öffnen.

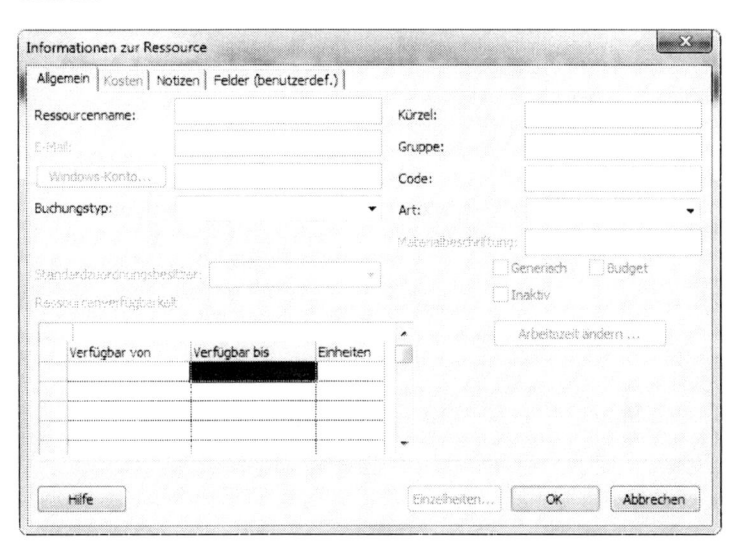

Abb. 6.3-2: Dialogfenster Informationen zur Ressource, Reiter Allgemein.

Die Daten, die die Tab. 6.3-1 zeigt, können hier konfiguriert werden.

Feld	Beschreibung
Ressourcenname	Eindeutige Bezeichnung der Ressource (Arbeit, Material, Kosten) wird hier eingetragen.
Kürzel	Eingabe eines aussagekräftigen Kürzels für die Ressource. Erfolgt kein Eintrag, wird standardmäßig der erste Buchstabe der Ressource in die Spalte »Kürzel« übernommen.

Feld	Beschreibung
E-Mail	Handelt es sich um eine Arbeitsressource, kann hier eine dazugehörige E-Mailadresse (z. B. walter.windig@roma-nus.de) vergeben werden.
Gruppe	Nach Gruppen kann sortiert bzw. gefiltert werden. Beispiels-weise kann hier ein Abteilungsname (z. B. Tiefbau) eingegeben werden.
Code	Hier kann ein selbständig generierter Code eingegeben werden. Beispiel ist die Eingabe einer Kostenstelle oder Verschlüsselung der Qualifikation der Ressource.
Buchungstyp	Der Buchungstyp unterscheidet in zugesicherte oder vorgesehene Ressource: **Vorgesehen**: Der Einsatz dieser Ressource ist geplant aber noch nicht endgültig entschieden. **Zugesichert**: Der Einsatz der Ressource ist definitiv vorgesehen und somit einplanbar.
Art	Hier kann die Art der Ressource fixiert werden. Die Auswahlmöglichkeiten sind Arbeits-, Material-, Kostenressource (vgl. »Das 1 x 1 der Planung«, S. 46).
Generisch	Häufig ist eine Rolle, die zur Erfüllung einer Aufgabe benötigt wird, klar. Jedoch ist die Ressource oftmals noch nicht namentlich bekannt. Handelt es sich um eine solche Ressource ist in dem Feld ein Haken zu setzen.
Materialbeschriftung	Dieses Feld wird aktiviert, wenn im Feld Art Material ausgewählt wurde. Hier kann beispielsweise eine Angabe über die Einheit gemacht werden (z. B. Kilowattstunde, m^2 usw.)
Ressourcenverfügbarkeit	Der Zeitraum kann eingegeben werden, den eine Ressource für ein Projekt zur Verfügung steht. Der Standardinhalt »NV« bedeutet, dass die Ressource von Projektbeginn bzw. bis Projektende eingesetzt werden kann.
Einheit	Die maximale Verfügbarkeit in Prozent ist in dem Zeitraum zu definieren. Handelt es sich z. B. um einen Schreiner, der vollständig für das Projekt zur Verfügung steht ist, hier 100 % einzutragen. Stehen beispielsweise zwei Elektriker zur Projektdurchführung zur Verfügung ist hier der Wert 200 % einzutragen, arbeitet eine Ressource nur die Hälfte der Arbeitszeit für das Projekt, analog 50 %.

Feld	Beschreibung
Arbeitszeit ändern	Hat eine Ressource eine individuelle Arbeitszeit, kann diese über die Schaltfläche Arbeitszeit ändern angepasst werden.

Tab. 6.3-1: Optionen Dialogfenster Informationen zur Ressource, Reiter Allgemein.

Der Reiter Kosten enthält die Felder und Konfigurationsmöglichkeiten, die die Abb. 6.3-3 und die Tab. 6.3-2 zeigen.

Tipp

Die Eingabe der Ressourcen kann auch direkt über die Ressourcentabelle erfolgen. Das geht schneller und gleiche Inhalte von Feldern können kopiert und eingefügt werden.

Beispiel

Für das Projekt »Zweifamilienhaus Amselweg 34« sollen die Arbeits- und Materialressourcen »Schreiner«, »Fertighausbauer«, »Bauarbeiter«, »Baggerfahrer«, »Bauleiter«, »Bauherr«, »Elektriker«, »Installateur«, »Maler«, »Gärtner«, »Familie«, »Freunde«, »Pflasterer«, »Bagger«, »Parkett«, »Tapeten« und »Dachziegel« angelegt werden. Das Parkett wird in m^2, die Tapeten in Rollen und die Dachziegel in Stück abgerechnet.

Die ersten beiden Buchstaben der Ressourcen ergeben das Kürzel. Treten Dopplungen auf, ist das Kürzel eindeutig zu setzen. Die Arbeitsressourcen haben die Stunden- bzw. Überstundensätze der Tab. 6.3-3. Das Parkett kostet € 65,00/m^2, die Tapeten pro Rolle € 12,00 und die Dachziegel pro Stück € 4,50. Die Ressourcen sollen sinnvoll gruppiert werden.

In dem Projekt werden ein Baggerfahrer, fünf Bauarbeiter, zwei Elektriker, zwei Schreiner, drei Maler, zwei Installateure, ein Gärtner, ein Pflasterer, zwei Mauerer und ein Bagger eingesetzt. Der Bagger wird eine Woche benötigt und kostet für diesen Einsatz € 500,00. Die Kosten für die Fertighausbauer sind am Anfang fällig und die des Baggers am Ende. Alle anderen Kosten sind anteilig fällig (Abb. 6.3-4).

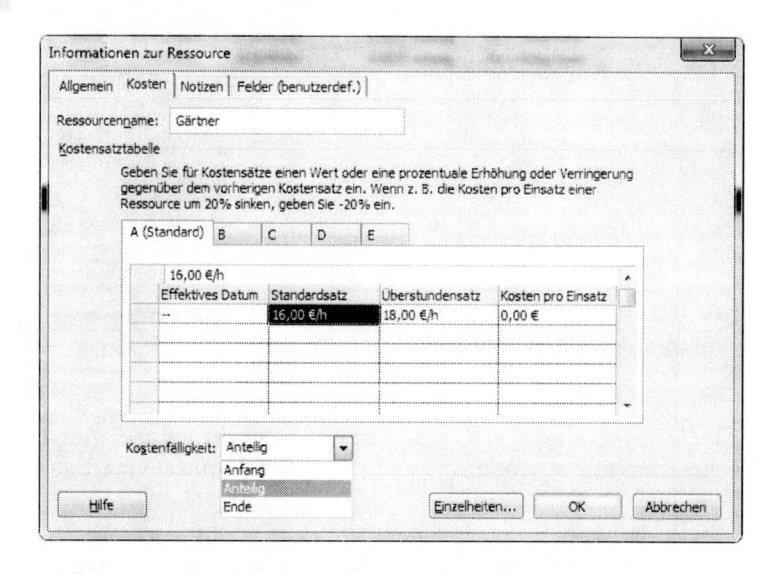

Abb. 6.3-3: Dialogfenster Informationen zur Ressource, Reiter Kosten.

	Ressourcenname	Art	Materialbes	Kürzl	Gruppe	Max. Einh.	Standardsatz	Überstd.-Satz	Kosten/Einsatz	Fällig am
1	Bauarbeiter	Arbeit		BA	Tiefbau	500%	15,50 €/Std.	17,00 €/Std.	0,00 €	Anteilig
2	Baggerfahrer	Arbeit		BF	Tiefbau	100%	17,00 €/Std.	19,00 €/Std.	0,00 €	Anteilig
3	Fertighausbauer	Arbeit		FH	Tiefbau	400%	23,00 €/Std.	25,00 €/Std.	0,00 €	Anfang
4	Elektriker	Arbeit		EL	Ausbau	200%	20,00 €/Std.	23,00 €/Std.	0,00 €	Anteilig
5	Schreiner	Arbeit		SC	Ausbau	100%	21,00 €/Std.	24,00 €/Std.	0,00 €	Anteilig
6	Maler	Arbeit		MA	Ausbau	300%	20,00 €/Std.	23,00 €/Std.	0,00 €	Anteilig
7	Installateur	Arbeit		IN	Ausbau	100%	19,50 €/Std.	22,00 €/Std.	0,00 €	Anteilig
8	Gärtner	Arbeit		G	Grundstück	100%	16,00 €/Std.	18,00 €/Std.	0,00 €	Anteilig
9	Pflasterer	Arbeit		PL	Grundstück	100%	16,00 €/Std.	18,00 €/Std.	0,00 €	Anteilig
10	Maurer	Arbeit		MR	Tiefbau	100%	15,00 €/Std.	17,00 €/Std.	0,00 €	Anteilig
11	Bagger	Arbeit		BA	Tiefbau	100%	0,00 €/Std.	0,00 €/Std.	500,00 €	Ende
12	Parkett	Material	Quadratmeter				65,00 €		0,00 €	Anteilig
13	Tapeten	Material	Rolle				12,00 €		0,00 €	Anteilig
14	Dachziegel	Material	Stück				4,50 €		0,00 €	Anteilig
15	Bauleiter	Arbeit		BL		100%	50,00 €/Std.	55,00 €/Std.	0,00 €	Anteilig
16	Bauherr	Arbeit		BH		100%	0,00 €/Std.	0,00 €/Std.	0,00 €	Anteilig

Abb. 6.3-4: Ansicht-Ressource: Tabelle: Ressource mit angelegten Ressourcen.

6.3 Er, Sie oder Es macht den Job *

Reiter	Feld	Beschreibung
Kosten	Standardsatz	Der Standardsatz (z. B. in € pro Stunde) ist hier zu erfassen.
Kosten	Überstundensatz	Für jede geleistete Überstunde wird der Satz in diesem Feld erfasst.
Kosten	Kosten pro Einsatz	Kann die Ressource z. B. pro Einsatz bezahlt werden, ist dieses Feld zu füllen.
Kosten	Kostenfälligkeit	**Anteilig**: Die Kosten werden anteilig über die Dauer des Vorganges verteilt. **Anfang**: Die Kosten werden am Anfang des Vorgangs fällig, der der Ressource zugeteilt ist. **Ende**: Die Kosten werden am Ende des Vorgangs fällig, der der Ressource zugeteilt ist.
Notizen	Notizen	Der Notizbereich ist für freie Bemerkungen zu einer Ressource. Das können beispielsweise Qualifikationsmerkmale sein.
Felder (benutzerdef.)	Benutzerdefinierte Felder	Die benutzerdefinierten Felder können individuell angelegt und genutzt werden. Beispielsweise können hier Felder für eine Arbeitsressource angelegt werden, welche die Qualifikation und die Stufe der Qualifikation beschreibt (Qualifikation = Elektriker; Stufe = 1 (Meister)).

Tab. 6.3-2: Optionen Dialogfenster Informationen zur Ressource, weitere Reiter.

Arbeitsressource	Stundensatz (€/Std.)	Überstundensatz (€/Std.)
Schreiner	21,00	24,00
Fertighausbauer	23,00	25,00
Bauarbeiter	15,50	17,00
Baggerfahrer	17,00	19,00
Bauleiter	50,00	55,00
Bauherr	0,00	0,00
Elektriker	20,00	23,00

Arbeitsressource	Stundensatz (€/Std.)	Überstundensatz (€/Std.)
Installateur	19,50	22,00
Maler	20,00	23,00
Gärtner	16,00	18,00
Familie	0,00	0,00
Freunde	0,00	0,00
Pflasterer	16,00	18,00

Tab. 6.3-3: Kostensätze für Beispiel »Ressourcenerfassung«.

6.3.2 Benutzerdefinierte Ressourcenfelder *

In »Benutzerdefinierten Feldern« lassen sich erweiterte Informationen ablegen, die z. B. projektindividuell sind.

Benutzerdefinierte Felder können in der Ansicht Ressource: Tabelle angelegt werden. Nachdem eine Spalte markiert wurde, wird nach Betätigung der rechten Maustaste aus dem Menü der Eintrag Menü anpassen ausgewählt (Abb. 6.3-5).

1 Markieren Sie eine beliebige Spalte.
2 Drücken Sie die rechte Maustaste und wählen den Menüeintrag Benutzerdefinierte Felder...
3 Wählen Sie, ob das Feld für einen Vorgang oder eine Ressource angelegt werden soll.
4 Öffnen Sie die Auswahlliste des Feldes Typ und wählen eine Feldart aus, je nachdem, welche Arten von Informationen in dem Feld abgelegt werden sollen (z. B. Text, Zahlen, Datum usw.).
5 Geben Sie dem Feld einen Namen (z. B. Qualifikation).

Beispiel

Es soll das Feld »Qualifikation« für den Bauleiter angelegt werden. Als zweites soll ein Feld für den »Level« der Qualifikation angelegt werden. Das Feld »Qualifikation« ist ein Text- und das Feld »Level« ein Zahlenfeld. Der Bauleiter hat die Zusatzqualifikation »Statiker« mit dem Level 3 (Grundstudium abgeschlossen, Abb. 6.3-6).

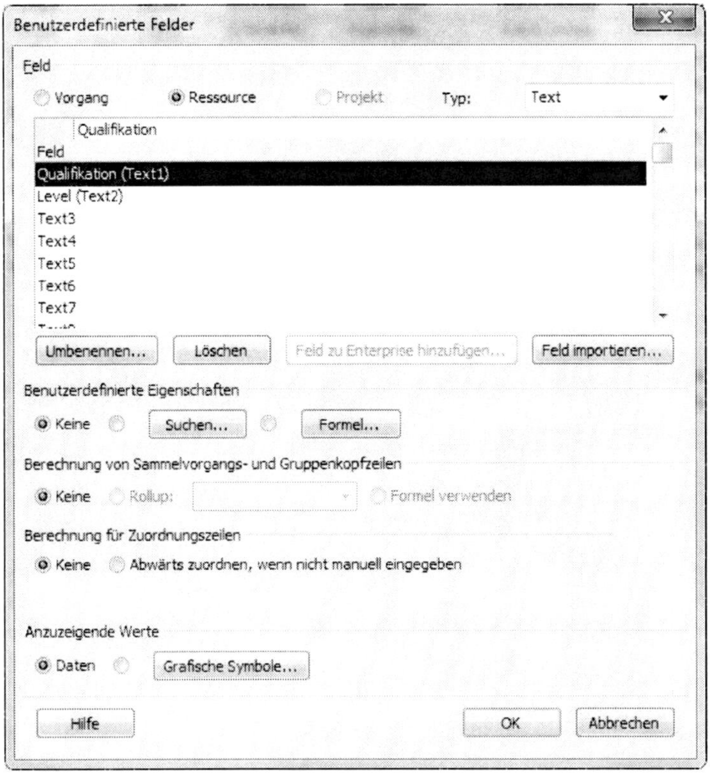

6.3 Er, Sie oder Es macht den Job *

Abb. 6.3-5: Dialogfenster Benutzerdefinierte Felder.

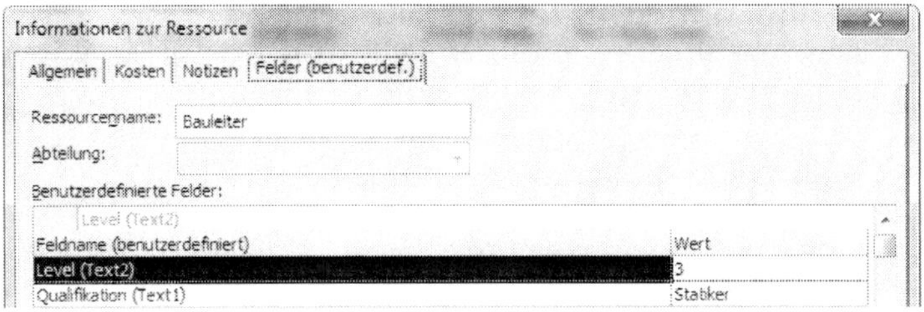

Abb. 6.3-6: Erfassen der benutzerdefinierten Inhalte.

6.3.3 Ressourcen suchen *

In den einzelnen Feldern der Ressourceninformationen kann nach beliebigen Inhalten gesucht werden. Auch das Suchen und Ersetzen von Inhalten ist zugelassen und möglich.

Durch Betätigung der Tastenkombination Strg+F öffnet sich das Dialogfenster Suchen. Die Möglichkeiten in Microsoft Project zu suchen, sind umfangreicher als man sie beispielsweise von Microsoft Word kennt (Abb. 6.3-7).

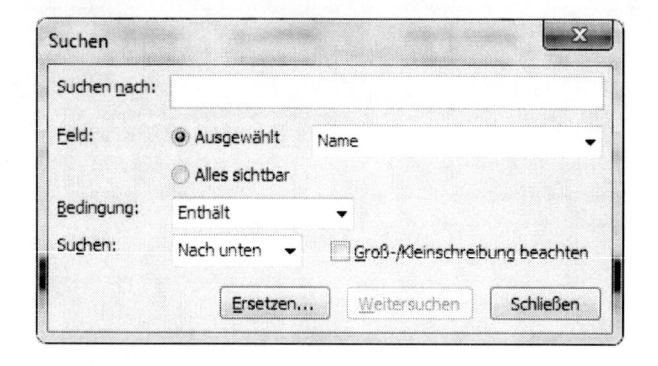

Abb. 6.3-7: Eingabefenster für Suchbegriffe.

1. Geben Sie den gesuchten Begriff, die Zahl oder das Datum in das Feld Suchen nach ein.
2. Wählen Sie die Spalte aus, in der nach dem Suchbegriff recherchiert werden soll.
3. Legen Sie mit Hilfe des Feldes Bedingung fest, wie gesucht werden soll. Beispielsweise ist hier der Standardeintrag »Enthält« zu wählen, wenn genau nach dem eingegebenen Begriff gesucht werden soll. Wird z. B. ein Stundensatz gesucht, der kleiner als die Zahl ist, die in dem Feld Suchen nach eingetragen wurde, so ist in dem Feld Bedingung »Kleiner« auszuwählen (Abb. 6.3-7).

Hinweis

Benutzerdefinierte Felder können ebenfalls nach Inhalten durchsucht werden.

Wenn Sie in dem Feld »Groß- und Kleinschreibung« einen Haken setzen, wird bei der Suche differenziert, ob ein Suchbegriff beispielsweise »GROSS« oder »klein« oder »Groß und Klein« geschrieben wurde.

1 Geben Sie in dem Feld Suchen die Suchrichtung an (nach unten, nach oben).
2 Betätigen Sie die Schaltfläche Weitersuchen. Die gefundenen Suchinhalte werden nach und nach angezeigt (bei mehreren Treffern).

Die Suchmaske kann ebenfalls dazu benutzt werden, um nach ersetzten Inhalten zu suchen und diese dann durch andere Inhalte zu ersetzen. Die Vorgehensweise ist analog der des Suchens, nur dass abschließend die Schaltfläche Ersetzen betätigt werden muss.

Setzen und ersetzen

6.4 Es gibt Arbeit *

Nachdem die Vorgänge angelegt und die Ressourcen erfasst worden sind, ist es jetzt möglich, die Ressourcen einzelnen Vorgängen zuzuordnen. Auf dieser Grundlage kann Microsoft Project mit Hilfe der Vorgangsdauern, der Ressourcenkostensätze und der angelegten und zugewiesenen Kalender, Berechnungen, z. B. bezüglich der Kosten, automatisch durchführen.

Für die Zuordnung der Ressourcen stehen verschiedene Optionen zur Verfügung:

- »Ressourcen zuordnen«, S. 128

Über die Zuordnung und damit die Verplanung von Ressourcen müssen diese – insbesondere, wenn es sich um Personalressourcen handelt – frühzeitig informiert werden, um ihre persönliche Planung mit der Projektplanung abgleichen zu können. Microsoft Project stellt dazu Möglichkeiten zur Verfügung:

- »Team informieren«, S. 133

Regelmäßig kommt es zu einer zu hohen Auslastung, d. h. zur Überlastung von Ressourcen. Die Ursache liegt hierbei oft in mangelnder Übersicht bei der Ressourcenplanung, insbesondere bei großen und komplexen Projekten. Microsoft Project warnt bei solchen Überlastungen und stellt Instrumente zum Umgang mit Überlastungen bereit:

- »Überlastungen handhaben«, S. 133

6.4.1 Ressourcen zuordnen *

Ohne Ressourcen können Vorgänge nicht bearbeitet bzw. abgearbeitet werden. Daher ist es wichtig, dass den Vorgängen die Ressourcen zugeordnet werden, die sie bearbeiten.

Es gibt verschiedene Möglichkeiten, den Vorgängen Ressourcen zuzuordnen. Zuerst ist die Ansicht Balkendiagramm (Gantt) aufzurufen (Abb. 6.4-1).

	Vorgangsname	Dauer	Anfang	Fertig stellen	Vorgän	Ressourcennamen
29	– Grundstück	18,27 Tage	Mo 21.01.13	Mi 13.02.13		
30	Vorplatz pflastern	2 Tage	Mo 21.01.13	Di 22.01.13		
31	Garage aufbauen	2 Tage	Di 22.01.13	Do 24.01.13	30	
32	Pool bauen	8 Tage	Fr 25.01.13	Di 05.02.13		
33	Garten anlegen	4 Tage	Di 05.02.13	Mo 11.02.13	32	
34	Zaun setzen	2 Tage	Mo 11.02.13	Mi 13.02.13	33	

Abb. 6.4-1: Zuordnung von Ressourcen zu Vorgängen.

In der Spalte Ressourcennamen können mit Hilfe einer Auswahlliste die Ressourcen eingetragen werden, die in der Ressourcentabelle erfasst wurden (Abb. 6.4-2).

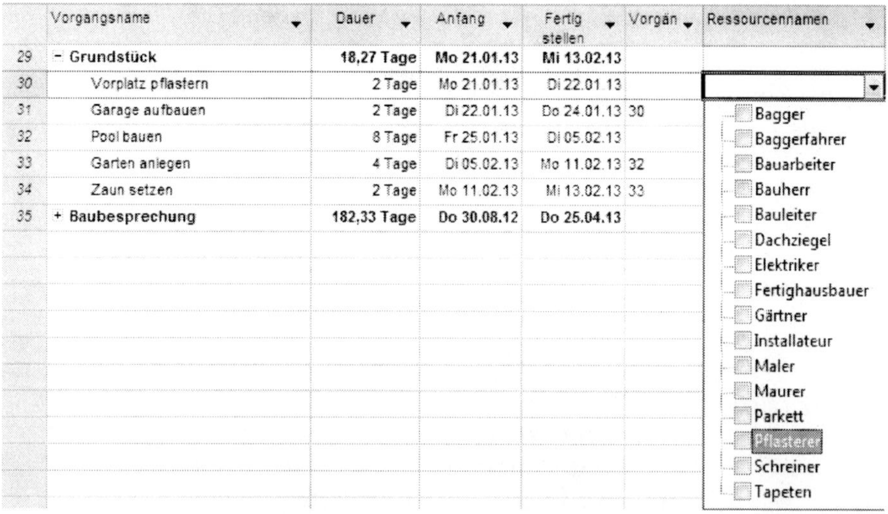

	Vorgangsname	Dauer	Anfang	Fertig stellen	Vorgän	Ressourcennamen
29	– Grundstück	18,27 Tage	Mo 21.01.13	Mi 13.02.13		
30	Vorplatz pflastern	2 Tage	Mo 21.01.13	Di 22.01.13		
31	Garage aufbauen	2 Tage	Di 22.01.13	Do 24.01.13	30	☐ Bagger
32	Pool bauen	8 Tage	Fr 25.01.13	Di 05.02.13		☐ Baggerfahrer
33	Garten anlegen	4 Tage	Di 05.02.13	Mo 11.02.13	32	☐ Bauarbeiter
34	Zaun setzen	2 Tage	Mo 11.02.13	Mi 13.02.13	33	☐ Bauherr
35	+ Baubesprechung	182,33 Tage	Do 30.08.12	Do 25.04.13		☐ Bauleiter
						☐ Dachziegel
						☐ Elektriker
						☐ Fertighausbauer
						☐ Gärtner
						☐ Installateur
						☐ Maler
						☐ Maurer
						☐ Parkett
						☑ Pflasterer
						☐ Schreiner
						☐ Tapeten

Abb. 6.4-2: Zuordnung von Ressourcen zu Vorgängen mit Hilfe der Auswahlliste.

6.4 Es gibt Arbeit *

Die Ressourcen können auch einfach über die Tastatur eingegeben werden. Vorsicht! Soll beispielsweise die Ressource »Maurer« dem Vorgang »Vorplatz pflastern« zugeordnet werden und es wird hier »Maur« eingegeben, wird automatisch in der Ressourcentabelle eine neue Ressource mit dem Namen »Maur« angelegt, es sei denn, diese Funktion wurde deaktiviert (siehe »Ressourcen und ihre Erfassung«, S. 117).	Hinweis
Sollen mehrere Ressourcen erfasst werden, sind diese durch ein Semikolon zu trennen.	Mehrere Ressourcen
Die Ressourcen können einfach nach unten kopiert werden, indem der Mauszeiger auf dem kleinen schwarzen Quadrat positioniert wird, das nach der Markierung einer Zelle unten rechts am Rand erscheint, und einfach die Maus nach unten gezogen wird (Abb. 6.4-3 und Abb. 6.4-4).	Tipp

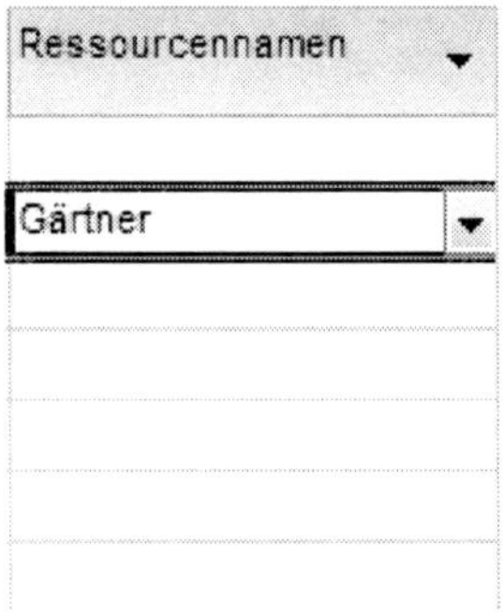

Abb. 6.4-3: Kopieren von Ressourcen – vorher.

Eine gleichzeitige Zuordnung einer oder mehrerer Ressourcen zu einem oder mehreren Vorgängen kann wie folgt erreicht werden:
1 Markieren Sie das Feld Ressourcennamen aller Vorgänge, denen Ressourcen zugeordnet werden sollen (Abb. 6.4-5).
2 Rufen Sie den Menüpunkt Ressource-Ressourcen zuweisen auf (Abb. 6.4-6).

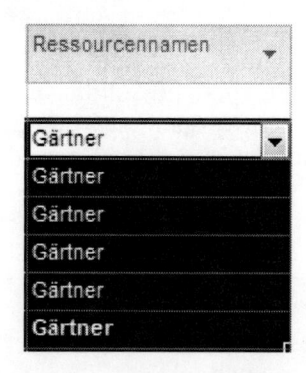

Abb. 6.4-4: Kopieren von Ressourcen – nachher.

	Vorgangsname	Dauer	Anfang	Fertig stellen	Vorgän	Ressourcennamen
29	– Grundstück	18,27 Tage	Mo 21.01.13	Mi 13.02.13		
30	Vorplatz pflastern	2 Tage	Mo 21.01.13	Di 22.01.13		Pflasterer
31	Garage aufbauen	2 Tage	Di 22.01.13	Do 24.01.13	30	Fertighausbauer
32	Pool bauen	8 Tage	Fr 25.01.13	Di 05.02.13		
33	Garten anlegen	4 Tage	Di 05.02.13	Mo 11.02.13	32	
34	Zaun setzen	2 Tage	Mo 11.02.13	Mi 13.02.13	33	
35	+ Baubesprechung	182,33 Tage	Do 30.08.12	Do 25.04.13		

Abb. 6.4-5: Markierung der Zielvorgänge.

3 Markieren Sie mit gedrückter Strg-Taste alle Ressourcen, die den ausgewählten Vorgängen zugeordnet werden sollen (Abb. 6.4-7).

4 Bestätigen Sie Ihre Auswahl mit der Schaltfläche Zuordnen.

5 Schließen Sie das Dialogfenster. Die Ressourcen wurden den Vorgängen zugeordnet (Abb. 6.4-8).

Alternative Zuordnung von Ressourcen Eine weitere Möglichkeit, Ressourcen Vorgängen zuzuordnen, ist das Dialogfeld Aufgabe-Informationen zum Vorgang über den Reiter Ressourcen (Abb. 6.4-9).

6.4 Es gibt Arbeit *

Abb. 6.4-6: Dialogfeld Ressourcen zuordnen.

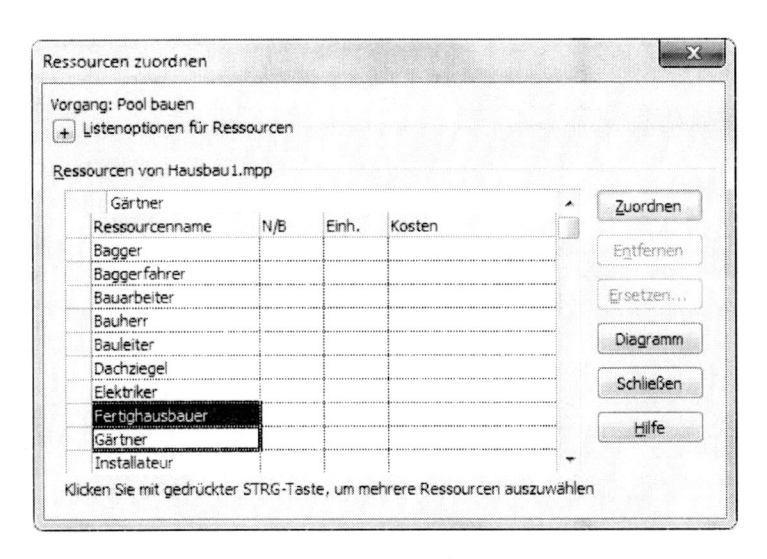

Abb. 6.4-7: Markierung der zuzuordnenden Ressourcen.

	Vorgangsname	Dauer	Anfang	Fertig stellen	Vorgän	Ressourcennamen
29	− Grundstück	18,27 Tage	Mo 21.01.13	Mi 13.02.13		
30	Vorplatz pflastern	2 Tage	Mo 21.01.13	Di 22.01.13		Pflasterer
31	Garage aufbauen	2 Tage	Di 22.01.13	Do 24.01.13	30	Fertighausbauer
32	Pool bauen	8 Tage	Fr 25.01.13	Di 05.02.13		Fertighausbauer;Gärtner
33	Garten anlegen	4 Tage	Di 05.02.13	Mo 11.02.13	32	Fertighausbauer;Gärtner
34	Zaun setzen	2 Tage	Mo 11.02.13	Mi 13.02.13	33	Fertighausbauer;Gärtner

Abb. 6.4-8: Abgeschlossene Ressourcenzuordnung.

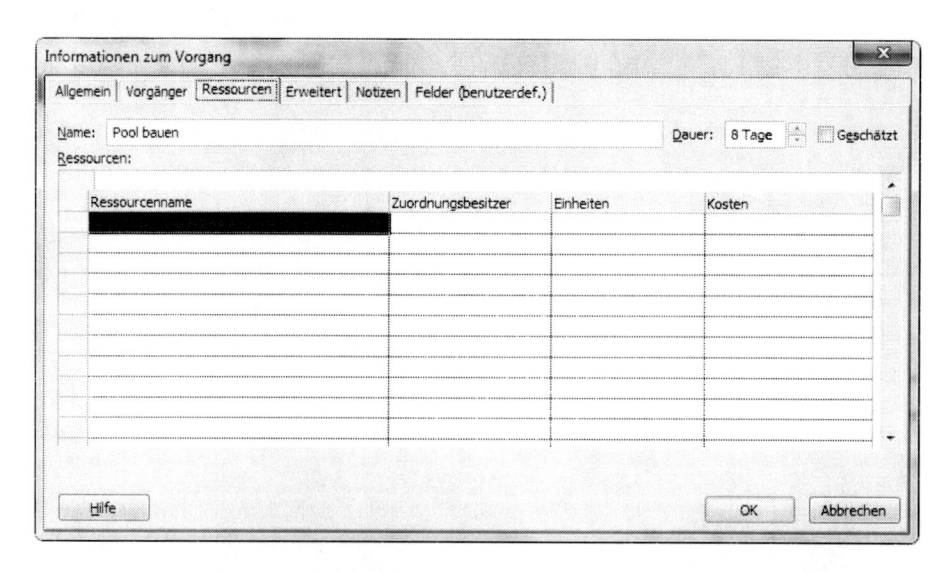

Abb. 6.4-9: Dialogfenster Projekt-Informationen zum Vorgang.

6.4.2 Team informieren *

Projektarbeit ist Teamarbeit. Sie lebt von der Kommunikation und der Information. Nach der Zuordnung von Ressourcen zu Vorgängen sollte daher ein Abgleich, z. B. mit den betroffenen Personalressourcen, gemacht werden, um Terminüberschneidungen von vorn herein auszuschließen.

Bevor letztendlich eine endgültige Fixierung der Ressourcenverteilung erfolgen kann, muss mit den Teammitgliedern abgestimmt werden, ob eine Umsetzung möglich ist, da Teammitglieder beispielsweise bereits in anderen Projekten eingesetzt sind, Urlaub haben, auf Reisen sind usw. Dazu müssen alle Ressourcen, die in dem Projektplan verplant worden sind, über die Zuordnungen informiert werden:

1 Wählen Sie den Menüpunkt Datei-Speichern und Senden-Als Anlage senden.
2 Tragen Sie in dem E-Mail-Dialogfenster die Empfänger (Teammitglieder) ein.
3 Erfassen Sie in dem Textfeld eine Kurzmitteilung »Mit der Bitte um Überprüfung der Verfügbarkeit ....«.
4 Betätigen Sie die Schaltfläche Senden. Die Projekt-Datei wird versendet.

6.4.3 Überlastungen handhaben *

Ressourcen sind normalerweise begrenzt. Im Rahmen eines Projektes kann es daher insbesondere bei Schlüsselressourcen schnell zu Überlastungen durch zu hohen Einsatz kommen. Überlastungen kann auf verschiedene Arten begegnet werden.

Materialressourcen sind im Normalfall unbegrenzt verfügbar (oder beschaffbar) und daher im Einsatz unproblematisch. Anders verhält es sich mit der Ressource »Arbeit«.

Materialressourcen sind oft unkritisch

Der Einsatz von Arbeit erfolgt dagegen nur im Rahmen der Zeit, die eine solche Ressource gemäß ihren Kalendereinstellungen arbeiten kann. Hier kommt es schnell zu Überlastungen, die behoben werden müssen, um einen reibungslosen Projektablauf zu gewährleisten. Die Überlastungen lassen sich in den Ansichten Andere Ansichten-Ressourcen: Grafik und Ressourcen: Einsatz ausfindig machen.

6 Sukzessive Vorgehensweise *

Eins nach dem Anderen!

Eine **Überlastung** liegt vor, wenn eine Ressource zeitgleich mehreren Vorgängen zugeordnet ist und die für die Ressourcen festgelegte maximale Einheitenzahl oder tägliche Arbeitszeit überschritten wurde.

Überlastungen feststellen

In der Ansicht Ressource: Tabelle wird in der Indikatorspalte ein gelbes Ausrufezeichen angezeigt und die Zeile wird komplett in roter Schrift dargestellt. Die derart markierten Ressourcen sind überlastet (Abb. 6.4-10).

	Ressourcenname	Art	Materialbes.	Kürzl	Gruppe	Max. Einh.	Standardsatz	Überstd.-Satz	Kosten/Einsatz	Fällig am	Basiskalender
1	Bauarbeiter	Arbeit		BA	Tiefbau	500%	15,50 €/Std.	17,00 €/Std.	0,00 €	Anteilig	Fix + Fertig GmbH
2	Baggerfahrer	Arbeit		BF	Tiefbau	100%	17,00 €/Std.	19,00 €/Std.	0,00 €	Anteilig	Fix + Fertig GmbH
3	Fertighausbauer	Arbeit		FH	Tiefbau	400%	23,00 €/Std.	25,00 €/Std.	0,00 €	Anfang	Fix + Fertig GmbH
4	Elektriker	Arbeit		EL	Ausbau	200%	20,00 €/Std.	23,00 €/Std.	0,00 €	Anteilig	Fix + Fertig GmbH
5	Schreiner	Arbeit		SC	Ausbau	100%	21,00 €/Std.	24,00 €/Std.	0,00 €	Anteilig	Fix + Fertig GmbH
6	Maler	Arbeit		MA	Ausbau	300%	20,00 €/Std.	23,00 €/Std.	0,00 €	Anteilig	Fix + Fertig GmbH
7	Installateur	Arbeit		IN	Ausbau	100%	19,50 €/Std.	22,00 €/Std.	0,00 €	Anteilig	Fix + Fertig GmbH
8	Gärtner	Arbeit		G	Grundstück	100%	16,00 €/Std.	18,00 €/Std.	0,00 €	Anteilig	Fix + Fertig GmbH
9	Pflasterer	Arbeit		PL	Grundstück	100%	16,00 €/Std.	18,00 €/Std.	0,00 €	Anteilig	Fix + Fertig GmbH
10	Maurer	Arbeit		MR	Tiefbau	100%	15,00 €/Std.	17,00 €/Std.	0,00 €	Anteilig	Fix + Fertig GmbH
11	Bagger	Arbeit		BA	Tiefbau	100%	0,00 €/Std.	0,00 €/Std.	500,00 €	Ende	Fix + Fertig GmbH
12	Parkett	Material	Quadratmeter				65,00 €		0,00 €	Anteilig	
13	Tapeten	Material	Rolle				12,00 €		0,00 €	Anteilig	
14	Dachziegel	Material	Stück				4,50 €		0,00 €	Anteilig	
15	Bauleiter	Arbeit		BL		100%	50,00 €/Std.	55,00 €/Std.	0,00 €	Anteilig	Fix + Fertig GmbH
16	Bauherr	Arbeit		BH		100%	0,00 €/Std.	0,00 €/Std.	0,00 €	Anteilig	Fix + Fertig GmbH

Abb. 6.4-10: Darstellung von Überlastungen in Ressourcentabelle.

In dieser Ansicht ist nicht zu erkennen, wie hoch die Überlastungen sind und an welchen *Tagen* die Ressourcen überlastet sind. Dazu ist die Zeile der überlasteten Ressourcen zu markieren und in die Ansicht Andere Ansichten-Ressourcen: Grafik zu wechseln (Abb. 6.4-11).

Beispiel

Die Grafik der Abb. 6.4-11 zeigt die Auslastung der Ressource »Schreiner« am »17. Dezember« mit 200%. Die Dicke Linie auf der 100% Achse zeigt an, dass 100% der Ressource »Schreiner« (beispielsweise zwei Schreiner zu 50% oder vier Schreiner zu 25%, usw.) vorhanden sind.

Finden überlasteter Ressourcen mit dem RM

Damit weitere überlastete Ressourcen ausfindig gemacht werden können, ist in dem Menü Format das Symbol Nächste Ressource zu betätigen. Durch Drücken des Symbols Nächste Ressourcen wird die nächste überlastete Ressource angezeigt.

6.4 Es gibt Arbeit *

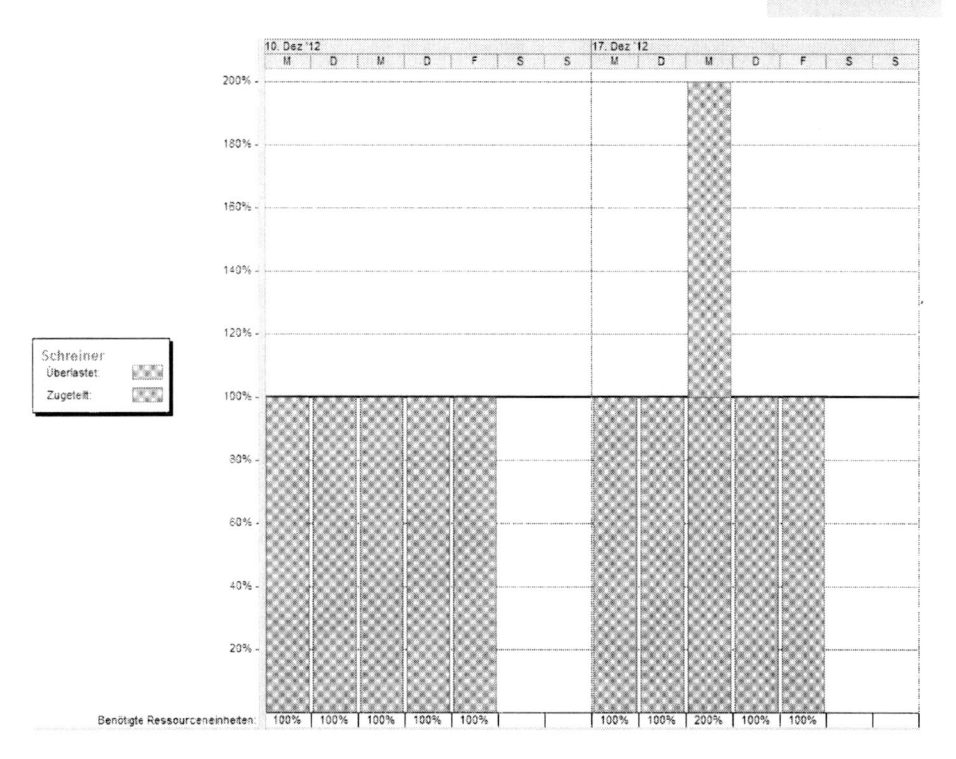

Abb. 6.4-11: Ansicht Ressource: Grafik.

Um herauszufinden, welche Vorgänge dazu beitragen, dass eine Überlastung der Ressource »Schreiner« vorliegt, ist in die Ansicht Ressource: Einsatz zu wechseln (Abb. 6.4-12).

Wer hat Schuld?

	Ressourcenname	Arbeit	Einzelheiten	17. Dez '12				
				M	D	M	D	F
S	– Schreiner	132 Std.	Arbeit	8h	8h	12h	4h	8h
	Treppe einbauen	60 Std.	Arbeit	8h	8h	4h		
	Materialien einkaufen	12 Std.	Arbeit			8h	4h	
	Dämmung verlegen	8 Std.	Arbeit					8h
	Abstandhalter befestigen	8 Std.	Arbeit					
	Parkett zuschneiden	4 Std.	Arbeit					
	Parkett verlegen	16 Std.	Arbeit					
	Parkett versiegeln	4 Std.	Arbeit					
	Übergangsleisten befestigen	4 Std.	Arbeit					
	Abschlussleisten befestigen	12 Std.	Arbeit					
	Parkett reinigen	4 Std.	Arbeit					

Abb. 6.4-12: Ansicht Ressource Einsatz: Der Einsatzplan der Ressourcen.

Die betroffenen Vorgänge werden direkt unter der Ressource in der Spalte »Ressourcenname« angezeigt. Eine weitere Möglichkeit, die betroffenen Vorgänge anzeigen zu lassen, ist der Wechsel in die Ansicht Balkendiagramm (Gantt):

1 Wählen Sie aus der Auswahlliste für Filter den Eintrag »Benutzt Ressource« aus (Abb. 6.4-13).

Abb. 6.4-13: Suche von Überlastungen über Filter.

2 Tragen Sie in dem erschienen Dialogfenster Benutzt Ressource den Namen der Ressource (beispielsweise Schreiner) ein (Abb. 6.4-14).

3 Betätigen Sie die Schaltfläche OK. Die Vorgänge der Ressource »Schreiner« werden angezeigt (Abb. 6.4-15).

Korrigieren von Überlastungen

Was tun?   Überlastungen bzw. Konflikte können auf verschiedene Art und Weise manuell behoben werden:

6.4 Es gibt Arbeit * 137

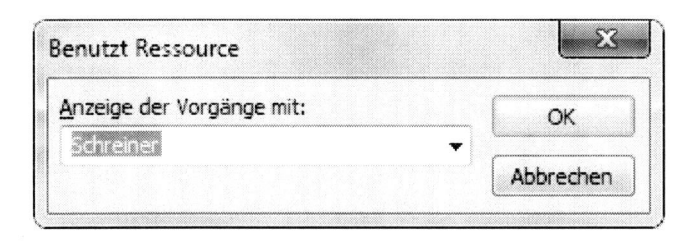

Abb. 6.4-14: Dialogfeld Benutzt Ressource.

	Vorgangsname	Dauer	Anfang	Fertig stellen	Vorgän	Ressourcennamen
10	– Haus	45,67 Tage	Mo 19.11.12	Mi 16.01.13		
11	– Rohbau	24 Tage	Mo 19.11.12	Mi 19.12.12	1	
15	Treppe einbauen	8 Tage	Mo 10.12.12	Mi 19.12.12		Schreiner
16	– Ausbau	35 Tage	Mo 03.12.12	Mi 16.01.13		
18	Materialien einkaufen	12 Std.	Mi 19.12.12	Do 20.12.12		Schreiner
19	Dämmung verlegen	8 Std.	Fr 21.12.12	Fr 21.12.12		Schreiner
20	Abstandhalter befestigen	8 Std.	Mo 24.12.12	Mo 24.12.12		Schreiner
21	Parkett zuschneiden	4 Std.	Do 27.12.12	Do 27.12.12		Schreiner
22	Parkett verlegen	16 Std.	Fr 28.12.12	Mo 31.12.12		Schreiner
23	Parkett versiegeln	4 Std.	Di 01.01.13	Di 01.01.13		Schreiner
24	Übergansleisten befestigen	4 Std.	Mi 02.01.13	Mi 02.01.13		Schreiner
25	Abschlussleisten befestigen	12 Std.	Do 03.01.13	Fr 04.01.13		Schreiner
26	Parkett reinigen	4 Std.	Mo 07.01.13	Mo 07.01.13		Schreiner

Abb. 6.4-15: Vorgänge der Ressource «Schreiner«.

1   Vorgänge verschieben und nacheinander bearbeiten.

Der Vorgang »Treppe einbauen« hat absoluten Vorrang vor allen anderen Vorgängen und soll mit höchster Priorität durchgeführt werden. Alle anderen Vorgänge des Arbeitspaketes »Bodenbelege verlegen« der Ressource »Schreiner« sind somit zu verschieben.

Beispiel

Die Maus ist auf dem Startbalken des ersten Vorgangs des Arbeitspaketes »Bodenbeläge verlegen« zu positionieren und mit gedrückter rechter Maustaste der Eintrag Auf verfügbares Datum verschieben auszuwählen.

In der Ansicht Ressource: Tabelle ist dann zu überprüfen, ob der Konflikt wirklich gelöst wurde. Ist keine Zeile mehr rot markiert und wird das gelbe Ausrufezeichen in der Indikatorspalte nicht mehr angezeigt, ist der Konflikt gelöst.

Geschafft?

6 Sukzessive Vorgehensweise *

2 Vorgänge für die Dauer eines anderen unterbrechen (»Vorgänge unterbrechen«, S. 112).

Hilfe durch Project

Microsoft Project verfügt über einen **automatischen Kapazitätsabgleich**. Dieser löst Überlastungen durch Verschieben oder Unterbrechen von Vorgängen. Vorab sind den Vorgängen Prioritäten zu geben, um zu bestimmen, welche Vorgänge zu Gunsten von anderen verschoben oder unterbrochen werden sollen. Ein Abgleich kann **manuell** oder **automatisch** erfolgen, wobei der manuelle Abgleich nur auf Befehl des Benutzers ausgeführt wird, während der automatische Abgleich permanent erfolgt. Ein Abgleich kann für das gesamte Projekt erfolgen, auf einen bestimmten Zeitraum oder eine Ressource begrenzt werden.

Tipp

Der automatische Abgleich von Überlastungen sollte, sobald es sich bei den Ressourcen um Menschen handelt, sehr wohl *überlegt* eingesetzt werden. In der Ansicht Ressource: Einsatz oder Andere Ressourcen: Grafik werden die Überlastungen angezeigt.

Voraussetzungen für den automatischen Abgleich

Bevor der Kapazitätsabgleich durchgeführt werden kann, sind diverse Einstellungen vorzunehmen. Dazu ist das Dialogfenster Kapazitätsabgleich über das Hauptmenü Ressource-Abgleichsoptionen zu öffnen (Abb. 6.4-16).

Die Bereiche beinhalten die Informationen, die in der Tab. 6.4-1 zusammengestellt sind.

Vergabe von Prioritäten

Bevor der Abgleich vorgenommen werden kann, müssen den Vorgängen Prioritäten gegeben werden. Durch die Vergabe von Prioritäten wird festgelegt, welche Vorgänge zugunsten von anderen verschoben werden. Dies geschieht über das Dialogfeld Aufgabe-Informationen zum Vorgang. Werden mehrere Vorgänge markiert und anschließend das Dialogfenster Aufgabe-Informationen zum Vorgang geöffnet, kann auch mehreren Vorgängen parallel eine Priorität gegeben werden. Die maximale Priorität liegt bei 1000 (höchste Priorität):

1 Markieren Sie in der Ansicht Ressource: Tabelle die Ressource »Schreiner«.
2 Anschließend ist das Dialogfeld Ressource-Ressource abgleichen zu öffnen (Abb. 6.4-17).

6.4 Es gibt Arbeit *

```
Kapazitätsabgleich                                           [X]

Abgleichsberechnung
  ○ Automatisch           ● Manuell
  Abgleichen von Überlastungen pro   Tag    ▼   (Basis)
  ☑ Abgleichswerte vor Abgleich löschen

Abgleichszeitraum für "Hausbau1.mpp"
  ● Gesamtes Projekt abgleichen
  ○ Abgleich              Von:   Mi 29.08.12      ▼
                          Bis:   Do 25.04.13      ▼

Überlastungen entfernen
  Abgleichsreihenfolge:          Standard         ▼
  ☐ Abgleich nur innerhalb der Pufferzeit
  ☑ Abgleich kann individuelle Zuordnungen zu einem Vorgang anpassen
  ☑ Abgleich kann verbleibende Arbeit unterbrechen
  ☐ Kapazitätsabgleich mit dem vorgesehenen Buchungstyp
  ☑ Manuell geplante Vorgänge abgleichen

  [ Hilfe ]  [ Verzögerungen entfernen... ]  [ Alles abgleichen ]  [ OK ]  [ Abbrechen ]
```

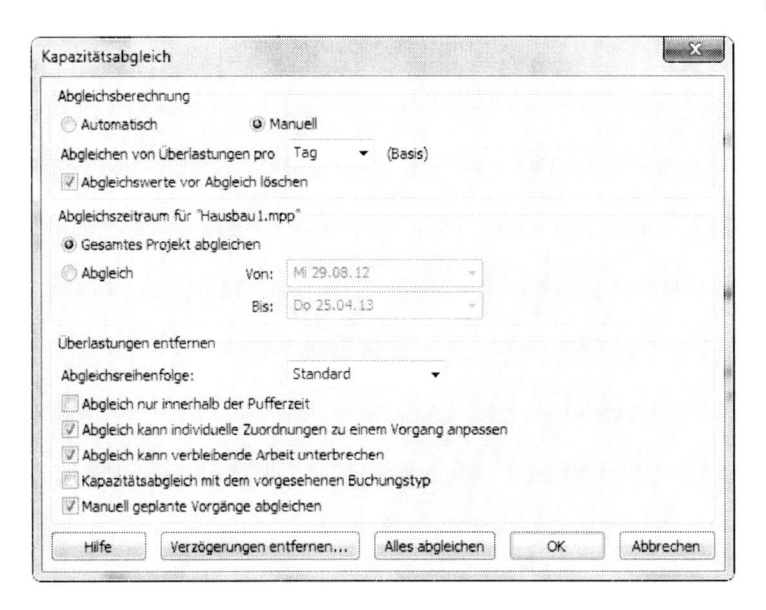

Abb. 6.4-16: Dialogfenster Kapazitätsabgleich.

Feld	Beschreibung
Abgleichsberechnung	Hier ist das Feld »manuell« zu aktiveren. Ein Abgleich erfolgt dann nur auf den Befehl des Benutzers (Schaltfläche: `Neu abgleichen`). Andernfalls erfolgt der Abgleich automatisch, und man verliert schnell die Kontrolle über neue Eingaben. Die Überlastungen sind in Stunden abzugleichen, wenn die Vorgänge nur einige Stunden dauern.
Abgleichzeitraum	Da das gesamt Projekt abgeglichen werden soll, ist das Feld `Gesamtes Projekt abgleichen` auszuwählen.
Überlastungen entfernen	Die Vorgänge sind unterschiedlich dringend. Die Abgleichreihenfolge soll Priorität-Standard sein, somit werden die wichtigen von Unterbrechungen verschont. Durch Auswahl des Feldes `Abgleich kann individuelle Zuordnungen zu einem Vorgang anpassen` können einzelne Ressourcen an Stelle des gesamten Ressourcenpools abgeglichen werden. Des Weiteren ist das Feld `Abgleich kann verbleibende Arbeit unterbrechen` zu aktivieren. Würde dieses Feld nicht ausgewählt werden, kann der Abgleich nur mit Verschiebungen arbeiten, was zu einer Verlängerung des Projektes führen würde.

Tab. 6.4-1: Feldoptionen im Dialogfenster Extras-Kapazitätsabgleich.

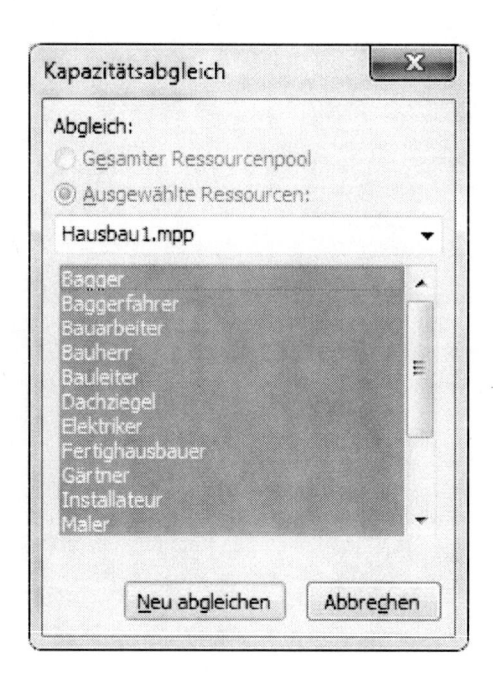

Abb. 6.4-17: Dialogfenster Neu abgleichen.

3 Wählen Sie Ausgewählte Ressourcen aus, da ja in dem Beispiel nur die Ressource »Schreiner« abgeglichen werden soll.
4 Bestätigen Sie die Schaltfläche Neu abgleichen. Der Abgleich wird gemäß den vorgenommen Einstellungen durchgeführt.

6.5 Kosten zuordnen *

Nicht alle Kosten lassen sich über den Ressourceneinsatz auf die Vorgänge verteilen. So gibt es vom Ressourceneinsatz unabhängige sogenannte feste Kosten von Vorgängen, die allein durch den Vorgang begründet werden.

- »Feste Kosten von Vorgängen«, S. 141

Darüber hinaus kann es weitere Kostenstrukturen, wie z. B. Gemeinkostensätze, geben, die sich weder dem Ressourceneinsatz noch den Vorgängen direkt zurechnen lassen. Diese können über benutzerdefinierte Kostenfelder angelegt werden. Benutzerdefinierte Kostenfelder geben dem Projektverantwortlichen die Möglichkeit spezifische Kostenstrukturen individueller Projekte sehr detailliert abzubilden. Dies erfordert allerdings eine saubere Definition, Strukturierung, Anlage und Pflege dieser Zusammenhänge:

- »Benutzerdefinierte Kostenfelder«, S. 148

6.5.1 Feste Kosten von Vorgängen *

Kosten, die unabhängig von einem Ressourceneinsatz unvermeidbar bei der Durchführung eines Vorganges anfallen, werden in Microsoft Project als »Feste Kosten« bezeichnet. Der Wert dieser Fixkosten wird im Vorgangsfeld Feste Kosten, ihr zeitlicher Anfall wird im Zeitphasenfeld Fälligkeit fester Kosten dargestellt.

Microsoft Project kann verschiedene Kostenarten verwalten und eine komplexe Kostenstruktur des Projektes abbilden. Die Möglichkeiten der Zuordnung von Kosten zu Ressourcen ist bei der Anlage der Ressourcen beschrieben worden (siehe »Ressourcen und ihre Erfassung«, S. 117) – die Zuordnung von vorgangsbezogenen Kosten wird im Folgenden dargestellt.

Es gibt innerhalb von Kostenstrukturen verschiedene Kostenarten. Zu differenzieren ist grundsätzlich zwischen

- nicht direkt zurechenbaren Gemeinkosten (z.B. Heizkosten, Grundsteuer für Betriebsgelände usw.) und
- direkt Ressourcen oder Vorgängen zurechenbaren Kosten.

Gemeinkosten können nicht einer verursachenden Ressource, einem (Sammel-) Vorgang oder dem Gesamtprojekt zugeordnet werden. Sie können anhand eines Gemeinkostenschlüssels umgelegt werden.

Geht man vereinfachend davon aus, dass die Gemeinkosten auch ohne die Durchführung des Projektes entstanden wären, können diese in der Projektkostenbetrachtung vernachlässigt werden, um die Komplexität der Kostenstruktur zu reduzieren.

Ob eine solche Vereinfachung zulässig ist, muss für jedes Projekt im Einzelfall entschieden werden.

Zu den direkt zurechenbaren Kosten gehören **Ressourcenkosten**, die abhängig von der Einsatzintensität einer Ressource variabel anfallen (z. B. Stundenlohn) und **vorgangsbezogene feste Kosten** (direkt zurechenbare Fixkosten eines Vorgangs, z. B. ein Flugticket). Sinnvollerweise werden die ressourcenabhängigen (variablen) Kosten bereits bei der Erfassung der Ressourcen als Material- oder Arbeitskosten eingepflegt (siehe »Ressourcen und ihre Erfassung«, S. 117).

Vorgangskosten

Die Gesamtkosten eines Vorganges addieren sich also aus den festen Kosten dieses Vorganges, den Kosten für den Ressourceneinsatz innerhalb des Vorganges und den über einen eventuellen Zuschlagssatz zugeschlagenen Gemeinkosten.

Beispiel

> Die Kosten eines Notarbesuches zur Vorbereitung des Kaufvertrages für das Grundstück betragen € 100,-. Sie sind mit Beginn der Sitzung am 22.08. fällig. Die Kosten einer zweitägigen Unterstützung durch einen Finanzberater betragen ebenfalls € 100,-. Sie verteilen sich anteilig über die Dauer der Beratungsleistung. Die Beratung soll vor dem Notarbesuch abgeschlossen sein.

Zur Eingabe von fixen Vorgangskosten wechseln Sie über das Menü Ansicht aus der Standardansicht Balkendiagramm (Gantt) in die Ansicht Tabellen-Kosten (Abb. 6.5-1).

Die Tabellenansicht enthält in ihrer voreingestellten Form nur eine Auswahl von Spalten. Weitere Spalten können über die Betätigung der rechten Maustaste auf einem Spaltennamen über den Menüpunkt Spalte einfügen hinzugefügt werden; nicht benötigte Spalten können, nachdem sie markiert wurden, über den Menüpunkt Spalte ausblenden ausgeblendet werden (siehe »Spalten anzeigen und verbergen«, S. 167).

Tragen Sie die o.g. Fixkosten in die Spalte Feste Kosten ein. Danach wählen Sie in der Spalte Fälligkeit fester Kosten das Zeitverhalten der Kosten aus dem Drop-down-Menü.

Überwachung der »Festen Kosten«

Das Feld Feste Kosten lässt sich in andere Vorgangsansichten (Tabellen) integrieren, dort anzeigen und bearbeiten. So lassen sich vorgangsbezogene Fixkosten auf einen Blick überprüfen.

6.5 Kosten zuordnen *

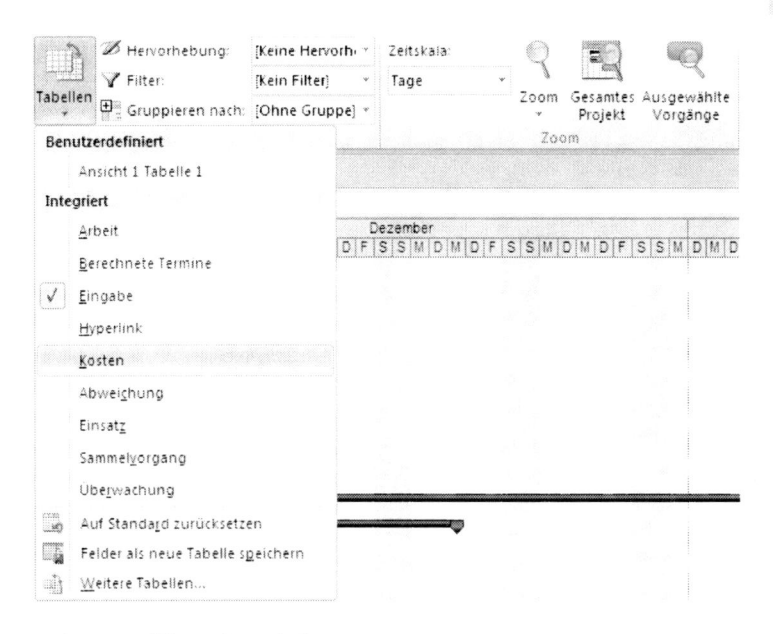

Abb. 6.5-1: Öffnen der Tabelle Kosten.

Wenn Sie der Ansicht im Zeitabschnittsbereich das Feld Feste Kosten hinzufügen, werden diese dort entsprechend der ausgewählten Fälligkeitsmethode angezeigt (Abb. 6.5-2).

	Vorgangsname	Feste Kosten	Fälligkeit fester Kosten	Gesamtkosten
72	Finanzierungsberatung	100,00 €	Anteilig	100,00 €
73	Notarbesuch	100,00 €	Anteilig	100,00 €

Abb. 6.5-2: Eingabe der Höhe und der Fälligkeit fester Kosten.

Wechseln Sie hierzu über das Menü Ansicht-Arbeitsauslastung nach Vorgängen zu Vorgang Einsatz. Über einen Doppelklick im rechten Zeitabschnittsbereich gelangen Sie in das Menü der Abb. 6.5-3 zur Ergänzung der Anzeige.

Die Beratungskosten in Höhe von 100,-€ werden im Beispiel von Microsoft Project automatisch auf zwei Tage verteilt. Wenn Sie im Feld Fälligkeit fester Kosten über die Ansicht Tabellen-Kosten entweder Anfang oder Ende festlegen, werden die festen Kosten entweder am Anfang oder am Ende

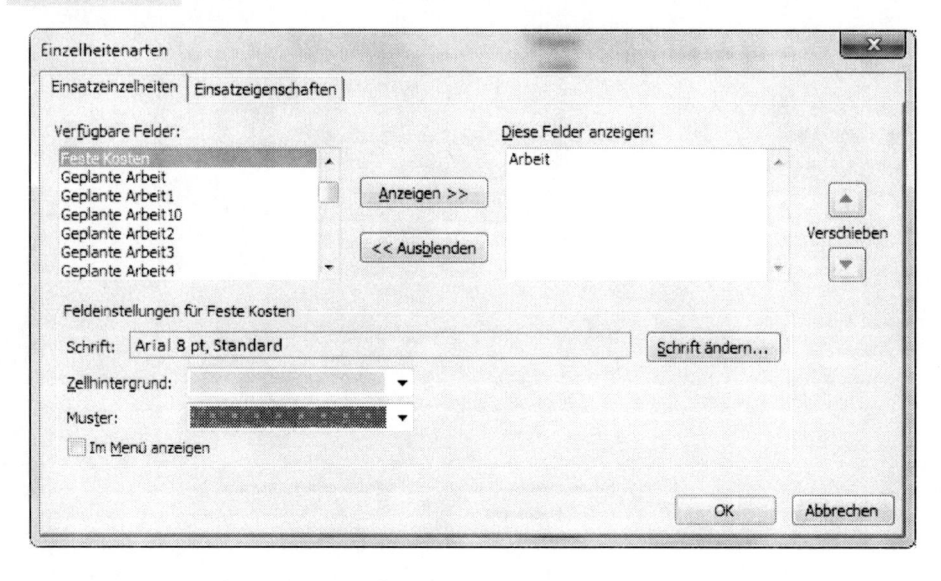

Abb. 6.5-3: Hinzufügen des Feldes Feste Kosten.

des Zeitraumes in der Ansicht Vorgang Einsatz angezeigt (Beispiel Notarkosten, Abb. 6.5-4).

Abb. 6.5-4: Anzeige des Fälligkeitsverhaltens fester Kosten.

Einen Überblick über die Kosten gewinnen

Um einen Überblick über die Aufteilung der Gesamtkosten zu bekommen, ist die Tabelle Kosten in der Standardansicht nicht geeignet, da die Ressourcenkosten nicht angezeigt werden. Einen guten Überblick über die fixen und variablen Kosten von Vorgängen auf der Zeitachse gewinnt man dagegen über die Ansicht Vorgang Einsatz über das Menü Ansicht-Andere Ansichten-Weitere Ansichten (Abb. 6.5-5):

Hinweis

Die **Gesamtkosten** der Vorgänge berechnet Microsoft Project aus den getätigten Eingaben selbstständig als Summe von festen Kosten und Ressourcenkosten.

6.5 Kosten zuordnen

Vorgangsname	Feste Kosten	Fälligkeit fester Kosten	Gesamtkosten	Einzelheiten	27 Aug 12
− Tiefbau	0,00 €	Anteilig	4.516,00 €	Arbeit	8h
				Fest. Kost.	
− Baugrube	0,00 €	Anteilig	1.156,00 €	Arbeit	8h
				Fest. Kost.	
− Loch vermessen	0,00 €	Anteilig	248,00 €	Arbeit	8h
				Fest. Kost.	
Bauarbeiter			248,00 €	Arbeit	8h
+ Grube ausheben	0,00 €	Anteilig	908,00 €	Arbeit	16h
				Fest. Kost.	
+ Kellergeschoss	0,00 €	Anteilig	3.360,00 €	Arbeit	
				Fest. Kost.	
Tiefbau abgeschlossen	0,00 €	Anteilig	0,00 €	Arbeit	
				Fest. Kost.	
+ Haus	0,00 €	Anteilig	5.602,00 €	Arbeit	
				Fest. Kost.	
+ Grundstück	0,00 €	Anteilig	585,00 €	Arbeit	
				Fest. Kost.	
+ Baubesprechung	0,00 €	Anteilig	0,00 €	Arbeit	
				Fest. Kost.	
				Arbeit	
				Fest. Kost.	
Finanzierungsberatung	100,00 €	Anteilig	100,00 €	Arbeit	
				Fest. Kost.	53,33 € 48,67 €
Notarbesuch	100,00 €	Anteilig	100,00 €	Arbeit	
				Fest. Kost.	13,33 € 66,67 €

Abb. 6.5-5: Übersicht über feste Kosten und Ressourcenkosten: Ansicht Vorgang Einsatz.

Nicht immer ist die Aufteilung in fixe Vorgangskosten und ressourcenabhängige Arbeits- oder Materialkosten klar zu definieren. So können z. B. die Mietkosten für einen Bagger als feste Kosten des Vorganges »Aushub der Baugrube« (z. B. anteilig über die Dauer des Vorganges) oder als variable Kosten der Ressource Bagger (z. B. Miete pro Tag) in Microsoft Project eingepflegt werden. Die Entscheidung über die jeweils anzunehmende Kostenart hat letztlich der Projektleiter zu fällen.

Definition von Kostenarten

Um die Herkunft insbesondere fester Kosten über die gesamte Projektdauer transparent zu halten, ist es unter Umständen sinnvoll, diese als Notizen zu den entsprechenden Vorgängen zu dokumentieren.

Gehen Sie dazu wie folgt vor (Abb. 6.5-6):

1 Markieren Sie den Vorgang »Notarbesuch«.
2 Aktivieren Sie über die Schaltfläche Informationen zum Vorgang (oder per Doppelklick auf den Vorgang) in der Ansicht Aufgabe das entsprechende Dialogfeld.
3 Aktivieren Sie den Reiter Notizen.
4 Fügen Sie die benötigten Herkunftsdaten der festen Kosten als Notiz ein und bestätigen Sie mit OK.

Sofern Sie die Indikatorspalte z. B. in der Tabelle Eingabe eingeblendet haben, erscheint in der Vorgangszeile ein Notiz-

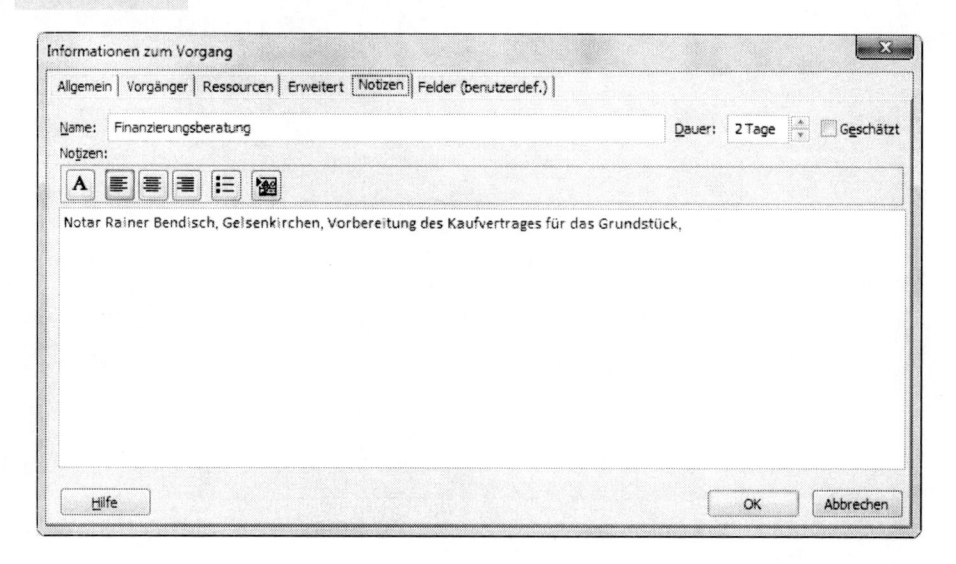

Abb. 6.5-6: Dokumentation der Herkunft fester Kosten als Vorgangsnotiz.

Symbol. Wenn Sie mit dem Mauszeiger über dieses Symbol fahren, erscheint der Inhalt in einem gelben **Informationsfeld** (Abb. 6.5-7).

Abb. 6.5-7: Anzeige von Vorgangsinformationen über die Indikatorspalte.

6.5 Kosten zuordnen * 147

Je Vorgang können mehrere verschiedene Symbole in der Indikatorspalte angezeigt werden. Alle Daten werden in einem einzigen Informationsfeld zusammengefasst, sobald der Mauszeiger darauf zeigt.

Nur ein Informationsfeld je Vorgang

Über die Vorgangsnotizen lassen sich auch externe Dateien (z. B. Excel Tabellen, Word Dokumente oder eingescannte Auftragsbestätigungen und Rechnungen) in die Informationen zum jeweiligen Vorgang einbinden (Abb. 6.5-8).

Tipp

Gehen Sie dazu wie folgt vor:

1 Aktivieren Sie den Reiter Notizen in den Informationen zum Vorgang wie oben beschrieben.
2 Klicken Sie auf die Schaltfläche Objekt einfügen.
3 Wählen Sie über den Dialog Objekt einfügen die einzufügende Datei aus Ihrer Datenstruktur aus und aktivieren Sie die Kontrollkästchen Verknüpfung und Als Symbol anzeigen.

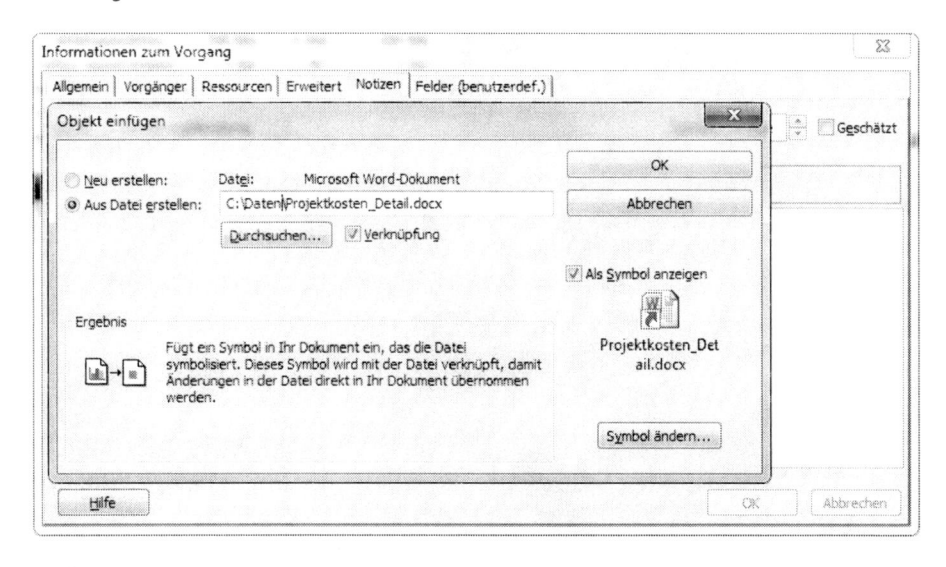

Abb. 6.5-8: Einfügen einer Datei über die Notizen.

6.5.2 Benutzerdefinierte Kostenfelder *

In der Standardkonfiguration kann Microsoft Project nicht alle eventuell auftretenden Kosten und Kostenzusammenhänge abdecken. Daher lassen sich, wie in vielen andere Bereichen auch, bis zu zehn weitere Kostenfelder (Kosten 1 bis 10) durch den Benutzer ergänzen.

Kosten über Kosten

Es lassen sich beliebige benutzerdefinierte Informationen zu Vorgangs-, Ressourcen- oder Zuordnungskosten speichern. Die Standardkosten betragen 0,00 €, Eintragungen sind vom Datentyp Währung.

Benutzerdefinierte Kostenfelder lassen sich sowohl Vorgängen als auch Ressourcen zuordnen, in beiden Fällen können Werte direkt eingegeben oder z. B. über Formeln berechnet werden (Abb. 6.5-9).

Beispiel

Sie möchten während des Hausbaus die höchsten und die niedrigten Werte für die geschätzten Vorgangskosten für den Vorgang »Auswahl der Bodenbeläge« überwachen.

Fügen Sie hierzu in einer Vorgangstabelle (z. B. Ansicht-Tabelle-Kosten) die Spalten »Kosten1« und »Kosten2« ein und benennen Sie die Spalten »Gesch. Kosten (max)« und »Gesch. Kosten (min)«. Geben Sie dann die höchsten geschätzten Kosten und die niedrigten geschätzten Kosten für diesen Vorgang ein.

	Vorgangsname	Gesch. Kosten (max)	Gesch. Kosten (min)	Gesamtkosten	Geplant
1	Hausbau	350.000,00 €	150.000,00 €	176.915,00 €	174.099,00 €

Abb. 6.5-9: Einfügen benutzerdefinierter Kostenfelder für einen Vorgang.

Hinweis

Die Ergänzung und Definition benutzerdefinierter Kostenfelder in Bezug auf Ressourcen erfolgt analog.

Sie können für jedes der benutzerdefinierten Kostenfelder Wertelisten, Formeln und grafische Indikatoren erstellen. Um eines dieser benutzerdefinierten Attribute hinzuzufügen oder ein benutzerdefiniertes Kostenfeld umzubenennen, betätigen Sie die rechte Maustaste auf einem Spaltentitel und wählen das Menü Benutzerdefinierte Felder aus

(Abb. 6.5-10). Wenn Sie eine Formel angeben, wird das Feld schreibgeschützt.

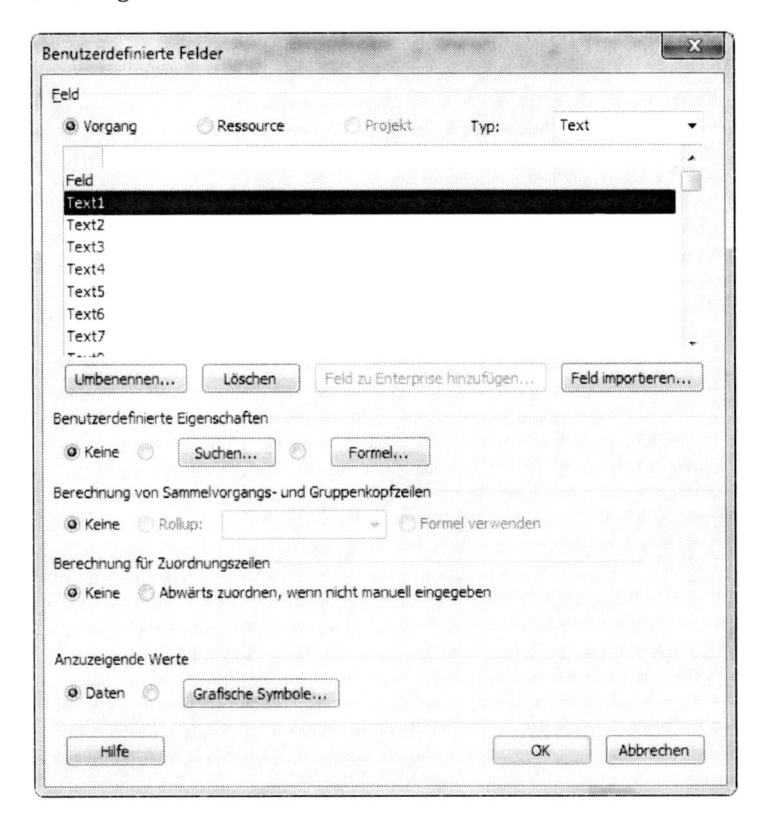

Abb. 6.5-10: Einfügen von benutzerdefinierten Attributen.

Die auf diese Art den Vorgängen oder Ressourcen zugeordneten, ergänzenden Kosteninformationen lassen sich in der Ansicht Vorgang Einsatz bzw. Ressource Einsatz überwachen. Hierzu müssen die neu definierten Kostenfelder in der jeweiligen Ansicht ergänzt werden.

7 Nach der Pflicht die Kür: Strukturierung und Formatierung *

Projekte bestehen aus vielen einzelnen Arbeitspakten, Vorgängen, Ressourcen und Kosten sowie deren Beziehungen zueinander. Die Zusammenhänge zwischen den vielen Einzelaspekten innerhalb eines Projektes können dabei beliebig komplex werden.

Durch die Nutzung von Microsoft Project wird diese Komplexität inhaltlich z. B. durch Verknüpfungen von Vorgängen, die Definition von Anordnungsbeziehungen und die Zuweisung von Ressourcen bzw. Kosten reduziert. Ergänzend dazu lässt sich durch eine sinnvolle Strukturierung der Tabellen sowie die Formatierung der grafischen Darstellungen die Übersichtlichkeit und Überschaubarkeit weiter erhöhen.

Reduktion der Komplexität

Eine Vorgangsliste kann durch die Erstellung von Sammelvorgängen auch aggregiert visualisiert werden:

- »Gliederungsebenen und Sammelvorgänge«, S. 152

In der Standardansicht gliedert sich die Ansicht in einen linken Tabellenbereich und einen rechten grafischen Diagrammbereich. Für den Diagrammbereich gibt es verschiedene Layout- und Formatierungsoptionen:

- »Layout und Formatierung des Diagrammbereichs«, S. 158

Auch der Tabellenbereich lässt sich verändern. Dies bezieht sich vor allem auf das Anzeigen oder Verbergen verschiedener Informationen:

- »Formatierung des Tabellenbereiches«, S. 165

Hyperlinks schaffen Beziehungen zwischen unterschiedlichsten Informationen. Die Projektdatei kann mit Hyperlinks optimiert werden:

- »Hyperlinks«, S. 170

7.1 Gliederungsebenen und Sammelvorgänge *

Nachdem alle für die Durchführung des Projektes notwendigen Vorgänge in der Vorgangsliste angelegt worden sind, ist es sinnvoll, sie zu strukturieren und hierarchisch zu gliedern. Nach der Gruppierung in Sammelvorgänge lassen sich die Gliederungsstufen (ähnlich wie Datei- und Ordnerstrukturen z. B. im Microsoft Explorer) ein- oder aufgeklappt anzeigen.

In den seltensten Fällen wird man bei der Eingabe der Vorgänge in die Ansicht-Gantt-Diagramm vollkommen unstrukturiert wie bei einem *Brainstorming* vorgehen. Meist gehen der Anlage des Projektes in Microsoft Project entsprechende Planungen voraus, sodass die angelegte Vorgangsliste (Abb. 7.1-1) bereits teilstrukturiert ist.

Schaffen einer Vorgangsordnung

Um Vorgänge zu Gruppen – sog. Sammelvorgänge – zusammenfassen zu können, ist es notwendig, die zu gruppierenden Teilvorgänge in einem sequenziellen Block der Vorgangsliste zu organisieren.

Dies kann durch das Einfügen neuer Vorgangszeilen an der gewünschten Stelle erfolgen. Markieren Sie hierzu die gewünschte Zeile der Vorgangsliste und fügen Sie über Betätigung der rechten Maustaste auf der Zeilennummer über den Menüpunkt Vorgang einfügen eine neue Zeile ein.

Anschließend können Sie den zu verschiebenden Vorgang aus der unstrukturierten Liste per *Drag&Drop* in die neu angelegte Zeile ziehen.

Die in Abb. 7.1-1 gezeigte Vorgangsliste ist bereits derart in eine chronologisch sinnvolle Reihenfolge gebracht.

Microsoft Project stellt in der Symbolleiste die zur Erzeugung einer Hierarchiestruktur notwendigen Befehle in Form zweier Symbole zur Verfügung (Abb. 7.1-2):

Über die grünen Pfeile lassen sich Vorgänge ebenenweise höher bzw. tiefer stufen und über das Plus- bzw. Minussymbol die Darstellungsdetails der Tabelle und des Diagramms ändern.

7.1 Gliederungsebenen und Sammelvorgänge *

	Vorgangsname	Dauer	Anfang	Fertig stellen	Vorgän
1	Loch vermessen	2,13 Tage	Mi 29.08.12	Do 30.08.12	
2	Grube ausheben	3,2 Tage	Fr 31.08.12	Fr 07.09.12	1
3	Fundament gießen	17,07 Tage	Di 25.09.12	Mo 29.10.12	
4	Grundmauer hochziehen	2,13 Tage	Di 30.10.12	Mi 31.10.12	3
5	Decke einziehen	10,67 Tage	Do 01.11.12	Mi 14.11.12	4
6	Tiefbau abgeschlossen	0 Tage	Mi 12.11.08	Mi 12.11.08	
7	Außenwände aufbauen	5 Tage	Mo 19.11.12	Fr 23.11.12	6
8	Decken einziehen	1 Tag	Fr 23.11.12	Mo 26.11.12	7
9	Dach decken	2 Tage	Mo 26.11.12	Mi 28.11.12	8
10	Treppe einbauen	36,07 Tage	Mo 17.03.08	Do 01.05.08	
11	Estrich legen	8 Tage	Mo 03.12.12	Mi 12.12.12	
12	Materialien einkaufen	12 Std.	Mi 19.12.12	Do 20.12.12	
13	Dämmung verlegen	8 Std.	Fr 21.12.12	Fr 21.12.12	
14	Abstandhalter befestigen	8 Std.	Mo 24.12.12	Mo 24.12.12	
15	Parkett zuschneiden	4 Std.	Do 27.12.12	Do 27.12.12	
16	Parkett verlegen	16 Std.	Fr 28.12.12	Mo 31.12.12	
17	Parkett versiegeln	4 Std.	Di 01.01.13	Di 01.01.13	
18	Übergansleisten befestigen	4 Std.	Mi 02.01.13	Mi 02.01.13	
19	Abschlussleisten befestigen	12 Std.	Do 03.01.13	Fr 04.01.13	
20	Parkett reinigen	4 Std.	Mo 07.01.13	Mo 07.01.13	
21	Tapeten anbringen	3 Tage	Di 08.01.13	Do 10.01.13	
22	Decken verkleiden	3 Tage	Mo 14.01.13	Mi 16.01.13	
23	Vorplatz pflastern	2 Tage	Mo 21.01.13	Di 22.01.13	
24	Garage aufbauen	2 Tage	Di 22.01.13	Do 24.01.13	23
25	Pool bauen	8 Tage	Fr 25.01.13	Di 05.02.13	
26	Garten anlegen	4 Tage	Di 05.02.13	Mo 11.02.13	25
27	Zaun setzen	2 Tage	Mo 11.02.13	Mi 13.02.13	26

Abb. 7.1-1: Teilstrukturierte Vorgangsliste.

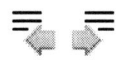

Abb. 7.1-2: Symbole »Tiefer stufen« und »Höher stufen«.

Mittels der **Gliederungsfunktion** lassen sich die einzelnen Vorgänge hierarchisch staffeln, um die Übersichtlichkeit zu erhöhen. Zu Gruppen zusammengefasste Vorgänge heißen **Teilvorgänge**, die Gruppe selbst **Sammelvorgang**. Dieser wird im Gantt-Diagramm zusätzlich zu den Teilvorgängen dargestellt, seine Dauer entspricht der Summe der Teilvorgänge.

Hierarchische Gliederung von Vorgängen

7 Nach der Pflicht die Kür: Strukturierung und Formatierung *

Beispiel Die Vorgänge aus Abb. 7.1-1 sollen hierarchisch gegliedert und zu Sammelvorgängen zusammengefasst werden. Vorgesehen sind hierzu die Sammelvorgänge »Baugrube«, »Kellergeschoss«, »Rohbau« und »Ausbau«. Sammelvorgänge können selbst wieder Teile übergeordneter Sammelvorgänge sein, um hierarchisch mehrstufige Zusammenhänge darstellen zu können. Hierzu sollen »Tiefbau«, und »Haus« genutzt werden.

Erstellen Sie eine Vorgangstabelle gemäß Abb. 7.1-1 und fügen Sie die Namen der Sammelvorgänge oberhalb der zu gruppierenden Teilvorgänge in die Vorgangsliste ein. Markieren Sie dann die unter diesem Sammelvorgang zusammenzufassenden Teilvorgänge. Stufen Sie abschließend die Teilvorgänge über die Schaltfläche Tiefer stufen aus der Symbolleiste entsprechend ihrer Ebene ab.

Tipp Die neu erzeugten Sammelvorgänge werden auch im Gantt Diagramm angezeigt (Abb. 7.1-3).

	Vorgangsname	Dauer	Anfang	Fertig stellen	Vorgän	Ressourcen
1	− Tiefbau	59,73 Tage	Mi 29.08.12	Mi 14.11.12		
2	− Baugrube	8,63 Tage	Mi 29.08.12	Fr 07.09.12		
3	Loch vermessen	2,13 Tage	Mi 29.08.12	Do 30.08.12		Bauarbeiter
4	Grube ausheben	3,2 Tage	Fr 31.08.12	Fr 07.09.12	3	Bagger;Baggerfahrer
5	− Kellergeschoss	39,47 Tage	Di 25.09.12	Mi 14.11.12	2	
6	Fundament gießen	17,07 Tage	Di 25.09.12	Mo 29.10.12		Maurer
7	Grundmauer hochziehen	2,13 Tage	Di 30.10.12	Mi 31.10.12	6	Maurer
8	Decke einziehen	10,67 Tage	Do 01.11.12	Mi 14.11.12	7	Maurer
9	− Haus	46,67 Tage	Mo 19.11.12	Mi 16.01.13		
10	− Rohbau	24 Tage	Mo 19.11.12	Mi 19.12.12	1	
11	Außenwände aufbauen	5 Tage	Mo 19.11.12	Fr 23.11.12		Fertighausbauer
12	Decken einziehen	1 Tag	Fr 23.11.12	Mo 26.11.12	11	Fertighausbauer
13	Dach decken	2 Tage	Mo 26.11.12	Mi 28.11.12	12	Fertighausbauer
14	Treppe einbauen	8 Tage	Mo 10.12.12	Mi 19.12.12		Schreiner
15	− Ausbau	36 Tage	Mo 03.12.12	Mi 16.01.13		
16	Estrich legen	8 Tage	Mo 03.12.12	Mi 12.12.12		Maurer
17	Materialien einkaufen	12 Std	Mi 19.12.12	Do 20.12.12		Schreiner
18	Dämmung verlegen	8 Std	Fr 21.12.12	Fr 21.12.12		Schreiner
19	Abstandhalter befestigen	8 Std.	Mo 24.12.12	Mo 24.12.12		Schreiner
20	Parkett zuschneiden	4 Std	Do 27.12.12	Do 27.12.12		Schreiner
21	Parkett verlegen	16 Std	Fr 28.12.12	Mo 31.12.12		Schreiner
22	Parkett versiegeln	4 Std	Di 01.01.13	Di 01.01.13		Schreiner
23	Übergangsleisten befestigen	4 Std.	Mi 02.01.13	Mi 02.01.13		Schreiner
24	Abschlussleisten befestigen	12 Std	Do 03.01.13	Fr 04.01.13		Schreiner
25	Parkett reinigen	4 Std	Mo 07.01.13	Mo 07.01.13		Schreiner
26	Tapeten anbringen	3 Tage	Di 08.01.13	Do 10.01.13		Maler
27	Decken verkleiden	3 Tage	Mo 14.01.13	Mi 16.01.13		Bauherr

Abb. 7.1-3: Gliederung von Teil- und Sammelvorgängen.

7.1 Gliederungsebenen und Sammelvorgänge * 155

Zusätzlich zu der so erzeugten Hierarchie kann Microsoft Project über das Menü Dateien-Optionen-Erweitert automatisch einen sog. **Projektsammelvorgang** generieren, der die Dauer, die Arbeit und die Kosten aller Vorgänge eines Projektes subsummiert (Abb. 7.1-4). Microsoft Project vergibt für einen solchen Projektsammelvorgang die Vorgangsnummer 0.

Projektsammelvorgang

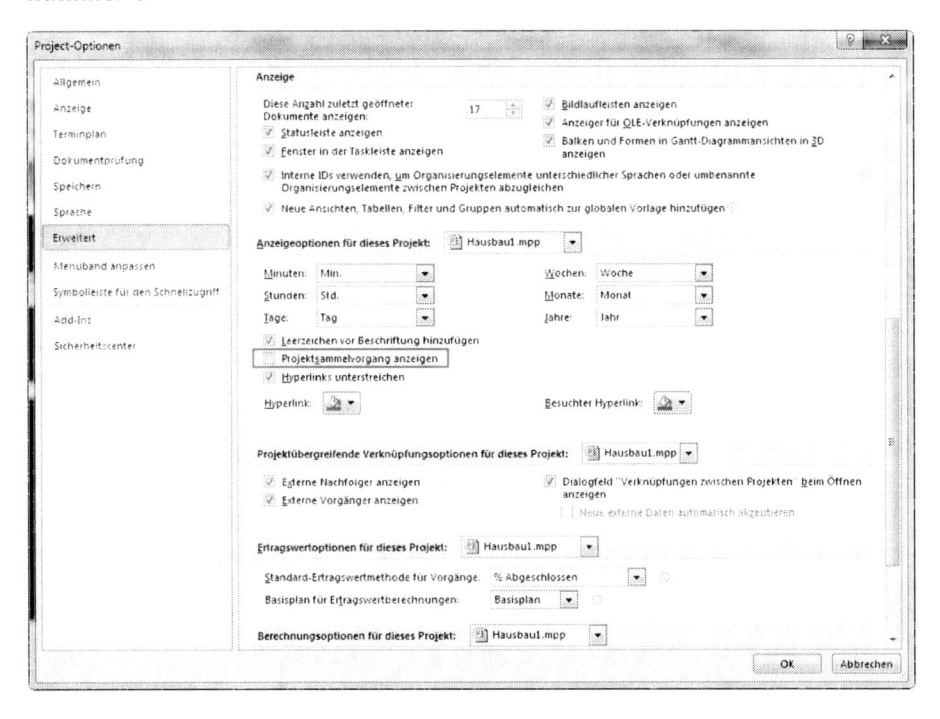

Abb. 7.1-4: Menü Datei-Optionen-Registerkarte Erweitert.

Mit Hilfe des gleichen Dialogfeldes lassen sich viele weitere Anzeigeeinstellungen vornehmen. Die meisten sind standardmäßig aktiviert (Abb. 7.1-4). Unter anderem lässt sich die erzeugte Gliederung auch durch angezeigte **Gliederungsnummern** dokumentieren (Ansicht Format). Der Projektsammelvorgang trägt den Namen der Microsoft Project-Datei und erhält keine eigene Gliederungsnummer (Abb. 7.1-5).

Anzeige von Gliederungsnummern

7 Nach der Pflicht die Kür: Strukturierung und Formatierung *

Tipp | Die Gliederungsnummern spiegeln die bei der Planung des Projektes in einem Projektstrukturplan erzeugte Hierarchie wider.

Nr	Vorgangsname	Dauer	Anfang	Fertig stellen	Vorgän.
0	− Hausbau	183,4 Tage	Mi 29.08.12	Do 25.04.13	
1	− 1 Tiefbau	59,73 Tage	Mi 29.08.12	Mi 14.11.12	
2	− 1.1 Baugrube	8,53 Tage	Mi 29.08.12	Fr 07.09.12	
3	1.1.1 Loch vermessen	2,13 Tage	Mi 29.08.12	Do 30.08.12	
4	1.1.2 Grube ausheben	3,2 Tage	Fr 31.08.12	Fr 07.09.12	3
5	− 1.2 Kellergeschoss	39,47 Tage	Di 25.09.12	Mi 14.11.12	2
6	1.2.1 Fundament gießen	17,07 Tage	Di 25.09.12	Mo 29.10.12	
7	1.2.2 Grundmauer hochzie	2,13 Tage	Di 30.10.12	Mi 31.10.12	6
8	1.2.3 Decke einziehen	10,67 Tage	Do 01.11.12	Mi 14.11.12	7
9	− 2 Haus	45,67 Tage	Mo 19.11.12	Mi 16.01.13	
10	− 2.1 Rohbau	24 Tage	Mo 19.11.12	Mi 19.12.12	1
11	2.1.1 Außenwände aufbau	5 Tage	Mo 19.11.12	Fr 23.11.12	
12	2.1.2 Decken einziehen	1 Tag	Fr 23.11.12	Mo 26.11.12	11
13	2.1.3 Dach decken	2 Tage	Mo 26.11.12	Mi 28.11.12	12
14	2.1.4 Treppe einbauen	8 Tage	Mo 10.12.12	Mi 19.12.12	
15	− 2.2 Ausbau	35 Tage	Mo 03.12.12	Mi 16.01.13	
16	2.2.1 Estrich legen	8 Tage	Mo 03.12.12	Mi 12.12.12	
17	2.2.2 Materialien einkaufen	12 Std.	Mi 19.12.12	Do 20.12.12	
18	2.2.3 Dämmung verlegen	8 Std.	Fr 21.12.12	Fr 21.12.12	
19	2.2.4 Abstandhalter befest	8 Std	Mo 24.12.12	Mo 24.12.12	
20	2.2.5 Parkett zuschneiden	4 Std.	Do 27.12.12	Do 27.12.12	
21	2.2.6 Parkett verlegen	16 Std.	Fr 28.12.12	Mo 31.12.12	
22	2.2.7 Parkett versiegeln	4 Std	Di 01.01.13	Di 01.01.13	
23	2.2.8 Übergangsleisten befe	4 Std.	Mi 02.01.13	Mi 02.01.13	
24	2.2.9 Abschlussleisten bei	12 Std	Do 03.01.13	Fr 04.01.13	
25	2.2.10 Parkett reinigen	4 Std	Mo 07.01.13	Mo 07.01.13	
26	2.2.11 Tapeten anbringen	3 Tage	Di 08.01.13	Do 10.01.13	
27	2.2.12 Decken verkleiden	3 Tage	Mo 14.01.13	Mi 16.01.13	

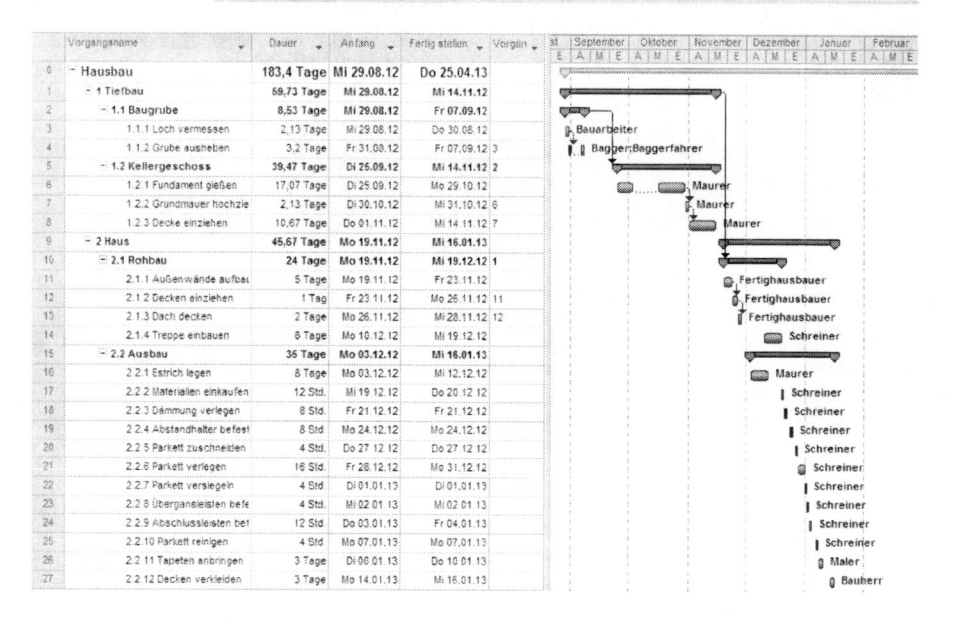

Abb. 7.1-5: Gegliederte Vorgangsliste (Sammelvorgang und Gliederungsnummern).

Vorgänge zusammengefasst anzeigen | Sammel- und Teilvorgänge lassen sich in verschiedenen Detaillierungsgraden anzeigen. Über das führende Plus- bzw. Minuszeichen vor einem Sammelvorgang lassen sich seine Teilvorgänge ausfächern oder zusammenfassen. Befehle hierzu finden sich auch in der Symbolleiste Ansicht-Gliederung. Im Extremfall bedeutet dies, entweder alle Sammel- und Teilvorgänge anzuzeigen (Abb. 7.1-5) oder nur den alles umfassenden Projektsammelvorgang.

Fassen Sie die Teil- und Sammelvorgänge aus der Abb. 7.1-5 in der Darstellung über das Minuszeichen der Symbolleiste Ansicht-Gliederung zum Projektsammelvorgang zusammen (Abb. 7.1-6).

Zeigen Sie nun schrittweise nacheinander alle Gliederungsebenen über die Schaltfläche Einblenden aus der Symbolleiste Ansicht-Gliederung an (Abb. 7.1-7 und Abb. 7.1-8).

7.1 Gliederungsebenen und Sammelvorgänge * 157

Abb. 7.1-6: Zusammengefasste Darstellung aller Vorgänge im Sammelvorgang.

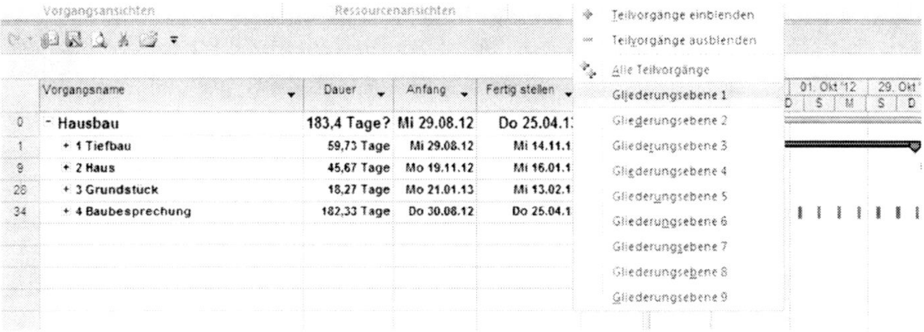

Abb. 7.1-7: Einblenden weiterer Gliederungsebenen.

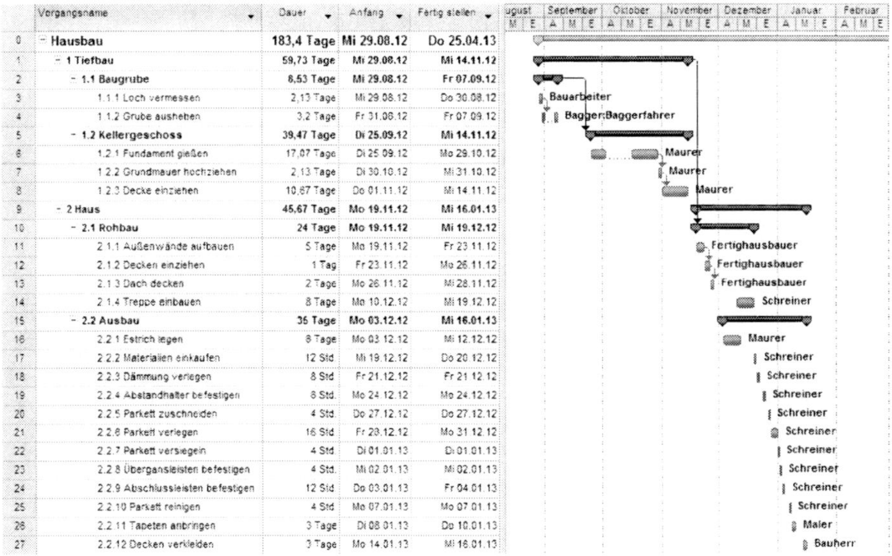

Abb. 7.1-8: Einblenden von Gliederungsdetails (alle Vorgänge).

7.2 Layout und Formatierung des Diagrammbereichs *

Die Formatierungsoptionen im Diagrammbereich beziehen sich zum einen auf die grafischen Symbole wie z.B. die Darstellung von Vorgängen, Dauern, Verknüpfungen, Meilensteinen usw. Zum anderen kann das Erscheinungsbild des Diagrammbereichs als Ganzes durch die Definition der Zeitskala und damit der zeitlichen Auflösung der Projektdarstellung stark verändert werden.

Die sinnvolle Auswahl und Formatierung der Balken im Diagrammbereich erleichtert das schnelle Verständnis von Vorgangszusammenhängen. Balken können einzeln oder in Gruppen formatiert werden. Zusätzliche Informationen lassen sich über Balkenbeschriftungen im Diagrammbereich darstellen. Darüber hinaus lassen sich weitere Formatierungen, wie z.B. die Darstellung von Abhängigkeiten, des kritischen Pfades oder anderer Diagrammelemente, vornehmen:

- »Balkenarten und Beschriftung«, S. 158

Über die dreigeteilte Zeitskala kann über die zeitliche Auflösung direkt die Menge der in der Ansicht darstellbaren Informationen beeinflusst werden. So werden weniger aber detaillierte Abläufe mit Hilfe einer sehr feinen Skalierung sichtbar, während eine Übersicht über ein großes und komplexes (Teil-)Projekt nur mit Hilfe einer grob gewählten Zeitskala möglich ist:

- »Zeitskala«, S. 163

7.2.1 Balkenarten und Beschriftung **

Neben dem Balkendiagramm der Standardansicht (Gantt-Diagramm) stehen dem Benutzer in Microsoft Project weitere Diagrammansichten zur Verfügung. Die Ansicht bzw. das Format sowie die Beschriftung der Balken und des gesamten Diagramms können benutzerdefiniert angepasst werden.

Hinweis Alle Änderungen, die an einer Balkendiagrammansicht vorge nommen werden, ändern das Erscheinungsbild einer anderen Balkendiagrammansicht nicht!

7.2 Layout und Formatierung des Diagrammbereichs *

Über die Ansicht Format ist es möglich, die Ansicht und die angezeigten Informationen im Diagrammfeld den eigenen Bedürfnissen anzupassen (Abb. 7.2-1). Zu unterscheiden sind hier die Menüpunkte

- Format – Balkenarten und
- Format – Balken

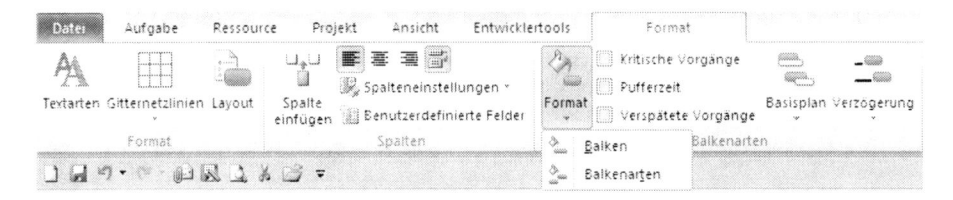

Abb. 7.2-1: Menü Format.

Über das Menü Format-Balkenarten lassen sich grundlegende Einstellungen für eine **Balkenart** definieren. Außerdem lassen sich standardmäßig nicht vorhandene Balkenarten erzeugen (Abb. 7.2-2).

Balkenarten formatieren

Um das Darstellungsformat einer Balkenart zu ändern, klicken Sie im Feld Name auf den Typ dieses Vorgangsbalkens. Wählen Sie dann die Registerkarte Balken. Definieren Sie unter Anfang, Mitte und Ende die gewünschten Formen, Typen oder Muster und Farben für den Balken.

Beispiel

Nicht alle Balken Kategorien besitzen alle Eigenschaften. So haben Vorgänge mit einer Dauer von Null (z. B. Meilensteine) weder eine Mitte, noch eine Endform.

Hinweis

Um einzelne Balken zu formatieren kann das Menü Format-Balken genutzt werden, nachdem im Tabellenbereich der entsprechende Vorgang markiert wurde. Über einen Doppelklick auf den zu formatierenden Balken in der Balkendiagrammansicht gelangt man ebenfalls in diesen Dialog (Abb. 7.2-3). Die Formatierung erfolgt analog zum Dialogfeld Balkenarten.

Einzelne Balken formatieren

Die Formatierung einzelner Balken über das Dialogfeld Balken formatieren wirkt sich nur auf den ausgewählten Balken aus und setzt dabei die Vorgangsbalkenformatie-

Tipp

rung der entsprechenden Vorgangskategorie für diesen speziellen Balken außer Kraft. Die Formatierung eines einzelnen Balkens kann nicht kopiert und z. B. in andere Projekte übertragen werden.

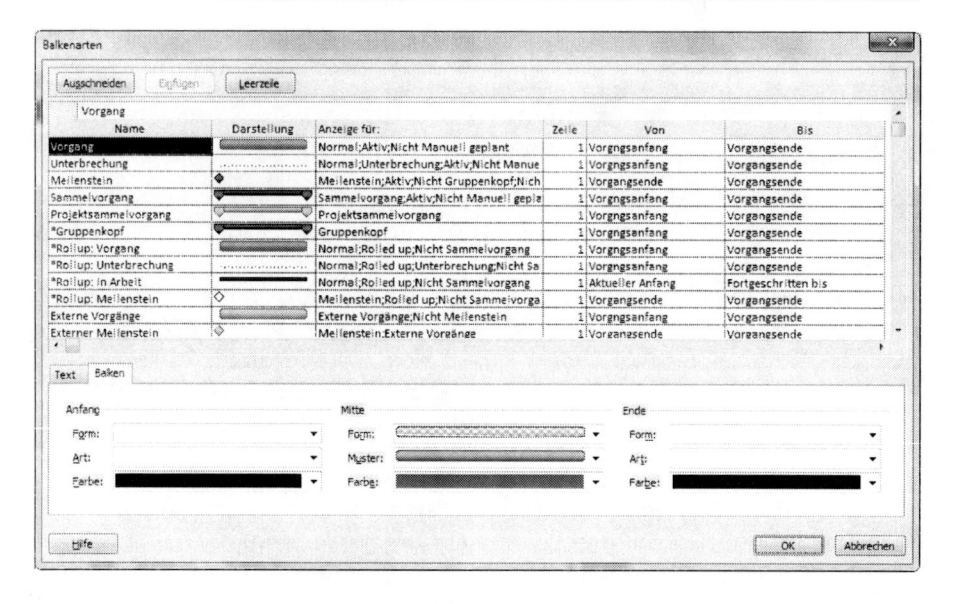

Abb. 7.2-2: Dialogfeld Balkenarten.

Abb. 7.2-3: Dialogfeld Balken formatieren.

7.2 Layout und Formatierung des Diagrammbereichs *

Die Balkendiagrammansicht lässt sich durch das Anzeigen zusätzlicher Informationen in Form von Vorgangsbalkenbeschriftungen weiter aufwerten. Die zur Verfügung stehenden Beschriftungen lassen sich über Listenfelder in den bereits dargestellten Dialogfeldern Format-Balkenarten bzw. Format-Balken bei Auswahl der Registerkarte Text bzw. Balkentext auswählen und vor, über, unter oder hinter dem jeweiligen Balken positionieren (Abb. 7.2-4 und Abb. 7.2-5).

Zusätzliche Informationen einblenden

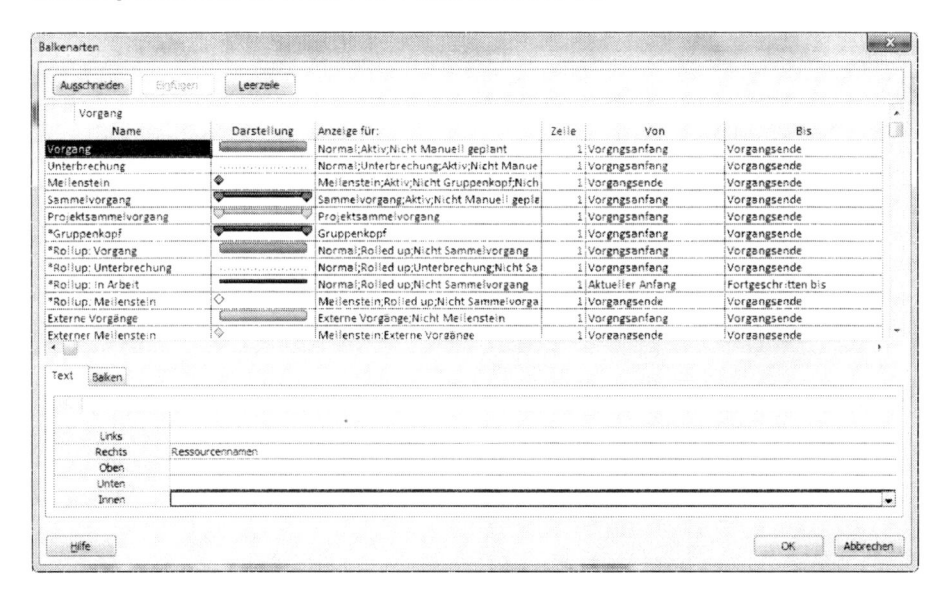

Abb. 7.2-4: Hinzufügen von Balkenbeschriftungen.

Über das Menü Format-Balken ist wiederum die vom Vorgangsstandard abweichende Beschriftung einzelner Balken möglich. Weitere, die Darstellungen in Balkendiagrammen betreffende, Formatierungen lassen sich über das Menü Format-Layout vornehmen (Abb. 7.2-6). Hierzu zählen z. B. das angezeigte Datumsformat, die Höhe von Vorgangsbalken (Punktgröße), oder die Darstellung von Verknüpfungslinien zwischen Vorgangsbalken. Die Darstellung der Gitternetzlinien sowie der Fortschrittslinien im Balkendiagramm kann über ein Kontextmenü geändert werden, welches durch Betätigung der rechten Maustaste im Diagrammfeld selbst geöffnet wird.

Weitere Formatoptionen

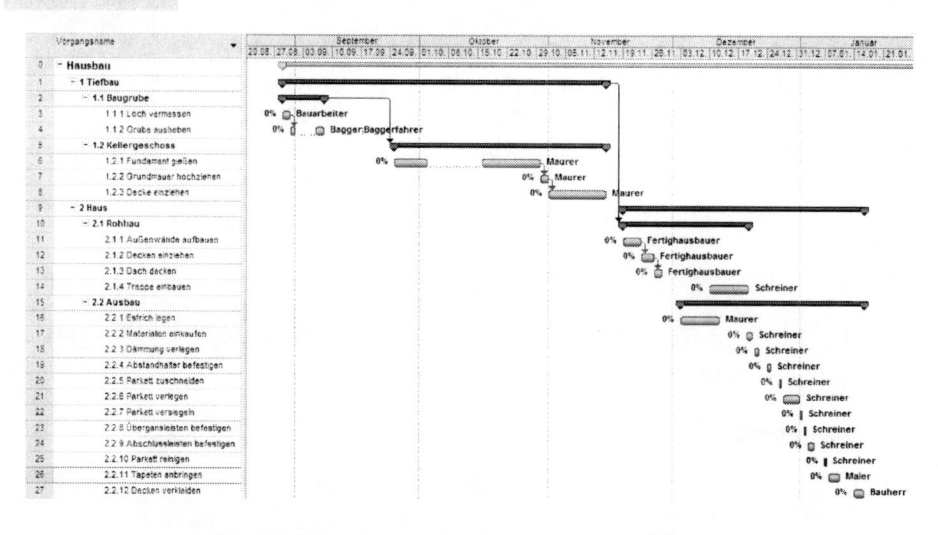

7 Nach der Pflicht die Kür: Strukturierung und Formatierung *

Abb. 7.2-5: Anzeige von Bearbeitungsstand und Vorgangsressourcen.

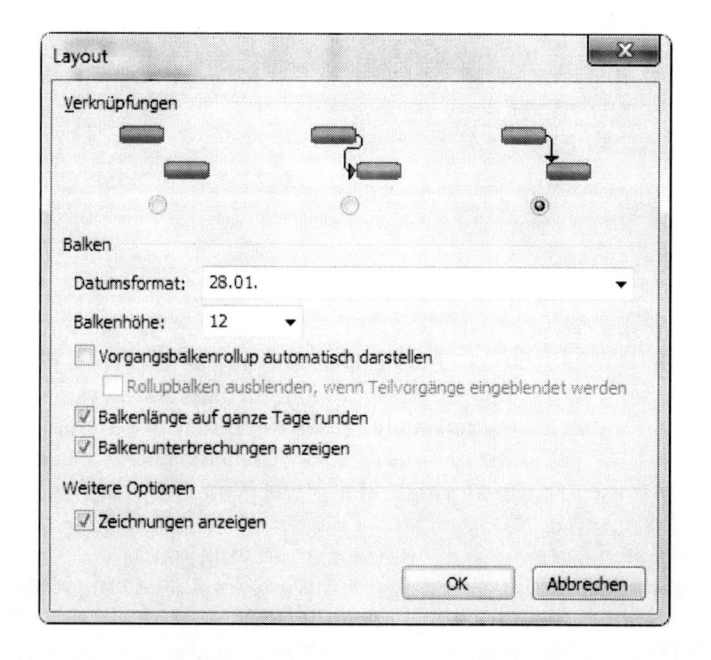

Abb. 7.2-6: Dialogfeld Format-Layout.

7.2.2 Zeitskala **

Je größer die Tabellenansicht bzw. je kleiner der zur Verfügung stehende Bildschirm ist, desto weniger Platz steht zur Anzeige der Balkenplan-Diagramme zur Verfügung. Resultat ist häufiges Navigieren in der grafischen Anzeige, um die gewünschten Vorgänge überwachen zu können. Über die Einstellungsmöglichkeiten der Zeitskala lässt sich die Skalierung ändern. Dies führt sowohl zu einer Änderung der Bildschirmansicht, als auch zu einer Änderung des Druckbildes.

Microsoft Project druckt Dokumente grundsätzlich mit dem zum Druckzeitpunkt aktuellen Zoom Faktor der Zeitskala.	Hinweis

Zur schnellen Änderung des Zoomfaktors stehen die Schaltflächen Vergrößern und Verkleinern zur Verfügung (Abb. 7.2-7).

Abb. 7.2-7: Schaltflächen Vergrößern und Verkleinern.

Öffnen Sie ein angelegtes Projekt in der Balkenplanansicht. Beobachten Sie, wie sich die Ansicht der Balken und die Einteilung der Zeitskala beim Drücken der Schaltflächen Verkleinern und Vergrößern verhalten.

Mehr Freiheitsgrade zur Zeitskalenanpassung bietet das Dialogfeld Zeitskala, welches durch Betätigung der rechten Maustaste im Bereich der Zeitskala geöffnet werden kann (Abb. 7.2-8).	Skalierung der Zeitskala
Über die Zeitskalaoptionen lassen sich bis zu drei verschiedene Skalen anzeigen. Durch das Auswählen der entsprechenden Registerkarte können die Formatierungen jeder einzelnen Zeitskala bearbeitet werden.	3 Zeitskalen

Alle Änderungen können über das Vorschaufenster im unteren Bereich des Dialogfeldes vor der Bestätigung geprüft werden.

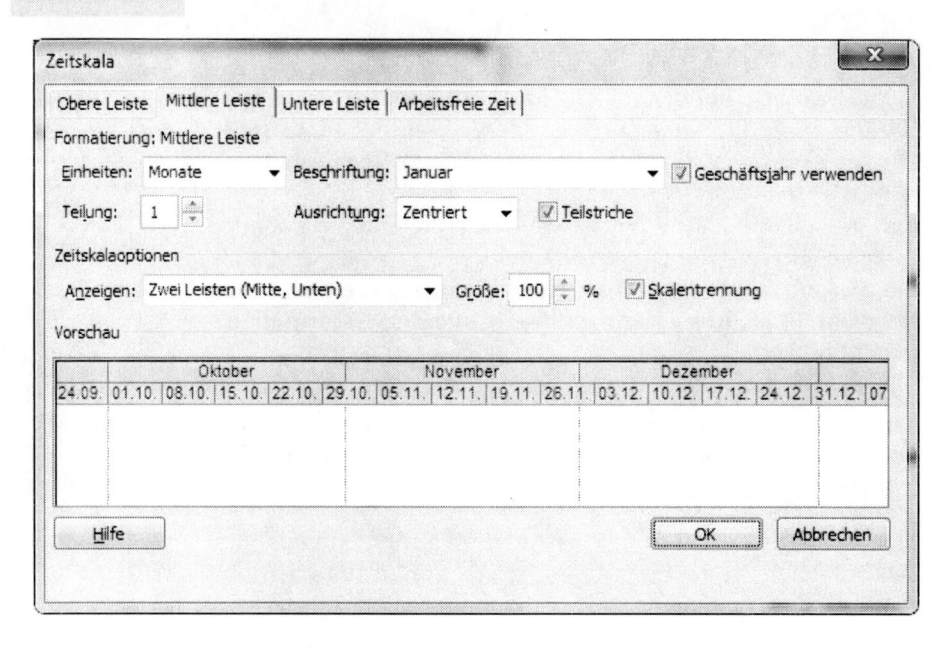

Abb. 7.2-8: Dialogfeld Zeitskala.

Die Registerkarte Arbeitsfreie Zeit erlaubt das Formatieren der Anzeige für die arbeitsfreie Zeit im Balkendiagramm (Abb. 7.2-9).

Kalender & Zeitskalen

Innerhalb eines Projektes wird häufig mit mehreren **Kalendern** (z. B. für unterschiedliche Ressourcen) gearbeitet (»Das Herz – Der Kalender«, S. 74). Im Balkendiagramm kann die arbeitsfreie Zeit nur für einen Kalender dargestellt werden. Dieser wird über die entsprechende Registerkarte definiert.

Weitere Optionen

Das durch Betätigung der rechten Maustaste in der Zeitskala zu öffnende Kontextmenü enthält neben dem Dialogfeld Zeitskala noch folgende weitere Optionen:

- Zoom...
- Diese Funktion entspricht den oben beschriebenen Schaltflächen Verkleinern und Vergrößern.
- Arbeitszeit ändern...
- Diese Funktion öffnet das bereits beschriebene Dialogfeld zur Anpassung des bzw. der genutzten Projektkalenders.

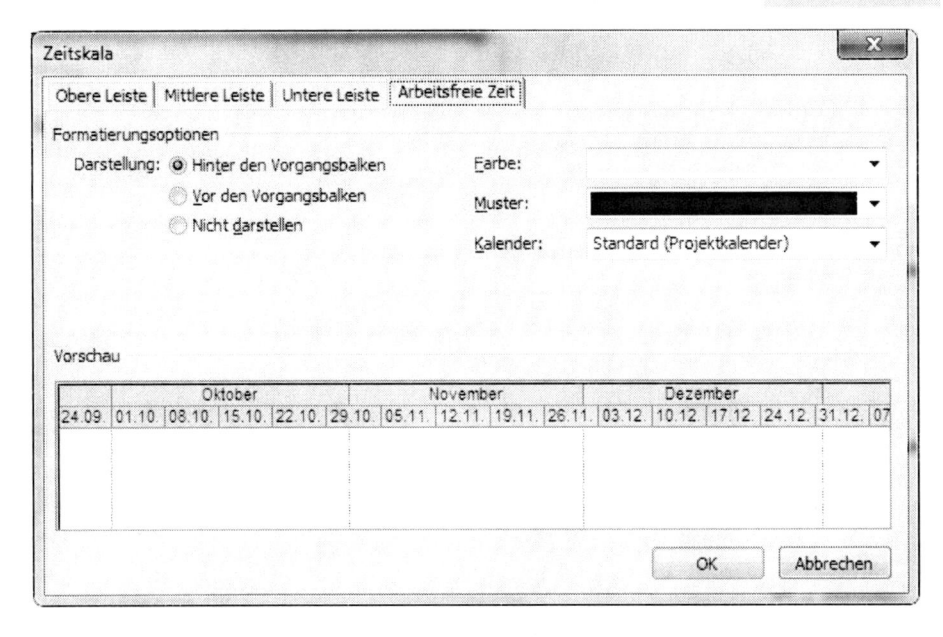

Abb. 7.2-9: Registerkarte Arbeitsfreie Zeit im Dialogfeld Zeitskala.

Balkenarten anzeigen/ausblenden
Diese Funktion öffnet das bereits im Kapitel »Balkenarten und Beschriftung«, S. 158, beschriebene Dialogfeld zur Formatierung der Balkenarten.

Das Kontextmenü stellt damit wie in anderen Fällen in Microsoft Project eine themenbezogene Sammlung von Befehlen aus verschiedenen Menüs dar.

7.3 Formatierung des Tabellenbereiches **

Auch der Tabellenbereich lässt sich – wenn auch im Vergleich zum Diagrammbereich nur in eingeschränktem Umfang – in seinem Aussehen anpassen.

So lässt sich der für den Tabellenbereich zur Verfügung stehende Platz in der Ansicht ändern:

- »Die Größe des Tabellenbereichs anpassen«, S. 166

Im Hintergrund sind selbstverständlich alle gepflegten Daten in einer Datenbank verfügbar. Da der zur Verfügung stehende Platz auf dem Bildschirm jedoch endlich ist, ist es – je nach Fokus des Betrachters – sinnvoll nur eine ausgewählte Gruppe von Merkmalen und Attributen in den Spalten anzuzeigen:

- »Spalten anzeigen und verbergen«, S. 167

7.3.1 Die Größe des Tabellenbereichs anpassen **

Je mehr Informationen bzw. Spalten im Tabellenbereich zu einem Vorgang angezeigt werden sollen, desto breiter wird die Tabelle. Das führt dazu, dass häufig über die Bildlaufleisten zu der benötigten Spalte navigiert werden muss. Um einen Blick auf »das Ganze« zu bekommen kann es sinnvoll sein, den Tabellenbereich so weit wie nötig zu vergrößern. Dies geht allerdings zu Lasten des für den Diagrammbereich zur Verfügung stehenden Bildschirmbereiches.

Mehr Information als Anzeigefläche?

Es wird kaum möglich sein, alle Informationen aus Microsoft Project gleichzeitig auf dem Bildschirm anzuzeigen. Dies liegt an der Fülle der Informationen, dem zwischen Tabellen- und Diagrammansicht geteilten Fenster sowie letztlich an dem auf dem Bildschirm begrenzt vorhandenem Platz.

Um die relevanten Informationen des Tabellenbereichs auf einen Blick auf dem Bildschirm zu haben, kann die Größe der Bereiche angepasst werden.

Bewegen Sie den Cursor langsam auf die senkrechte Grenze zwischen dem linken Tabellenbereich und dem rechten Diagrammbereich, bis dieser als nach links und rechts gerichteter, unterbrochener Doppelpfeil angezeigt wird. Ziehen Sie nun den Cursor bei gedrückter linker Maustaste nach rechts und beobachten Sie, wie sich der Tabellenbereich vergrößert. Die Grenzlinie erscheint dabei schwarz. Machen Sie auf diesem Weg alle Spalten sichtbar (Abb. 7.3-1).

Hinweis

Beim Drucken werden nur die aktuell im Fenster sichtbaren Tabellenzellen gedruckt!

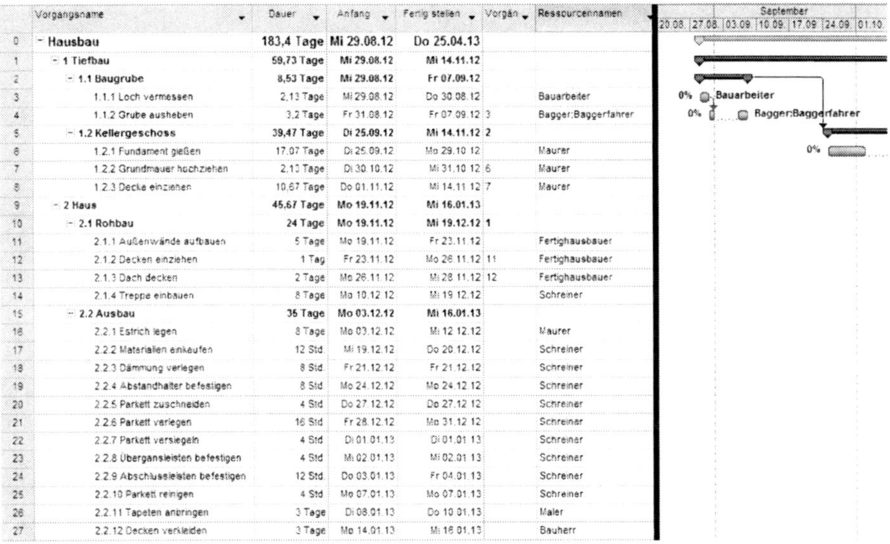

	Vorgangsname	Dauer	Anfang	Fertig stellen	Vorgän	Ressourcennamen
0	− Hausbau	183,4 Tage	Mi 29.08.12	Do 25.04.13		
1	− 1 Tiefbau	59,73 Tage	Mi 29.08.12	Mi 14.11.12		
2	− 1.1 Baugrube	8,53 Tage	Mi 29.08.12	Fr 07.09.12		
3	1.1.1 Loch vermessen	2,13 Tage	Mi 29.08.12	Do 30.08.12		Bauarbeiter
4	1.1.2 Grube ausheben	3,2 Tage	Fr 31.08.12	Fr 07.09.12	3	Bagger;Baggerfahrer
5	− 1.2 Kellergeschoss	39,47 Tage	Di 25.09.12	Mi 14.11.12	2	
6	1.2.1 Fundament gießen	17,07 Tage	Di 25.09.12	Mo 29.10.12		Maurer
7	1.2.2 Grundmauer hochziehen	2,13 Tage	Di 30.10.12	Mi 31.10.12	6	Maurer
8	1.2.3 Decke einziehen	10,67 Tage	Do 01.11.12	Mi 14.11.12	7	Maurer
9	− 2 Haus	45,67 Tage	Mo 19.11.12	Mi 16.01.13		
10	− 2.1 Rohbau	24 Tage	Mo 19.11.12	Mi 19.12.12	1	
11	2.1.1 Außenwände aufbauen	5 Tage	Mo 19.11.12	Fr 23.11.12		Fertighausbauer
12	2.1.2 Decken einziehen	1 Tag	Fr 23.11.12	Mo 26.11.12	11	Fertighausbauer
13	2.1.3 Dach decken	2 Tage	Mo 26.11.12	Mi 28.11.12	12	Fertighausbauer
14	2.1.4 Treppe einbauen	8 Tage	Mo 10.12.12	Mi 19.12.12		Schreiner
15	− 2.2 Ausbau	35 Tage	Mo 03.12.12	Mi 16.01.13		
16	2.2.1 Estrich legen	8 Tage	Mo 03.12.12	Mi 12.12.12		Maurer
17	2.2.2 Materialien einkaufen	12 Std.	Mi 19.12.12	Do 20.12.12		Schreiner
18	2.2.3 Dämmung verlegen	8 Std.	Fr 21.12.12	Fr 21.12.12		Schreiner
19	2.2.4 Abstandhalter befestigen	8 Std.	Mo 24.12.12	Mo 24.12.12		Schreiner
20	2.2.5 Parkett zuschneiden	4 Std.	Do 27.12.12	Do 27.12.12		Schreiner
21	2.2.6 Parkett verlegen	16 Std.	Fr 28.12.12	Mo 31.12.12		Schreiner
22	2.2.7 Parkett versiegeln	4 Std.	Di 01.01.13	Di 01.01.13		Schreiner
23	2.2.8 Übergansleisten befestigen	4 Std.	Mi 02.01.13	Mi 02.01.13		Schreiner
24	2.2.9 Abschlussleisten befestigen	12 Std.	Do 03.01.13	Fr 04.01.13		Schreiner
25	2.2.10 Parkett reinigen	4 Std.	Mo 07.01.13	Mo 07.01.13		Schreiner
26	2.2.11 Tapeten anbringen	3 Tage	Di 08.01.13	Do 10.01.13		Maler
27	2.2.12 Decken verkleiden	3 Tage	Mo 14.01.13	Mi 16.01.13		Bauherr

Abb. 7.3-1: Vergrößern der Tabellenansicht.

Diese Aktion schränkt den für die Diagrammansicht zur Verfügung stehenden Platz ein. Um den für die Diagrammansicht benötigten Platzbedarf zu verringern kann die Zeitskala entsprechend bearbeitet werden (siehe »Zeitskala«, S. 163).

7.3.2 Spalten anzeigen und verbergen *

Für jeden Vorgang steht eine große Anzahl an voreingestellten Merkmalen (Felder) zur Verfügung, die in den Tabellenspalten angezeigt werden können. Darüber hinaus lassen sich weitere Spalteninhalte frei definieren. Die Spalten des Tabellenbereichs können beliebig ein- oder ausgeblendet werden.

Die **Standardtabellenansichten** in Microsoft Project enthalten vordefinierte Felder. Je nach Projektanforderung können die Tabellen benutzerdefiniert angepasst und so um weitere Informationen ergänzt werden. Genauso können nicht benötigte Informationen ausgeblendet werden.

Welche Informationen werden benötigt?

Das Dialogfeld zur Anzeige einer weiteren Spalte erhalten Sie über einen Rechtsklick in eine bereits vorhandene Spalte. Die neue Spalte wird grundsätzlich links von der markierten Spalte eingefügt.

Beispiel
In die Vorgangstabelle der Abb. 7.3-2 soll eine weitere Spalte mit dem Titel »RK« (Ressourcenkürzel) links von der Spalte »Ressourcennamen« aufgenommen werden.

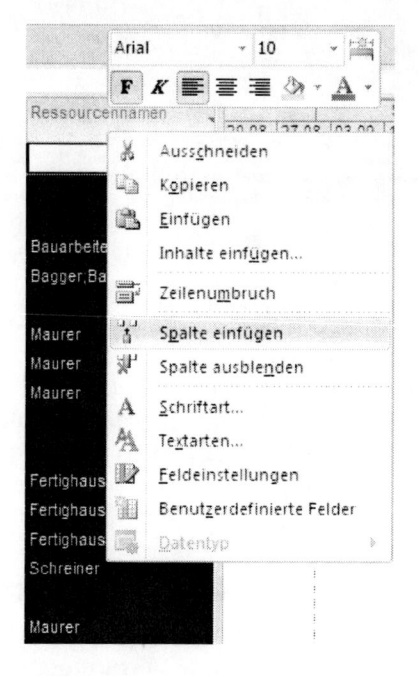

Abb. 7.3-2: Kontextmenü Spalte einfügen.

Über die Auswahl Feldeinstellungen gelangt man in das Dialogfeld Feldeinstellungen (Abb. 7.3-3).

Der Feldname des anzuzeigenden Wertes für jeden Vorgang wird über das gleichnamige Listenfeld ausgewählt. Danach kann der anzuzeigende Spaltentitel frei vergeben werden (Abb. 7.3-4).

7.3 Formatierung des Tabellenbereiches **

Abb. 7.3-3: Dialogfeld Feldeinstellungen.

#	Vorgangsname	Dauer	Anfang	Fertig stellen	Vorgän	RK	Ressourcennamen
0	− Hausbau	183,4 Tage	Mi 29.08.12	Do 25.04.13			
1	− 1 Tiefbau	59,73 Tage	Mi 29.08.12	Mi 14.11.12			
2	− 1.1 Baugrube	8,53 Tage	Mi 29.08.12	Fr 07.09.12			
3	1.1.1 Loch vermessen	2,13 Tage	Mi 29.08.12	Do 30.08.12		BA	Bauarbeiter
4	1.1.2 Grube ausheben	3,2 Tage	Fr 31.08.12	Fr 07.09.12	3	BA;BF	Bagger;Baggerfahrer
5	− 1.2 Kellergeschoss	39,47 Tage	Di 25.09.12	Mi 14.11.12	2		
6	1.2.1 Fundament gießen	17,07 Tage	Di 25.09.12	Mo 29.10.12		MR	Maurer
7	1.2.2 Grundmauer hochziehen	2,13 Tage	Di 30.10.12	Mi 31.10.12	6	MR	Maurer
8	1.2.3 Decke einziehen	10,67 Tage	Do 01.11.12	Mi 14.11.12	7	MR	Maurer

Abb. 7.3-4: Vorgangstabelle mit hinzugefügter Spalte »RK« (Ressourcenkürzel).

Die Spaltenreihenfolge lässt sich per Drag&Drop beliebig ändern. Markieren Sie hierzu über die Kopfzeile die gesamte Spalte und ziehen Sie diese bei gedrückter linker Maustaste an die gewünschte Position.

Tipp

Um nicht benötigte Spalten auszublenden werden diese zuerst über die Kopfzeile komplett markiert.

Microsoft Project unterstützt die Mehrfachmarkierung bei gedrückter Umschalt- oder Steuerungstaste.

Durch Betätigung der rechten Maustaste in die markierte bzw. markierten Spalte(n) öffnet sich ein Kontextmenü mit dem Befehl Spalten ausblenden.

Nach seiner Auswahl werden die markierten Spalten nicht mehr angezeigt (Abb. 7.3-5).

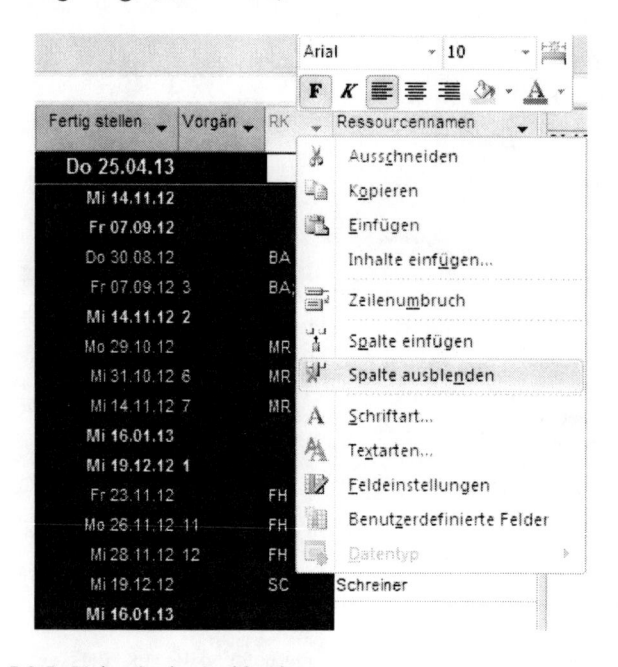

Abb. 7.3-5: Dialog Spalte ausblenden.

Hinweis Das erneute Anzeigen ausgeblendeter Spalten kann nur über den Befehl Spalten einfügen erfolgen. Ein Befehl wie »Ausgeblendete Spalten einblenden« existiert nicht.

7.4 Hyperlinks **

Bei der Fülle von Information, die innerhalb eines Projektes verarbeitet werden, ist es nicht möglich, diese alle allein in Microsoft Project abzubilden.

Dazu reichen sowohl die direkten Eingabemöglichkeiten wie auch die Nutzung von Notizen oft nicht aus.

Außerdem würde die Aufnahme aller relevanten Daten zu hohem Synchronisationsaufwand in Microsoft Project und anderen Anwendungen (Datenquellen) – und damit zu erheblicher Mehrarbeit – führen.

7.4 Hyperlinks **

Wie lassen sich Informationen schnell und sicher aus der Projekt-Datei verwalten, ohne sie dazu in Microsoft Project erneut erfassen zu müssen?

Flexible Datenverwaltung über Hyperlinks

Wie erreicht man Datenkonsistenz im Projekt bei unterschiedlicher Datenherkunft und bleibt trotzdem flexibel bezüglich der Datenquelle?

Über Hyperlinks lassen sich Verbindungen zwischen Inhalten innerhalb der Projektdatei oder auch zu anderen, externen Informationen herstellen:

- »Verknüpfungen innerhalb der Projekt-Datei«, S. 171

Externe Hyperlinks können mit anderen Anwendungen erzeugt werden. Verknüpfungen, z. B. zu Internetseiten, lassen sich herstellen.

Zum Aufruf eingefügter Hyperlinks muss aber die Verbindung zur Datenquelle gewährleistet sein (z. B. Internet- oder Netzwerkverbindung):

- »Verknüpfungen mit externen Daten«, S. 174

7.4.1 Verknüpfungen innerhalb der Projekt-Datei **

Verknüpfungen mittels Hyperlinks innerhalb der Projektdatei sind immer dann sinnvoll, wenn regelmäßig bzw. oft bestimmte Ansichten aus anderen Programmteilen aufgerufen werden sollen. Auf diesem Wege kann der zum Teil umständliche Weg über die Menüstruktur vermieden werden.

Sie wollen während des Sammelvorgangs »Rohbau« regelmäßig überprüfen, ob die Ressource »Bagger« zu bestimmten Zeitpunkten überlastet ist und benötigen daher oft die Ansicht Ressource: Einsatz.

Über einen Hyperlink sollen dabei Sammelvorgang und Ansicht verknüpft werden, um den schnellen Wechsel zu erleichtern:

1 Wechseln Sie in die Ansicht Balkendiagramm (Gantt).
2 Markieren Sie den Sammelvorgang »Rohbau«.

7 Nach der Pflicht die Kür: Strukturierung und Formatierung *

3 Betätigen Sie die Schaltfläche Hyperlink einfügen (Abb. 7.4-1).
4 Wechseln Sie dann im Bereich Link zu: zu Aktuelles Dokument.
5 Markieren Sie dann den Eintrag Ressource Einsatz in dem Bereich Wählen Sie im Projekt eine Ansicht aus:
6 Bestätigen Sie danach mit OK.

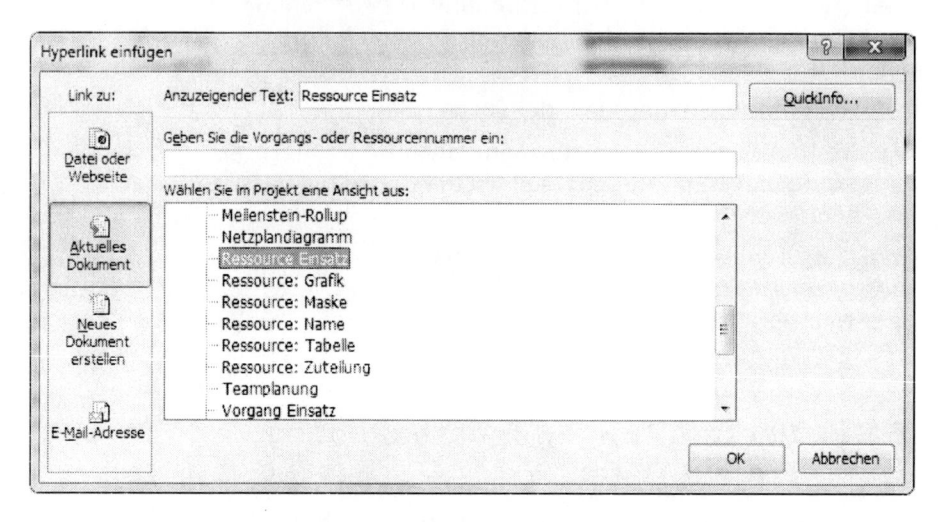

Abb. 7.4-1: Dialogfeld Hyperlink einfügen (aus einer aktuellen Projekt-Datei).

Tipp In der Indikatorspalte wird in der Sammelvorgangszeile »Rohbau« automatisch das Symbol für einen Hyperlink hinzugefügt (Abb. 7.4-2).

Mit einem Klick hierauf, bei gedrückter Strg-Taste, öffnet sich die hinterlegte Ansicht Ressource Einsatz.

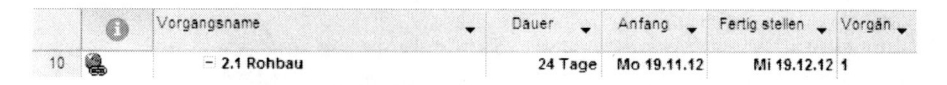

Abb. 7.4-2: Sammelvorgangszeile mit Hyperlinksymbol in der Indikatorspalte.

Um einen erstellten **Hyperlink** zu bearbeiten oder zu löschen, steht ein Kontextmenü zur Verfügung.

7.4 Hyperlinks **

Zum Öffnen des Kontextmenüs ist die rechte Maustaste in der Vorgangs- oder Ressourcenzeile zu betätigen, die den Hyperlink enthält.

Aus dem Kontextmenü ist nach der Auswahl Hyperlink je nach Absicht z.B. der Menüpunkt Hyperlink bearbeiten... oder Hyperlink löschen auszuwählen (Abb. 7.4-3).

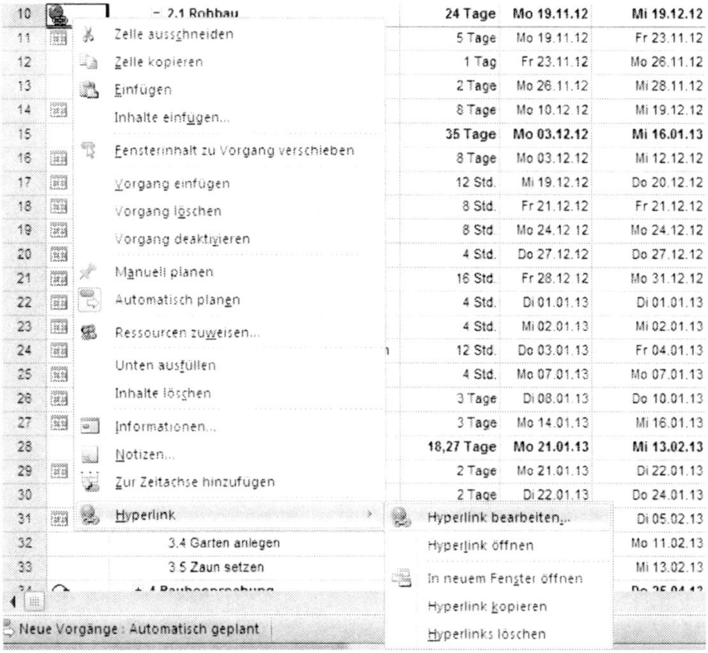

Abb. 7.4-3: Hyperlink-Optionen im Kontextmenü.

Das Dialogfeld Hyperlink bearbeiten... entspricht inhaltlich dem Feld Hyperlink einfügen.

Hinweis

Jedem Vorgang bzw. jeder Ressource kann nur ein Hyperlink zugeordnet werden. Änderungen verursachen das Überschreiben des bisherigen Hyperlinks!

7.4.2 Verknüpfungen mit externen Daten **

Hyperlinks auf externe Daten, Anwendungen oder Informationen sind insbesondere dann sinnvoll, wenn eine Speicherung der Daten in Microsoft Project nicht möglich ist oder eine doppelte Datenhaltung den Pflegeaufwand zur Erhaltung der Datenkonsistenz enorm steigern würde. Zu jedem Vorgang kann aber grundsätzlich nur ein Hyperlink angelegt werden.

Beispiel

Folgende Verknüpfungen sollen hergestellt werden, die Adressen sollen in der neu einzufügenden Spalte Hyperlink angezeigt werden (Abb. 7.4-4):

Dem Sammelvorgang »Kellergeschoss« soll mit Hilfe eines Hyperlinks der im docx-Format vorliegende Bauplan zugeordnet werden.

Dem Sammelvorgang »Hausbau« soll die Homepage der Tiefbaufirma (www.Mueller-und-Sohn-GmbH.de) zugeordnet werden.

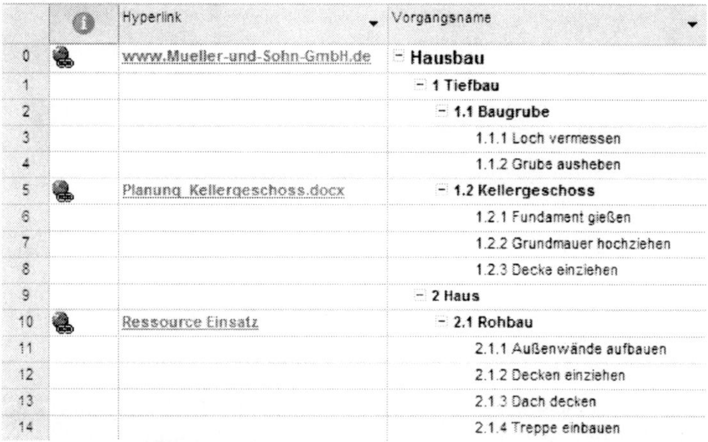

	Hyperlink	Vorgangsname
0	www.Mueller-und-Sohn-GmbH.de	– Hausbau
1		– 1 Tiefbau
2		– 1.1 Baugrube
3		1.1.1 Loch vermessen
4		1.1.2 Grube ausheben
5	Planung_Kellergeschoss.docx	– 1.2 Kellergeschoss
6		1.2.1 Fundament gießen
7		1.2.2 Grundmauer hochziehen
8		1.2.3 Decke einziehen
9		– 2 Haus
10	Ressource Einsatz	– 2.1 Rohbau
11		2.1.1 Außenwände aufbauen
12		2.1.2 Decken einziehen
13		2.1.3 Dach decken
14		2.1.4 Treppe einbauen

Abb. 7.4-4: Vorgangstabelle mit internen und externen Hyperlinks.

Die Vorgehensweise bei externen Verknüpfungen ist grundsätzlich die gleiche wie in Kapitel »Verknüpfungen innerhalb der Projekt-Datei«, S. 171, beschrieben, nur wird im

Bereich Link zu: die Auswahl Datei oder Webseite getroffen. Anschließend werden die Verknüpfungen angelegt.

Um nicht nur das Hyperlink-Symbol in der **Indikatorspalte** anzeigen zu lassen, fügen Sie vor dem Vorgangsnamen eine neue Spalte mit dem Feldnamen Hyperlink und dem Spaltentitel »Hyperlink« ein.

Anzeigen von Hyperlink-Adressen

Alle von außerhalb der Projekt-Datei verknüpften Dateien werden nun mit Ihrem Namen als Hyperlink angezeigt (Abb. 7.4-4).

8 Wie läuft's? Den Projektfortschritt aktualisieren *

Ein sinnvolles Projekt-Controlling betrachtet den tatsächlichen im Vergleich zum geplanten Projektverlauf, um Abweichungen feststellen und analysieren zu können.

Projektcontrolling

Zur Sicherung des Projekterfolges können nach der Bewertung der Soll-Ist-Abweichungen gegebenenfalls Steuerungsmaßnahmen definiert und eingeleitet werden. Um dieses zu ermöglichen muss eine Projektvariante mit den geplanten Soll-Werten, ein sog. **Basisplan**, gespeichert werden:

- »Sollwerte setzen: Die Anlage eines Basisplans«, S. 178

Im Verlaufe des Projektes werden die anfallenden Ist-Daten sukzessive in Microsoft Project eingepflegt:

- »Projektdatenpflege und Projektüberwachung«, S. 184

Die so eingegebenen Daten lassen sich im Rahmen der Abweichungsanalyse vergleichend gegenüberstellen. Somit ist eine effektive Projektüberwachung gewährleistet:

- »Projektüberwachung«, S. 200

Meilensteine und Filter unterstützen die Projektüberwachung. Der Projektfortschritt steht hierbei im Vordergrund:

- »Meilensteine und Filter«, S. 206

Das bereits innerhalb der Projektplanung initiierte Risikomanagement in Bezug auf das Projekt kommt insbesondere bei krisenhaften Planabweichungen zum Tragen. Erkannte Steuerungsnotwendigkeiten können aufgrund der bereits vorliegenden Optionsplanung schnell entschieden und umgesetzt werden, sodass der Projekterfolg gesichert werden kann:

- »Risikomanagement und Projektoptimierung«, S. 218

8.1 Sollwerte setzen: Die Anlage eines Basisplans *

Um spätere Soll-Ist-Vergleiche überhaupt möglich zu machen, muss der erstellte Projektplan zunächst als Vergleichsreferenz – sozusagen als Soll-Plan – gespeichert werden, bevor er mit tatsächlichen Ist-Daten des Projektverlaufes aktualisiert wird. Ein solcher Soll-Plan wird in Microsoft Project Basisplan genannt. Er ist eine Momentaufnahme des Zeitplans des Projektes zum Zeitpunkt der Speicherung. Darüber hinaus ist es möglich, Zwischenpläne als Momentaufnahme des Projektes zu generieren. Sie enthalten weniger Daten als Basispläne.

In Microsoft Project ist es möglich, bis zu elf Basispläne zu einem Projekt zu speichern.

Basispläne als Vergleichsgrundlage

Basispläne enthalten Informationen zu Vorgängen, Ressourcen und Zuordnungen. Sie beinhalten damit alle wesentlichen Projektinformationen, die für das Projekt-Controlling benötigt werden, wie z. B. Kosten, Vorgangsdauern oder Termine. Basispläne können für das gesamte Projekt, für ausgewählte Vorgänge oder Projektabschnitte erzeugt werden.

Die Anfangs- und Endtermine für Vorgänge werden beim Aktualisieren während des Projektes überschrieben. Wenn Sie einen Basisplan erstellen, können Sie die aktuellen, in den Anfangs- und Endfeldern gespeicherten Ist-Informationen mit den in den Basisplanfeldern gespeicherten Soll-Basisplaninformationen vergleichen.

Zwischenpläne als Momentaufnahmen

Im Gegensatz zu Basisplänen werden in sog. Zwischenplänen nur Termininformationen gespeichert. Zwischenpläne beinhalten Momentaufnahmen des Projekts, die später entweder mit dem aktuellen Zeitplan, dem Basisplan oder einem anderen Zwischenplan verglichen werden können. Um das geplante Projekt als Basisplan zu speichern wird das Menü Projekt-Basisplan festlegen genutzt (Abb. 8.1-1).

Standardmäßig sind die Schaltflächen Basisplan festlegen und Für: Gesamtes Projekt aktiviert. Im Auswahlfeld zum Basisplan kann die zu speichernde Version des Basisplans ausgewählt werden, möglich sind hier bis zu elf Basispläne zu einem Projekt.

8.1 Sollwerte setzen: Die Anlage eines Basisplans *

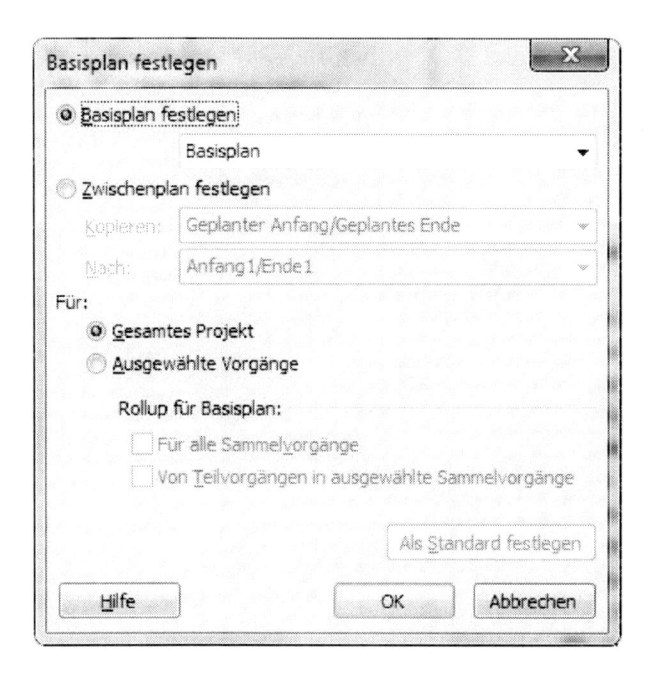

Abb. 8.1-1: Dialogfeld Basisplan festlegen.

Nicht immer sind bei der Anlage eines Basisplans schon alle Projektvorgänge detailliert durchgeplant. Microsoft Project erlaubt die Anlage eines Basisplans auch für einzelne Vorgänge oder Projektteile. Der so partiell angelegte Basisplan kann nach der Fertigstellung weiterer Plan-Phasen schrittweise erweitert werden. Hierzu wird der Dialog Basisplan festlegen erneut genutzt und der alte Basisplan entweder komplett überschrieben oder mit der Option Für: Ausgewählte Vorgänge erweitert.

Basisplan sukzessiv erweitern

Um eine konsistente Planung zu gewährleisten ist es wichtig, alle Projektteile nach Abschluss der Vorgangsplanungen in den Basisplan aufzunehmen. Nur so ist ein durchgängiges Projektcontrolling gewährleistet.

Hinweis

Vor der Anlage eines Basisplans sind in der Ansicht-Tabelle-Kosten noch alle Planfelder sowie die Felder für die aktuellen Kosten leer (Abb. 8.1-2). Die Planfelder werden bei der Erstellung des Basisplans automatisch mit den zuvor ange-

8 Wie läuft's? Den Projektfortschritt aktualisieren *

legten, geplanten Kosten befüllt (Abb. 8.1-3), die Felder für die aktuellen Kosten erst später aufgrund der Aktualisierungen während der Projektdurchführung.

	Vorgangsname	Feste Kosten	Fälligkeit fester Kosten	Gesamtkosten	Geplant	Abweichung	Aktuell	Verbleibend
0	– Hausbau	0,00 €	Anteilig	154.698,00 €	0,00 €	154.698,00 €	0,00 €	154.698,00 €
1	– 1 Tiefbau	0,00 €	Anteilig	4.516,00 €	0,00 €	4.516,00 €	0,00 €	4.516,00 €
2	– 1.1 Baugrube	0,00 €	Anteilig	1.156,00 €	0,00 €	1.156,00 €	0,00 €	1.156,00 €
3	1.1.1 Loch vermessen	0,00 €	Anteilig	248,00 €	0,00 €	248,00 €	0,00 €	248,00 €
4	1.1.2 Grube ausheben	0,00 €	Anteilig	908,00 €	0,00 €	908,00 €	0,00 €	908,00 €
5	– 1.2 Kellergeschoss	0,00 €	Anteilig	3.360,00 €	0,00 €	3.360,00 €	0,00 €	3.360,00 €
6	1.2.1 Fundament gießen	0,00 €	Anteilig	1.920,00 €	0,00 €	1.920,00 €	0,00 €	1.920,00 €
7	1.2.2 Grundmauer hochziehen	0,00 €	Anteilig	240,00 €	0,00 €	240,00 €	0,00 €	240,00 €
8	1.2.3 Decke einziehen	0,00 €	Anteilig	1.200,00 €	0,00 €	1.200,00 €	0,00 €	1.200,00 €
9	– 2 Haus	0,00 €	Anteilig	131.506,00 €	0,00 €	131.506,00 €	0,00 €	131.506,00 €
10	– 2.1 Rohbau	0,00 €	Anteilig	128.640,00 €	0,00 €	128.640,00 €	0,00 €	128.640,00 €
11	2.1.1 Rohbau	126.000,00 €	Anteilig	126.000,00 €	0,00 €	126.000,00 €	0,00 €	126.000,00 €
12	2.1.2 Außenwände aufbauen	0,00 €	Anteilig	862,50 €	0,00 €	862,50 €	0,00 €	862,50 €
13	2.1.3 Decken einziehen	0,00 €	Anteilig	172,50 €	0,00 €	172,50 €	0,00 €	172,50 €
14	2.1.4 Dach decken	0,00 €	Anteilig	345,00 €	0,00 €	345,00 €	0,00 €	345,00 €
15	2.1.5 Treppe einbauen	0,00 €	Anteilig	1.260,00 €	0,00 €	1.260,00 €	0,00 €	1.260,00 €
16	– 2.2 Ausbau	0,00 €	Anteilig	2.866,00 €	0,00 €	2.866,00 €	0,00 €	2.866,00 €
17	2.2.1 Estrich legen	0,00 €	Anteilig	900,00 €	0,00 €	900,00 €	0,00 €	900,00 €
18	2.2.2 Materialien einkaufen	4,00 €	Anteilig	256,00 €	0,00 €	256,00 €	0,00 €	256,00 €
19	2.2.3 Dämmung verlegen	0,00 €	Anteilig	168,00 €	0,00 €	168,00 €	0,00 €	168,00 €
20	2.2.4 Abstandhalter befestigen	0,00 €	Anteilig	168,00 €	0,00 €	168,00 €	0,00 €	168,00 €
21	2.2.5 Parkett zuschneiden	0,00 €	Anteilig	84,00 €	0,00 €	84,00 €	0,00 €	84,00 €
22	2.2.6 Parkett verlegen	0,00 €	Anteilig	336,00 €	0,00 €	336,00 €	0,00 €	336,00 €
23	2.2.7 Parkett versiegeln	0,00 €	Anteilig	84,00 €	0,00 €	84,00 €	0,00 €	84,00 €
24	2.2.8 Übergangsleisten befestigen	0,00 €	Anteilig	84,00 €	0,00 €	84,00 €	0,00 €	84,00 €
25	2.2.9 Abschlussleisten befestigen	0,00 €	Anteilig	252,00 €	0,00 €	252,00 €	0,00 €	252,00 €
26	2.2.10 Parkett reinigen	0,00 €	Anteilig	84,00 €	0,00 €	84,00 €	0,00 €	84,00 €
27	2.2.11 Tapeten anbringen	0,00 €	Anteilig	450,00 €	0,00 €	450,00 €	0,00 €	450,00 €
28	2.2.12 Decken verkleiden	0,00 €	Anteilig	0,00 €	0,00 €	0,00 €	0,00 €	0,00 €
29	– 3 Grundstück	0,00 €	Anteilig	18.676,00 €	0,00 €	18.676,00 €	0,00 €	18.676,00 €

Abb. 8.1-2: Projektdatei vor der Anlage des Basisplans.

In der Spalte Abweichung werden die Differenzen zwischen den aktuellen Ist-Kosten und den Plankosten des Basisplans angezeigt. Differenzen können hier demnach erst nach einer Änderung der Planwerte oder der Eingabe von tatsächlich angefallenen Kosten auftauchen.

Die Spalte Verbleibend zeigt die anteiligen, noch verbleibenden Kosten des Vorgangs abhängig von seinem Bearbeitungsstatus. Da vor dem eigentlichen Projektstart naturgemäß noch keine Bearbeitung stattgefunden hat, entsprechen die verbleibenden Kosten den Gesamtkosten.

Tipp   Wird der Projektplan als Basisplan festgelegt, speichert Microsoft Project alle Informationen zu Vorgängen, Ressourcen und Zuordnungen in den zugehörigen Plan-Fel-

8.1 Sollwerte setzen: Die Anlage eines Basisplans

	Vorgangsname	Feste Kosten	Fälligkeit fester Kosten	Gesamtkosten	Geplant	Abweichung	Aktuell	Verbleibend
0	– Hausbau	0,00 €	Anteilig	154.698,00 €	154.698,00 €	0,00 €	0,00 €	154.698,00 €
1	– 1 Tiefbau	0,00 €	Anteilig	4.516,00 €	4.516,00 €	0,00 €	0,00 €	4.516,00 €
2	– 1.1 Baugrube	0,00 €	Anteilig	1.156,00 €	1.156,00 €	0,00 €	0,00 €	1.156,00 €
3	1.1.1 Loch vermessen	0,00 €	Anteilig	248,00 €	248,00 €	0,00 €	0,00 €	248,00 €
4	1.1.2 Grube ausheben	0,00 €	Anteilig	908,00 €	908,00 €	0,00 €	0,00 €	908,00 €
5	– 1.2 Kellergeschoss	0,00 €	Anteilig	3.360,00 €	3.360,00 €	0,00 €	0,00 €	3.360,00 €
6	1.2.1 Fundament gießen	0,00 €	Anteilig	1.920,00 €	1.920,00 €	0,00 €	0,00 €	1.920,00 €
7	1.2.2 Grundmauer hochziehen	0,00 €	Anteilig	240,00 €	240,00 €	0,00 €	0,00 €	240,00 €
8	1.2.3 Decke einziehen	0,00 €	Anteilig	1.200,00 €	1.200,00 €	0,00 €	0,00 €	1.200,00 €
9	– 2 Haus	0,00 €	Anteilig	131.506,00 €	131.506,00 €	0,00 €	0,00 €	131.506,00 €
10	– 2.1 Rohbau	0,00 €	Anteilig	128.640,00 €	128.640,00 €	0,00 €	0,00 €	128.640,00 €
11	2.1.1 Rohbau	126.000,00 €	Anteilig	126.000,00 €	126.000,00 €	0,00 €	0,00 €	126.000,00 €
12	2.1.2 Außenwände aufbauen	0,00 €	Anteilig	862,50 €	862,50 €	0,00 €	0,00 €	862,50 €
13	2.1.3 Decken einziehen	0,00 €	Anteilig	172,50 €	172,50 €	0,00 €	0,00 €	172,50 €
14	2.1.4 Dach decken	0,00 €	Anteilig	345,00 €	345,00 €	0,00 €	0,00 €	345,00 €
15	2.1.5 Treppe einbauen	0,00 €	Anteilig	1.260,00 €	1.260,00 €	0,00 €	0,00 €	1.260,00 €
16	– 2.2 Ausbau	0,00 €	Anteilig	2.866,00 €	2.866,00 €	0,00 €	0,00 €	2.866,00 €
17	2.2.1 Estrich legen	0,00 €	Anteilig	900,00 €	900,00 €	0,00 €	0,00 €	900,00 €
18	2.2.2 Materialien einkaufen	4,00 €	Anteilig	256,00 €	256,00 €	0,00 €	0,00 €	256,00 €
19	2.2.3 Dämmung verlegen	0,00 €	Anteilig	168,00 €	168,00 €	0,00 €	0,00 €	168,00 €
20	2.2.4 Abstandhalter befestigen	0,00 €	Anteilig	168,00 €	168,00 €	0,00 €	0,00 €	168,00 €
21	2.2.5 Parkett zuschneiden	0,00 €	Anteilig	84,00 €	84,00 €	0,00 €	0,00 €	84,00 €
22	2.2.6 Parkett verlegen	0,00 €	Anteilig	336,00 €	336,00 €	0,00 €	0,00 €	336,00 €
23	2.2.7 Parkett versiegeln	0,00 €	Anteilig	84,00 €	84,00 €	0,00 €	0,00 €	84,00 €
24	2.2.8 Übergangsleisten befestigen	0,00 €	Anteilig	84,00 €	84,00 €	0,00 €	0,00 €	84,00 €
25	2.2.9 Abschlussleisten befestigen	0,00 €	Anteilig	252,00 €	252,00 €	0,00 €	0,00 €	252,00 €
26	2.2.10 Parkett reinigen	0,00 €	Anteilig	84,00 €	84,00 €	0,00 €	0,00 €	84,00 €
27	2.2.11 Tapeten anbringen	0,00 €	Anteilig	450,00 €	450,00 €	0,00 €	0,00 €	450,00 €
28	2.2.12 Decken verkleiden	0,00 €	Anteilig	0,00 €	0,00 €	0,00 €	0,00 €	0,00 €
29	– 3 Grundstück	0,00 €	Anteilig	18.676,00 €	18.676,00 €	0,00 €	0,00 €	18.676,00 €

Abb. 8.1-3: Tabelle Kosten nach der Erstellung des Basisplans.

dern (z. B. geplanter Anfang, geplantes Ende, geplante Kosten usw.).

Ergänzend zu Basisplänen lassen sich in Microsoft Project auch Zwischenpläne erzeugen. Sie bestehen aus einem vorhandenen Basis- oder Zwischenplan kopierten Daten und eignen sich zum Vergleich mit anderen Plänen. Sie enthalten lediglich Termininformationen.

Sowohl für die Speicherung von Basis- wie auch Zwischenplänen lässt sich im Bereich Für definieren, welche Vorgänge in die Erstellung einbezogen werden sollen. Klicken Sie auf Gesamtes Projekt, um einen Basis- oder Zwischenplan zu erstellen, der die Informationen für alle Vorgänge im Projekt enthält. Diese Option ist standardmäßig aktiviert.

Basis- oder Zwischenpläne speichern

Klicken Sie dagegen auf Ausgewählte Vorgänge, um die Informationen für ausgewählte Vorgänge in einem Basisplan oder in einem Zwischenplan festzulegen.

Rollup auf Sammelvorgängen

Wird diese Option ausgewählt, haben Sie zudem die Möglichkeit anzugeben, ob und wie für Basisplaninformationen in Sammelvorgängen ein *Rollup* ausgeführt werden soll.

Als *Rollup* wird die Anzeige von Symbolen auf einem Sammelvorgangsbalken bezeichnet, die Terminen von Teilvorgängen entsprechen. Diese Termine sind dann auf einem Sammelvorgangsbalken leicht sichtbar.

Um einen *Rollup* aller Teilvorgänge auf ihre Sammelvorgänge zu erstellen, markieren Sie die Schaltflächen des Dialogfeldes Basisplan festlegen und bestätigen Sie mit OK (Abb. 8.1-4).

Abb. 8.1-4: Anlegen eines Rollups für alle Teilvorgänge.

Um die *Rollups* im Balkendiagramm anzuzeigen, markieren Sie alle Vorgänge in der Vorgangsliste und wählen die Schaltfläche Informationen aus der Symbolleiste Aufgabe aus. Wählen Sie den Reiter Allgemein aus und aktivieren Sie das Kontrollkästchen Rollup. Bestätigen Sie mit OK (Abb. 8.1-5).

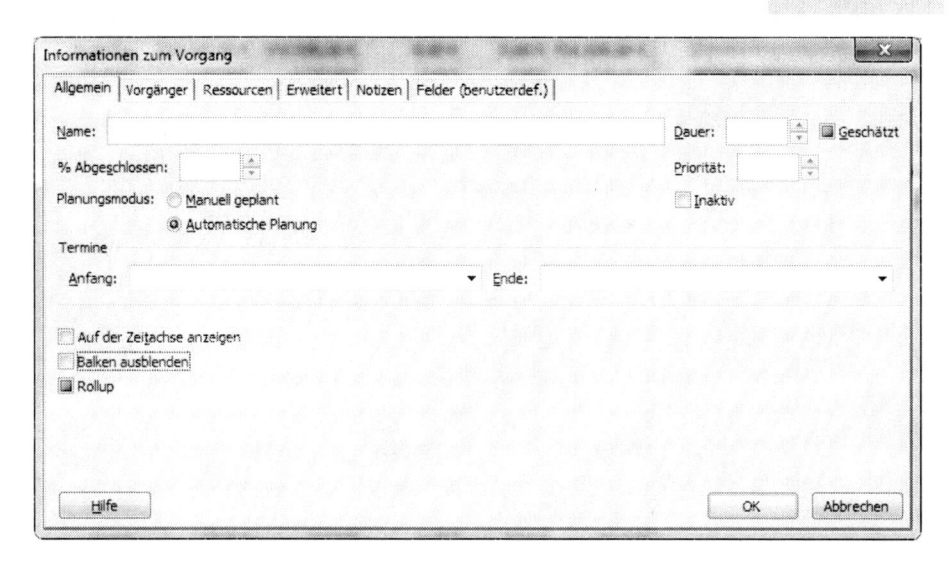

8.1 Sollwerte setzen: Die Anlage eines Basisplans

Abb. 8.1-5: Vorgangsbalkenrollup im Sammelvorgang darstellen.

Deutlich ist die überlagerte Darstellung der entsprechenden Teilvorgänge zu erkennen. Positionieren Sie den Mauszeiger auf einem *Rollup*-Vorgangsbalken, werden Informationen zum Teilvorgang angezeigt (Abb. 8.1-6).

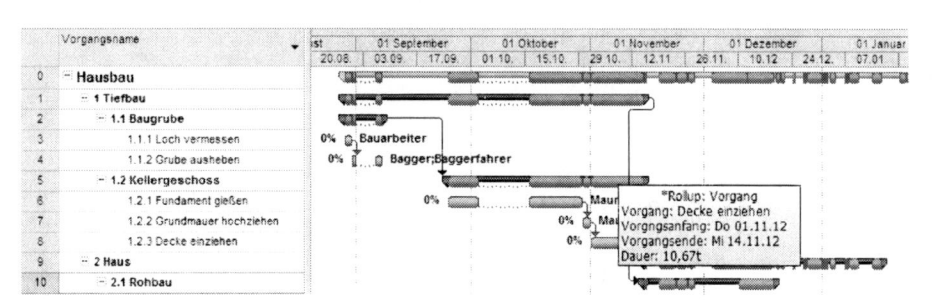

Abb. 8.1-6: Balkendiagramm mit Rollup-Sammelvorgängen.

Angelegte Basispläne lassen sich in der Ansicht Andere Ansichten-Weitere Ansichten-Gantt-Diagramm Überwachung (bzw. Mehrfachbasispläne-Balkendiagramm für die Anzeige mehrerer Basispläne) darstellen. Je nach Zielsetzung wählen Sie hierzu die Tabelle Überwachung oder Abweichung.

Anzeigen von Zwischenplan-Informationen

Erzeugte Felder von Zwischenplänen lassen sich durch neu angelegte Spalten in Projekt- oder Basisplänen anzeigen. Fügen Sie hierzu eine neue Spalte in der Tabellenansicht ein und definieren Sie die Felder mit den entsprechenden Informationen aus dem erstellten Zwischenplan. Seit es die Möglichkeit zur Speicherung mehrerer Basispläne gibt (seit Version Project 2002), ist die Bedeutung von Zwischenplänen stark gesunken.

Mit Hilfe der Funktion Projekt-Projekt vergleichen können die Unterschiede zwischen zwei Projektdateien, zum Beispiel unterschiedliche Versionen, visualsiert werden.

8.2 Projektdatenpflege und Projektüberwachung *

Nach der Anlage eines Projekt-Basisplanes als Vergleichsgrundlage ist es notwendig, die realen Projektwerte in die Projektdatei einzugeben. Abweichungen können überwacht und analysiert werden. Aufgrund von Aspekten, die bei der Anlage des Basisplanes noch nicht bekannt oder falsch eingeschätzt wurden, kann es auch notwendig sein, den Basisplan zu ändern und neu zu speichern, um aussagekräftige Controlling-Informationen zu erhalten.

Eine kontinuierlich mit validen Daten gepflegte Projektdatei bildet die Grundlage für ein aussagekräftiges Controlling. Nur so kann ein verlässlicher Überblick über den jeweils aktuellen Projektstatus gewährleistet werden.

Microsoft Project unterstützt den Benutzer bei der Aktualisierung der Projektdatei durch die Symbolleiste Überwachen (Abb. 8.2-1). Diese lässt sich über das Menü Aufgabe anzeigen.

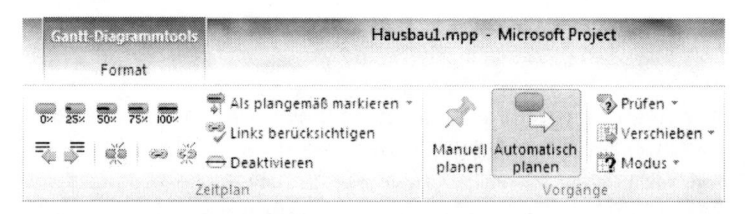

Abb. 8.2-1: Symbolleiste Überwachen.

8.2 Projektdatenpflege und Projektüberwachung *

Bei der Pflege der Projektdatei ist zwischen der Pflege der Soll-Werte und der Aktualisierung der eigentlichen Projektdaten (Ist-Werte) zu unterscheiden:

- »Sollwerte aktualisieren«, S. 185
- »Eingabe tatsächlicher Ist-Werte«, S. 189

8.2.1 Sollwerte aktualisieren *

Nach der Speicherung eines Basisplans, der eine Momentaufnahme der Plandaten darstellt, führen Änderungen der Projektdatei grundsätzlich zu einer Aktualisierung der Ist-Daten. Dies ist sinnvoll, da es der Normalfall sein wird. Es kann aber auch Fälle geben, in denen die Plandaten z.B. aufgrund von neuen, wesentlichen Informationen oder falschen Eingaben geändert werden müssen, um weiterhin auf Basis sinnvoller Solldaten zu arbeiten.

Nicht nur die aktuellen Ist-Projektdaten machen eine Datenpflege notwendig. Auch die geplanten Daten müssen aus verschiedenen Gründen geändert bzw. überarbeitet werden können. Bei einer notwendigen Änderung der Plandaten – und damit des **Basisplans** – ist zwischen der Anpassung von **Vorgängen** und **Ressourcen** zu unterscheiden.

Plandaten können aktualisiert werden

Ihnen fällt auf, dass die für den Aufbau der Außenwände eingegebene Vorgangsdauer von fünf Tagen falsch ist. Tatsächlich dauert der Aufbau bei der Menge der eingesetzten Ressourcen sieben Tage. Grund für die Differenz ist ein Tippfehler bei der Anlage des Vorganges.

Um einen schnellen Überblick über die Auswirkungen von Datenänderungen zu haben, öffnen Sie aus dem Menü Ansicht die Tabelle-Berechnete Termine und fügen dieser die Spalten Dauer und geplante Dauer hinzu. Vor der Änderung sieht die Darstellung wie in der Abb. 8.2-2 aus.

	Vorgangsname	Anfang	Fertig stellen	Dauer	Geplante Dauer	12. Nov '12 / 26. Nov '12 / 10. Dez '12 / 24. Dez '12
9	− 2 Haus	Mo 19.11.12	Mi 16.01.13	45,67 Tage	45,67 Tage	
10	− 2.1 Rohbau	Mo 19.11.12	Di 11.12.12	18 Tage	18 Tage	
11	2.1.1 Außenwände aufbauen	Mo 19.11.12	Fr 23.11.12	5 Tage	5 Tage	0% Fertighausbauer
12	2.1.2 Decken einziehen	Fr 23.11.12	Mo 26.11.12	1 Tag	1 Tag	0% Fertighausbauer
13	2.1.3 Dach decken	Mo 26.11.12	Mi 28.11.12	2 Tage	2 Tage	0% Fertighausbauer
14	2.1.4 Treppe einbauen	Mo 10.12.12	Di 11.12.12	2 Tage	2 Tage	0% Schreiner

Abb. 8.2-2: Tabelle Berechnete Termine vor der Plandatenänderung.

Beispiel

Die Dauer und die geplante Dauer belaufen sich auf fünf Tage. Wird die Dauer für den Vorgang »Außenwände aufbauen« nun durch die direkte Eingabe im betreffenden Feld von fünf auf sieben Tage erhöht, markiert Microsoft Project alle hiervon terminlich beeinflussten Felder und das Symbol für eine Bemerkung erscheint im Feld Dauer des Vorganges. Wird der Mauszeiger auf das Symbol geführt, erhält man einen Hinweis (Abb. 8.2-3).

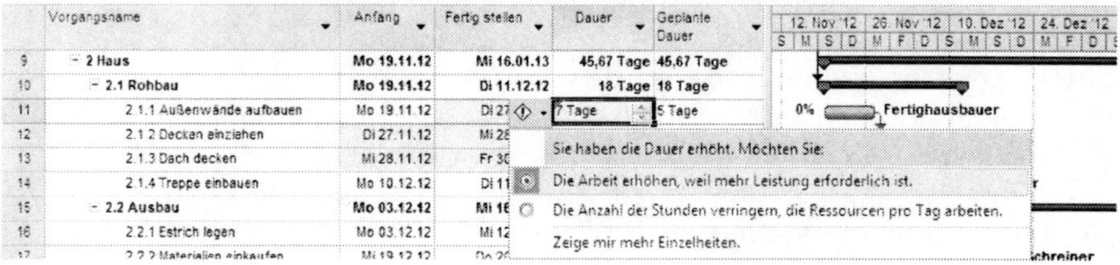

Abb. 8.2-3: Hinweis bei Erhöhung der Dauer eines Vorganges.

Die beiden Optionen bedeuten Folgendes:

- Für einen Vorgang ist mehr Leistung erforderlich. Da die eingesetzten Ressourcen unverändert bleiben, verlängert sich die Dauer des Vorganges.
- Die Dauer des Vorganges verlängert sich, weil zwar die zu leistende Arbeit gleich bleibt, die Ressourcen aber weniger hierfür arbeiten. Dies kann der Fall sein, weil einfach mehr Zeit zur Verfügung steht und die Ressourcen für andere Vorgänge eingeplant werden können, oder weil Ressourcen für die Arbeit an anderen Vorgängen mit höherer Priorität abgezogen werden müssen und hier nicht mehr voll zur Verfügung stehen.

Beispiel

Zwischen der Dauer von sieben Tagen und der ursprünglich geplanten und im Basisplan gespeicherten Dauer von fünf Tagen kommt es nun zu einer Differenz. Da diese aber auf einen Tippfehler bei der Eingabe der Plandaten und nicht auf eine Verzögerung während des Projektes zurückzuführen ist, soll der Basisplan entsprechend aktualisiert werden.

8.2 Projektdatenpflege und Projektüberwachung * 187

Planwerte für Vorgänge lassen sich in einem Basisplan einzeln aktualisieren. Dabei wird der alte Planwert des Vorgangs überschrieben. Dazu ist wie folgt vorzugehen:

1. Markieren der zu aktualisierenden Vorgänge
2. Öffnen des Dialoges Projekt-Basisplan festlegen
3. Speichern für Ausgewählte Vorgänge des Basisplans (Abb. 8.2-4)

Abb. 8.2-4: Basisplan für ausgewählte Vorgänge festlegen.

Nach der Bestätigung, dass der ursprünglich gespeicherte Basisplan geändert werden soll, ergibt sich die Abb. 8.2-5.

Abb. 8.2-5: Geänderte Planwerte des Vorgangs »Außenwände aufbauen«.

Sowohl die Dauer als auch die Geplante Dauer wurden auf sieben Tage angepasst. Die Zeitdifferenz ist eliminiert. Alle folgenden Vorgänge wurden entsprechend verschoben.

Hinweis
Das Ändern von **Vorgangsplandaten** im Basisplan kann für einzel ne Vorgänge durchgeführt werden. Änderungen zu **Ressourcen-Plandaten** lassen sich dagegen nicht einzeln im Basisplan festlegen. Hierzu muss der gesamte Basisplan überschrieben werden.

Beispiel
Der für das Fertighaus veranschlagte Preis von € 99.000,- beruhte auf einer falschen Preisliste. Der tatsächliche Grundpreis liegt bei € 109.000,-. Dieser Fehler soll auch in den Planzahlen des Basisplans korrigiert werden.

In der Ansicht Ressource: Tabelle wird der Standardsatz des Fertighauses von € 99.000,- auf € 109.000,- angepasst (Abb. 8.2-6). Die Ressourcentabelle Kosten zeigt danach die Differenz zu den ursprünglichen Plankosten i.H.v. € 10.000,- (Abb. 8.2-7).

	Ressourcenname	Art	Materialbes.	Kürzel	Gruppe	Max.	Standardsatz	Überstd.-Satz	Kosten/Einsatz	Fällig am
17	Fertighaus	Material	Stück	FH	Hochbau		109.000,00 €		0,00 €	Anfang

Abb. 8.2-6: Korrigierter Standardsatz der Ressource »Fertighaus«.

	Ressourcenname	Kosten	Geplante	Abweichung	Aktuelle Kosten	Verbleibend
17	Fertighaus	109.000,00 €	99.000,00 €	10.000,00 €	0,00 €	109.000,00 €

Abb. 8.2-7: Abweichende Plankosten vor Aktualisierung des Basisplans.

Über das Menü Projekt-Basisplan festlegen muss nun der gesamte Basisplan erneut gespeichert werden. Eine selektive Änderung von Ressourcenplandaten analog zu den Vorgangsplandaten ist nicht möglich. Danach entsprechen die geplanten Kosten wieder den Kosten (Abb. 8.2-8).

	Ressourcenname ▼	Kosten ▼	Geplante ▼	Abweichung ▼	Aktuelle Kosten ▼	Verbleibend ▼
17	Fertighaus	109.000,00 €	109.000,00 €	10.000,00 €	0,00 €	109.000,00 €

Abb. 8.2-8: Geänderte Ressourcen-Plankosten im Basisplan.

8.2.2 Eingabe tatsächlicher Ist-Werte *

Nachdem die Soll-Referenz in Form eines Basisplans vor dem eigentlichen Projektstart (bzw. vor dem Start des entsprechenden Projektabschnittes) gespeichert ist, kann mit der Eingabe der tatsächlich während des Projektverlaufs anfallenden Daten begonnen werden.

Die Pflege der Projektdatei hat kontinuierlich und zeitnah zu erfolgen, um ein sinnvolles und aussagekräftiges Projekt-Controlling gewährleisten zu können. Die zeitverzögerte Eingabe von Ist-Daten oder die Eingabe falscher Daten führen zu verzerrten Soll-Ist-Vergleichen und Abweichungsanalysen. Aus diesen werden unter Umständen falsche Maßnahmen abgeleitet und eine effektive und effiziente Steuerung des Projektes ist nicht mehr möglich. Die Validität der Analyseaussagen ist grundsätzlich durch den Projektleiter zu prüfen.

Zeitnahe Datenpflege

Der Projekterfolg wird durch falsche Controlling-Aussagen gefährdet!

Projekterfolg

Während der Projektdurchführung sollten die Ist-Daten folgender Kategorien gepflegt werden:

- Bearbeitungsstatus der Vorgänge (% Abgeschlossen) und Termine
- Kosten
- Ressourcen

Für die Verfolgung des Beispiels ist es sinnvoll, mit den gleichen Projektdaten zu arbeiten. Öffnen Sie daher im Menü Projekt das Dialogfeld Projektinfo und stellen Sie die in der Abb. 8.2-9 gezeigten Werte ein.

Bearbeitungsstatus und Termine

Felder vom Typ % Abgeschlossen enthalten den aktuellen Status eines Vorgangs, der als Prozentsatz der abgelaufenen Dauer des Vorganges ausgedrückt wird. Sie können diesen

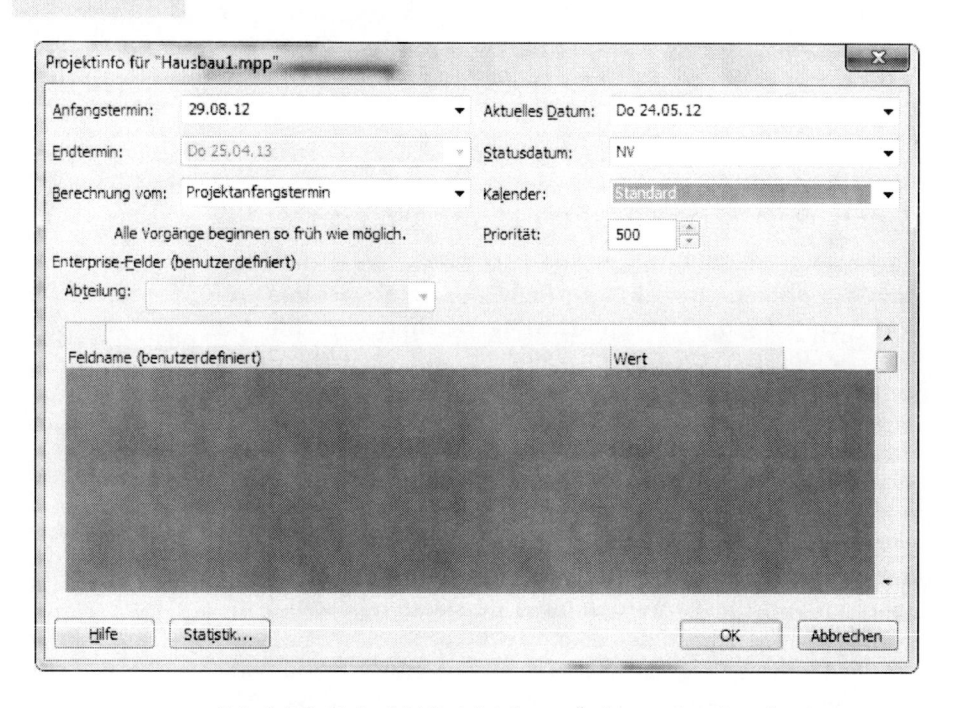

Abb. 8.2-9: Dialogfeld Projektinfo zur Änderung des aktuellen Datums.

Prozentsatz selbst eingeben oder von Microsoft Project auf der Basis der aktuellen Dauer berechnen lassen. Die **Dauer eines Vorgangs** ist im Allgemeinen die Arbeitszeit vom Anfang bis zum Ende eines Vorgangs.

Im Idealfall läuft das Projekt wie geplant ab. Die Aktualisierung des Bearbeitungsstatus eines Vorganges kann dann über die Symbolleiste Aufgabe schnell und komfortabel erledigt werden. Dazu stehen Schaltflächen mit %-abgeschlossen-Werten zur Verfügung.

Der Vorgang »Loch vermessen« ist wie geplant verlaufen und zu 75 % abgeschlossen. Markieren Sie zur Aktualisierung der Projektdatei den Vorgang in der Standardansicht Gantt-Diagramm und klicken Sie in der Symbolleiste Überwachen auf die Schaltfläche 75 % (Abb. 8.2-10).

Die Aktualisierung ist damit abgeschlossen. Der Vorgangsbalken im Gantt-Diagramm wird entsprechend seiner Formatierung nun verändert dargestellt, der schwarze Mittel-

8.2 Projektdatenpflege und Projektüberwachung

		Vorgangsname	Dauer	Anfang	Fertig stellen	1. Aug '12 / 03. Sep '12 / 01. Okt '12 / 29. Okt '12 / 26.
0		- Hausbau	183,4 Tage	Mi 29.08.12	Do 25.04.13	
1		- Tiefbau	59,73 Tage	Mi 29.08.12	Mi 14.11.12	
2		- Baugrube	8,53 Tage	Mi 29.08.12	Fr 07.09.12	
3		Loch vermessen	2,13 Tage	Mi 29.08.12	Do 30.08.12	0% Bauarbeiter
4		Grube ausheben	3,2 Tage	Fr 31.08.12	Fr 07.09.12	0% Bagger;Baggerfahrer
5		- Kellergeschoss	39,47 Tage	Di 25.09.12	Mi 14.11.12	
6		Fundament gießen	17,07 Tage	Di 25.09.12	Mo 29.10.12	0% Maurer
7		Grundmauer hochziehen	2,13 Tage	Di 30.10.12	Mi 31.10.12	0% Maurer
8		Decke einziehen	10,67 Tage	Do 01.11.12	Mi 14.11.12	0% Maurer

Abb. 8.2-10: Vor der Aktualisierung.

balken symbolisiert den abgeschlossenen Teil des Vorgangs. Die Balkenbeschriftung %-abgeschlossen wird ebenfalls aktualisiert (Abb. 8.2-11).

		Vorgangsname	Dauer	Anfang	Fertig stellen	1. Aug '12 / 03. Sep '12 / 01. Okt '12 / 29. Okt '12 / 26
0		- Hausbau	183,4 Tage	Mi 29.08.12	Do 25.04.13	
1		- Tiefbau	59,73 Tage	Mi 29.08.12	Mi 14.11.12	
2		- Baugrube	8,53 Tage	Mi 29.08.12	Fr 07.09.12	
3		Loch vermessen	2,13 Tage	Mi 29.08.12	Do 30.08.12	75% Bauarbeiter
4		Grube ausheben	3,2 Tage	Fr 31.08.12	Fr 07.09.12	0% Bagger;Baggerfahrer
5		- Kellergeschoss	39,47 Tage	Di 25.09.12	Mi 14.11.12	
6		Fundament gießen	17,07 Tage	Di 25.09.12	Mo 29.10.12	0% Maurer
7		Grundmauer hochziehen	2,13 Tage	Di 30.10.12	Mi 31.10.12	0% Maurer
8		Decke einziehen	10,67 Tage	Do 01.11.12	Mi 14.11.12	0% Maurer

Abb. 8.2-11: Aktualisierter Vorgang.

Je nach Anforderung an das Projekt-Controlling ist über eine **Aufwand-Nutzen-Abschätzung** abzuwägen, in welchem Detaillierungsgrad Aktualisierungen durchgeführt werden. Bei zeitlich kurzen Vorgängen wird in der Regel die Eingabe des Vorgangsabschlusses ausreichen. Der Bearbeitungsstand längerer Vorgänge sollte während ihrer Dauer mehrfach aktualisiert werden, um einen korrekten Projektstand abfragen zu können.

Aktualisierung bedeutet Aufwand

Nicht nur einzelne Vorgänge, sondern auch das gesamte Projekt lässt sich auf einmal bis zu einem definierten Zeitpunkt aktualisieren.

Tipp

Das Ende des Arbeitstages 24.05. ist erreicht. Alle bisherigen Tage des Projektes sind bis jetzt wie geplant verlaufen. Daher können alle Vorgänge bis zum aktuellen Zeitpunkt wie berechnet aktualisiert werden.

8 Wie läuft's? Den Projektfortschritt aktualisieren *

Der aktuelle Zeitpunkt ist dabei immer der im Menü Projekt-Projektinfo eingetragene Wert.

Ändern Sie über das Dialogfeld Projektinfo das aktuelle Datum auf den 24.05. Öffnen Sie dann zur Aktualisierung des gesamten Projektes den Dialog Projekt aktualisieren aus dem Menü Projekt. Im oberen Auswahlfeld legen Sie das Datum »24.05.« als Aktualisierungsfixpunkt fest.

Um Vorgänge, die eventuell über den 24.05. hinaus andauern, nur zum Teil als abgeschlossen zu deklarieren, wählen Sie Als 0-100% abgeschlossen festlegen und aktivieren das Kontrollkästchen Für: Gesamtes Projekt (Abb. 8.2-12).

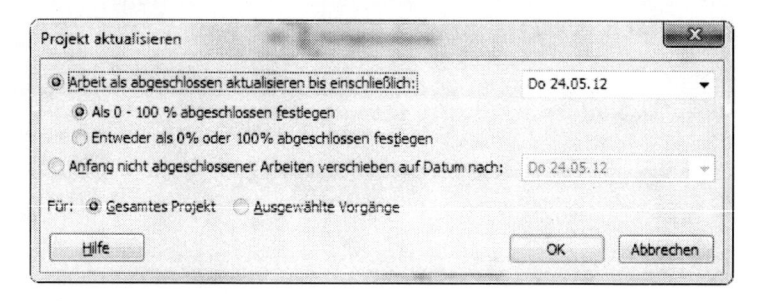

Abb. 8.2-12: Dialogfeld Projekt aktualisieren.

Beispiel Im Balkendiagramm werden alle Vorgänge, die bis zum 24.05. als abgeschlossen geplant waren, auch als abgeschlossen dargestellt (100% abgeschlossen). Als weiteres Zeichen erscheint bei allen abgeschlossenen Teil- und Sammelvorgängen in der Indikatorspalte ein Häkchen (Abb. 8.2-13).

Abb. 8.2-13: Aktualisierte Ansicht über abgeschlossene Vorgänge.

8.2 Projektdatenpflege und Projektüberwachung

Die Aktualisierung des Bearbeitungsstatus wirkt sich natürlich auch auf andere diesbezügliche Ansichten und Tabellen aus. Exemplarisch wird hier die Tabelle Überwachung aus dem Menü Ansicht gezeigt (Abb. 8.2-14).

	Vorgangsname	Akt. Anfang	Akt. Ende	% Abg.	Phys. % Abgeschl.	Akt. Dauer	Verbl. Dauer	Akt. Kosten	Akt. Arbeit
0	- Hausbau	Mi 29.08.12	NV	28%	0%	50,51 Tage	132,89 Tage	4.516,00 €	288 Std.
1	- Tiefbau	Mi 29.08.12	Mi 14.11.12	100%	0%	59,73 Tage	0 Tage	4.516,00 €	288 Std.
2	- Baugrube	Mi 29.08.12	Fr 07.09.12	100%	0%	8,53 Tage	0 Tage	1.156,00 €	64 Std.
3	Loch vermessen	Mi 29.08.12	Do 30.08.12	100%	0%	2,13 Tage	0 Tage	248,00 €	16 Std.
4	Grube ausheben	Fr 31.08.12	Fr 07.09.12	100%	0%	3,2 Tage	0 Tage	908,00 €	48 Std.
5	- Kellergeschoss	Di 25.09.12	Mi 14.11.12	100%	0%	39,47 Tage	0 Tage	3.360,00 €	224 Std.
6	Fundament gießen	Di 25.09.12	Mo 29.10.12	100%	0%	17,07 Tage	0 Tage	1.920,00 €	128 Std.
7	Grundmauer hochziehen	Di 30.10.12	Mi 31.10.12	100%	0%	2,13 Tage	0 Tage	240,00 €	16 Std.
8	Decke einziehen	Do 01.11.12	Mi 14.11.12	100%	0%	10,67 Tage	0 Tage	1.200,00 €	80 Std.

Abb. 8.2-14: Tabelle Überwachung nach der Aktualisierung.

▪ Für die bearbeiteten Vorgänge und Sammelvorgänge existieren nun Feldereinträge für den Aktuellen Anfang und – wenn bereits vorhanden – für das Aktuelle Ende.
▪ Die Spalte % Abgeschlossen zeigt die entsprechenden Werte und kumuliert diese auch in Bezug auf die Sammelvorgänge.

Ergebnisse der Aktualisierung

Für eine übersichtliche und detaillierte Aktualisierung des Bearbeitungsstatus mehrerer Vorgänge eignet sich auch die Tabelle Überwachung. Hier können beliebige ganzzahlige %-Werte zwischen 0 % und 100 % in der Spalte % Abg. direkt eingegeben werden.

Manuelle Eingabe des Bearbeitungsstatus

Die Tabelle enthält neben % Abgeschlossen auch eine Spalte namens Physisch % abgeschlossen. Was aber ist der Unterschied? Bei der Eingabe aktueller Ist-Werte speichert Microsoft Project diese automatisch im Feld % Abgeschlossen. Dabei wird ein **linearer Arbeitsfortschritt** innerhalb des Vorganges unterstellt. Kann dieser gleichmäßige Arbeitsfortschritt nicht unterstellt werden, können die Werte alternativ in der Spalte Physisch abgeschlossen abgelegt werden.

% abgeschlossen vs. physisch % abgeschlossen

Die Baugrube muss eine Tiefe von vier Metern haben. Aus Erfahrung ist bekannt, dass die ersten zwei Tiefenmeter doppelt so schnell geschafft werden wie die folgenden beiden Tiefenmeter. Dies hat technische (Greiftiefe und Sicherung des Baggers) sowie geologische (härtere Bodenschichten in der Tiefe) Gründe. Demzufolge ist bei Erreichen einer Tiefe von zwei Metern noch nicht die

Beispiel

Hälfte des Vorgangs, sondern lediglich ein Drittel abgeschlossen. Standardmäßig würde Microsoft Project nach der Hälfte der Arbeit den Vorgang also als zu 50 % abgeschlossen ansehen. Der realistischere Näherungswert von 33 % kann demgegenüber in die Spalte physisch abgeschlossen eingetragen werden.

Ressourcen

Die Pflege des Bearbeitungsstatus von Vorgängen ist notwendig, um Aussagen über den zeitlichen **Projektfortschritt** und damit über die Einhaltung von **Plan- oder Fixterminen** treffen zu können. Verzögerungen bei Vorgängen haben normalerweise direkte Auswirkungen auf die eingesetzten **Ressourcen** und auf die **Gesamtkosten**.

Auswirkungen von Änderungen auf den Ressourceneinsatz

Wenn Vorgänge nicht wie geplant durchgeführt oder abgeschlossen werden können, ist der Einsatz der in ihnen gebundenen Ressourcen in anderen Vorgängen nicht möglich. Dies ist insbesondere dann wichtig, wenn zwischen den Vorgängen, für die die gleichen Ressourcen verplant sind, **keine** Ende-Anfang-Beziehung besteht (siehe »Das 1 x 1 der Planung«, S. 46). In diesem Fall wäre die betreffende Ressource überlastet, da sie zeitgleich im noch nicht abgeschlossenen und im bereits gestarteten Vorgang verplant wäre.

Liegt eine Ende-Anfang-Beziehung vor, führt die Verzögerung eines Vorganges zur zeitlichen Verschiebung der folgenden Vorgänge.

Beispiel ohne Ende-Anfang-Beziehung

Der Maler ist sowohl für den Vorgang »Streichen der Decken« als auch für den im Anschluss daran geplanten Vorgang »Treppengeländer streichen« vorgesehen.

Es besteht **keine** Ende-Anfang-Beziehung zwischen den Vorgängen, die Vorgänge sind bis auf die gleiche eingesetzte Ressource unabhängig voneinander. Eine Verzögerung im Vorgang »Streichen der Decken« begründet daher nicht automatisch eine zeitliche Verschiebung des Vorganges »Treppengeländer streichen«, sondern vielmehr eine Überlastung der Ressource »Maler«. Diese Überlastung kann durch den verstärkten Einsatz der Ressource »Maler« im Vorgang »Streichen der Decken« (z. B. durch

8.2 Projektdatenpflege und Projektüberwachung *

Überstunden), weitere Ressourcen (z.B. ein weiterer Maler), oder eventuell einen erneuten Kapazitätsausgleich ausgeglichen werden.

Der Maler ist sowohl für den Vorgang »Tapezieren der Decken mit Raufaser« als auch für den anschließenden Vorgang »Streichen der Decken« eingeplant.

Beispiel mit Ende-Anfang-Beziehung

Es besteht eine Ende-Anfang-Beziehung zwischen den Vorgängen, da das Streichen der Decken erst nach dem Tapezieren erfolgen kann. Eine Verzögerung im Vorgang »Tapezieren der Decken mit Raufaser« begründet automatisch eine zeitliche Verschiebung des Vorganges Streichen der Decken.

Überstunden sind Arbeitsleistungen von Ressourcen, die außerhalb der in den auf diese Ressource bezogenen Kalendern (Ressourcenkalender, Projektkalender) geleistet werden. Durch diese Extraarbeit ändert sich die Dauer des Vorgangs nicht.

Auswirkungen von Überstunden

Überstunden können nur in der Relation Ressource – Vorgang eingetragen werden, um eine eindeutige Kosten- und Leistungszuordnung zu erreichen. Dazu stehen die Ansichten Vorgang Einsatz und Ressource Einsatz zur Verfügung (Abb. 8.2-15).

Sinnvoll ist es, z.B. in der Ansicht Vorgang Einsatz, die Spalten Arbeit und Überstundenarbeit hinzuzufügen (siehe »Spalten anzeigen und verbergen«, S. 167).

Tipp

Aufgrund unvorhergesehener Schwierigkeiten verbraucht der Vorgang »Estrich legen« nicht wie geplant 60 Stunden, sondern 80 Stunden Arbeit. Zusätzliche Ressourcen stehen nicht zur Verfügung.

Beispiel

Da der Maurer bereits weitere Termine auf anderen Baustellen hat, ist eine Verzögerung des Vorgangsendes nicht hinzunehmen. Der Maurer wird die zwanzig zusätzlich benötigten Arbeitsstunden in Form von Überstunden leisten (Abb. 8.2-16).

8 Wie läuft's? Den Projektfortschritt aktualisieren *

Vorgangsname	Arbeit	Überstundenarbeit	Dauer	Anfang	Fertig stellen
15	− Ausbau	177 Std.	0 Std.	35 Tage	Mo 03.12.12	Mi 16.01.13
16	− Estrich legen	60 Std.	0 Std.	8 Tage	Mo 03.12.12	Mi 12.12.12
	Maurer	*60 Std.*	*0 Std.*		*Mo 03.12.12*	*Mi 12.12.12*
17	− Materialien einkaufen	12 Std.	0 Std.	12 Std.	Mi 19.12.12	Do 20.12.12
	Schreiner	*12 Std.*	*0 Std.*		*Mi 19.12.12*	*Do 20.12.12*
18	− Dämmung verlegen	8 Std.	0 Std.	8 Std.	Fr 21.12.12	Fr 21.12.12
	Schreiner	*8 Std.*	*0 Std.*		*Fr 21.12.12*	*Fr 21.12.12*
19	− Abstandhalter befestigen	8 Std.	0 Std.	8 Std.	Mo 24.12.12	Mo 24.12.12
	Schreiner	*8 Std.*	*0 Std.*		*Mo 24.12.12*	*Mo 24.12.12*
20	− Parkett zuschneiden	4 Std.	0 Std.	4 Std.	Do 27.12.12	Do 27.12.12
	Schreiner	*4 Std.*	*0 Std.*		*Do 27.12.12*	*Do 27.12.12*
21	− Parkett verlegen	16 Std.	0 Std.	16 Std.	Fr 28.12.12	Mo 31.12.12
	Schreiner	*16 Std.*	*0 Std.*		*Fr 28.12.12*	*Mo 31.12.12*
22	− Parkett versiegeln	4 Std.	0 Std.	4 Std.	Di 01.01.13	Di 01.01.13

Abb. 8.2-15: Ansicht Vorgang Einsatz.

Vorgangsname	Arbeit	Überstundenarbeit	Dauer	Anfang	Fertig stellen
15	− Ausbau	197 Std.	0 Std.	35 Tage	Mo 03.12.12	Mi 16.01.13
16	− Estrich legen	80 Std.	0 Std.	8,38 Tage	Mo 03.12.12	Mi 12.12.12
	Maurer	*80 Std.*	*0 Std.*		*Mo 03.12.12*	*Mi 12.12.12*
17	− Materialien einkaufen	12 Std.	0 Std.	12 Std.	Mi 19.12.12	Do 20.12.12
	Schreiner	*12 Std.*	*0 Std.*		*Mi 19.12.12*	*Do 20.12.12*
18	− Dämmung verlegen	8 Std.	0 Std.	8 Std.	Fr 21.12.12	Fr 21.12.12
	Schreiner	*8 Std.*	*0 Std.*		*Fr 21.12.12*	*Fr 21.12.12*
19	− Abstandhalter befestigen	8 Std.	0 Std.	8 Std.	Mo 24.12.12	Mo 24.12.12
	Schreiner	*8 Std.*	*0 Std.*		*Mo 24.12.12*	*Mo 24.12.12*
20	− Parkett zuschneiden	4 Std.	0 Std.	4 Std.	Do 27.12.12	Do 27.12.12
	Schreiner	*4 Std.*	*0 Std.*		*Do 27.12.12*	*Do 27.12.12*
21	− Parkett verlegen	16 Std.	0 Std.	16 Std.	Fr 28.12.12	Mo 31.12.12
	Schreiner	*16 Std.*	*0 Std.*		*Fr 28.12.12*	*Mo 31.12.12*
22	− Parkett versiegeln	4 Std.	0 Std.	4 Std.	Di 01.01.13	Di 01.01.13

Abb. 8.2-16: Ansicht Vorgang Einsatz mit geänderter Vorgangsarbeit.

Im ersten Schritt wird der Mehrbedarf an Arbeit im Feld Arbeit des Vorganges »Estrich legen« eingepflegt. Alle von der Änderung betroffenen Felder werden automatisch hervorgehoben.

Zu beachten ist, dass sich bei konstantem Ressourceneinsatz – der Mauerer arbeitet acht Stunden pro Tag – die für die Durchführung des Vorganges benötigte Arbeitszeit erhöht.

8.2 Projektdatenpflege und Projektüberwachung

	Vorgangsname	Arbeit	Überstundenarbeit	Dauer	Anfang	Fertig stellen
15	− Ausbau	197 Std.	20 Std.	35 Tage	Mo 03.12.12	Mi 16.01.13
16	− Estrich legen	80 Std.	20 Std.	8 Tage	Mo 03.12.12	Mi 12.12.12
	Maurer	*80 Std.*	*20 Std.*		*Mo 03.12.12*	*Mi 12.12.12*
17	− Materialien einkaufen	12 Std.	0 Std.	12 Std.	Mi 19.12.12	Do 20.12.12
	Schreiner	*12 Std.*	*0 Std.*		*Mi 19.12.12*	*Do 20.12.12*
18	− Dämmung verlegen	8 Std.	0 Std.	8 Std.	Fr 21.12.12	Fr 21.12.12
	Schreiner	*8 Std.*	*0 Std.*		*Fr 21.12.12*	*Fr 21.12.12*
19	− Abstandhalter befestigen	8 Std.	0 Std.	8 Std.	Mo 24.12.12	Mo 24.12.12
	Schreiner	*8 Std.*	*0 Std.*		*Mo 24.12.12*	*Mo 24.12.12*
20	− Parkett zuschneiden	4 Std.	0 Std.	4 Std.	Do 27.12.12	Do 27.12.12
	Schreiner	*4 Std.*	*0 Std.*		*Do 27.12.12*	*Do 27.12.12*
21	− Parkett verlegen	16 Std.	0 Std.	16 Std.	Fr 28.12.12	Mo 31.12.12
	Schreiner	*16 Std.*	*0 Std.*		*Fr 28.12.12*	*Mo 31.12.12*
22	− Parkett versiegeln	4 Std.	0 Std.	4 Std.	Di 01.01.13	Di 01.01.13

Abb. 8.2-17: Ansicht Vorgang Einsatz mit Überstundenarbeit.

Anschließend werden die zwanzig durch den Maurer zu leistenden Überstunden im entsprechenden Feld eingetragen. Die zusätzliche Arbeit außerhalb der Standard-Arbeitszeit bewirkt, dass sich die Dauer des Vorgangs wieder reduziert. Damit ist die Eingabe der Überstunden abgeschlossen (Abb. 8.2-17).

> Microsoft Project versteht Überstundenarbeit nicht als eine selbstständige Größe. Überstunden sind Teil der Arbeit.

Hinweis

Im Beispiel sind daher die zwanzig Stunden Überstundenarbeit Teil der 80 Stunden Arbeit, sie werden nicht addiert. Aufgrund der internen Logik von Microsoft Project ist es wichtig, bei der Eingabe von Überstunden, wie im Beispiel, zuerst die Arbeit zu erhöhen und im zweiten Schritt die Überstunden einzugeben!

Eine weitere interessante Möglichkeit zur direkten Eingabe von Überstunden bietet die Maskenübersicht der Ansicht Vorgang: Eingabe (Menü Ansicht-Andere Ansichten-Weitere Ansichten...-Vorgang: Eingabe). Durch Betätigung der rechten Maustaste im rechten Bereich der unteren Maskenansicht wird die Anzeige Arbeit Ressourcen geöffnet. Hier lassen sich Ressourcen-Vorgang-Relationen in Bezug auf eingesetzte Arbeit direkt bearbeiten (Abb. 8.2-18).

Nutzung der Maskenübersicht zur Eingabe von Überstunden

8 Wie läuft's? Den Projektfortschritt aktualisieren *

Vorgangsname	Aktueller Anfang	Aktuelles Ende	% Arbeit abgeschlos	Physisch abgeschlos (%)	Aktuelle Dauer	Verbleibende Dauer	Aktuelle Kosten	Aktuelle Arbeit
15 − Ausbau	NV	NV	0%	0%	0 Tage	35 Tage	0,00 €	0 Std.
16 Estrich legen	NV	NV	0%	0%	0 Tage	8 Tage	0,00 €	0 Std.
17 Materialien einkaufen	NV	NV	0%	0%	0 Std.	12 Std.	0,00 €	0 Std.
18 Dämmung verlegen	NV	NV	0%	0%	0 Std.	8 Std.	0,00 €	0 Std.
19 Abstandhalter befestigen	NV	NV	0%	0%	0 Std.	8 Std.	0,00 €	0 Std.
20 Parkett zuschneiden	NV	NV	0%	0%	0 Std.	4 Std.	0,00 €	0 Std.
21 Parkett verlegen	NV	NV	0%	0%	0 Std.	16 Std.	0,00 €	0 Std.
22 Parkett versiegeln	NV	NV	0%	0%	0 Std.	4 Std.	0,00 €	0 Std.
23 Übergangsleisten befestigen	NV	NV	0%	0%	0 Std.	4 Std.	0,00 €	0 Std.
24 Abschlussleisten befestigen	NV	NV	0%	0%	0 Std.	12 Std.	0,00 €	0 Std.
25 Parkett reinigen	NV	NV	0%	0%	0 Std.	4 Std.	0,00 €	0 Std.
26 Tapeten anbringen	NV	NV	0%	0%	0 Tage	3 Tage	0,00 €	0 Std.
27 Decken verkleiden	NV	NV	0%	0%	0 Tage	3 Tage	0,00 €	0 Std.

Name: Estrich legen Dauer: 8 Tage ☐ Leistungsgesteuert ☑ Manuell geplant Vorher Weiter
Anfang: Mo 03.12.12 Ende: Mi 12.12.12 Vorgangsart: Feste Einheiten % Abgeschlossen: 0%

Nr.	Ressourcenname	Einh.	Arbeit	Überstd.	Geplante Arbeit	Akt. Arbeit	Verbl. Arbeit
10	Maurer	100%	60h	0h	60h	0h	60h

Abb. 8.2-18: Maskenansicht Arbeit Ressourcen in Ansicht Vorgang: Eingabe.

Zusätzliche Ressourcen in allen Plänen anlegen & pflegen

Wenn **zusätzliche Ressourcen** in das Projekt eingeplant werden, müssen diese analog zu den bisher genutzten Ressourcen angelegt und mit den entsprechenden Daten versehen werden. Darüber hinaus darf nicht vergessen werden, diese auch im Basisplan zu speichern, um für künftige Soll-Ist-Vergleiche zur Verfügung zu stehen.

Ändern sich Ressourcendaten (z. B. die Kosten oder Kostensätze), sind diese ebenfalls in die Projektdatei über die Ansicht Ressource: Tabelle aus dem Menü Ansicht einzupflegen. In diesem Fall ist zu entscheiden, ob die Änderungen auch im Basisplan zu speichern sind (z. B. falsche Ausgangskalkulation) oder eine tatsächliche Änderung gegenüber der Planung im Soll-Ist-Vergleich ausgewiesen werden soll.

Kosten

Manuelle Kosteneingabe

Vermehrter Einsatz von Ressourcen oder Überstunden führen im Regelfall zu **erhöhten Projektkosten**. Die entsprechenden Berechnungen erstellt Microsoft Project mit Hilfe der eingestellten Ressourcenkostensätze selbssttändig. Trotzdem kann es notwendig sein, Kosten manuell zu bearbeiten. Hierzu kann die Maskenansicht Kosten (rechte Maustaste in dem grauen Feld unten rechts betätigen) der Ansicht Vorgang: Eingabe genutzt werden (Abb. 8.2-19).

8.2 Projektdatenpflege und Projektüberwachung

Der Teilvorgang »Grube ausheben« ist bereits zu 100% abgeschlossen. Der Vorgang wurde vorerst berechnet wie geplant. Die aktuellen Kosten entsprechen daher den bisher geplanten Kosten des Vorgangs (€ 908,-) und setzen sich aus den Ressourcenkosten € 500,- (Bagger) und € 408,- (Baggerfahrer) zusammen. Da, entgegen der Planung, der Einsatz eines speziellen Baggerführers notwendig war, müssen nach dem Eingang der Rechnung nun die realen Kosten für den Baggerfahrer noch einmal manuell angepasst werden. Die neue Rechnung für den Baggerführer beläuft sich auf € 528,-.

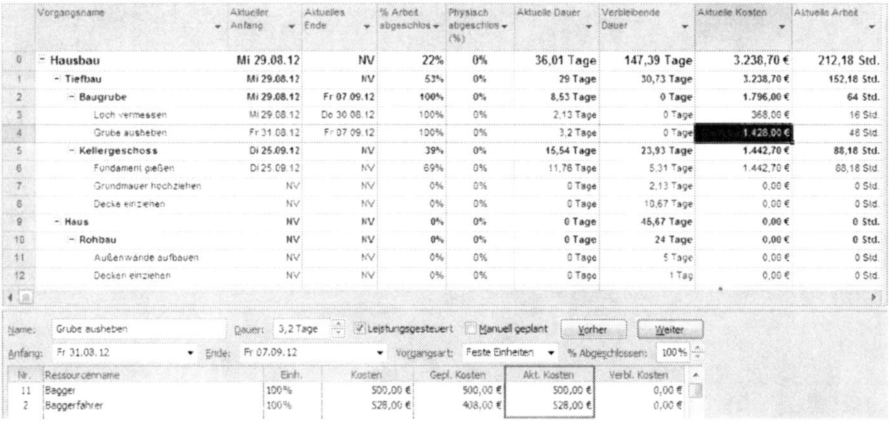

Beispiel

Abb. 8.2-19: Maskenansicht Ressourcenkosten der Ansicht Vorgang: Eingabe.

Nach der Aktualisierung der Kosten für die Ressource »Baggerfahrer« erhöhen sich die Kosten dieser Ressource. Automatisch errechnet Microsoft Project die Gesamtkosten des Teilvorganges und der übergeordneten Sammelvorgänge neu. Die Änderungen werden farblich hervorgehoben, die Kostenabweichung in Höhe von € 128,- wird in der entsprechenden Spalte ausgewiesen (Abb. 8.2-19).

Der Bodenaushub stellt sich im Nachhinein als belastet heraus. Zusätzlich zu den bisherigen Kostenänderungen des Teilvorganges »Grube ausheben« müssen weitere,

Änderungen von festen Vorgangskosten

bisher unvorhergesehene Kosten für die umweltgerechte Entsorgung des Bodens bei einem Fachbetrieb in Höhe von € 400,- übernommen werden. Da diese zusätzlichen Kosten zwar dem Vorgang, nicht aber einer Ressource direkt zugeordnet werden können, werden sie im Feld Feste Kosten erfasst. Durch die Eingabe der festen Kosten werden erneut die Gesamtkosten, die aktuellen Kosten und die Abweichung des Teilvorganges »Grube ausheben« sowie seiner übergeordneten Sammelvorgänge beeinflusst. Die Ressourcenkosten werden nicht berührt (Abb. 8.2-20).

Nr.	Vorgangsname	Feste Kosten	Fälligkeit fester Kosten	Gesamtkosten	Geplant	Abweichung	Aktuell	Verbleibend
0	– Hausbau	0,00 €	Anteilig	13.643,00 €	10.603,00 €	3.040,00 €	0,00 €	13.643,00 €
1	– Tiefbau	0,00 €	Anteilig	5.516,00 €	4.516,00 €	1.000,00 €	0,00 €	5.516,00 €
2	– Baugrube	0,00 €	Anteilig	1.796,00 €	1.156,00 €	640,00 €	0,00 €	1.796,00 €
3	Loch vermessen	0,00 €	Anteilig	368,00 €	248,00 €	120,00 €	0,00 €	368,00 €
4	Grube ausheben	400,00 €	Anteilig	1.428,00 €	908,00 €	520,00 €	0,00 €	1.428,00 €
5	– Kellergeschoss	0,00 €	Anteilig	3.720,00 €	3.360,00 €	360,00 €	0,00 €	3.720,00 €
6	Fundament gießen	0,00 €	Anteilig	2.040,00 €	1.920,00 €	120,00 €	0,00 €	2.040,00 €
7	Grundmauer hochziehen	0,00 €	Anteilig	360,00 €	240,00 €	120,00 €	0,00 €	360,00 €
8	Decke einziehen	0,00 €	Anteilig	1.320,00 €	1.200,00 €	120,00 €	0,00 €	1.320,00 €
9	– Haus	0,00 €	Anteilig	7.302,00 €	5.502,00 €	1.800,00 €	0,00 €	7.302,00 €
10	– Rohbau	0,00 €	Anteilig	3.120,00 €	2.640,00 €	480,00 €	0,00 €	3.120,00 €
11	Außenwände aufbauen	0,00 €	Anteilig	982,50 €	862,50 €	120,00 €	0,00 €	982,50 €
12	Decken einziehen	0,00 €	Anteilig	292,50 €	172,50 €	120,00 €	0,00 €	292,50 €
13	Dach decken	0,00 €	Anteilig	465,00 €	345,00 €	120,00 €	0,00 €	465,00 €

Abb. 8.2-20: Eingabe fester Kosten in der Tabelle Kosten.

8.3 Projektüberwachung *

Die kontinuierliche Überwachung des Projektes im Hinblick auf Ziele, Termine und Kosten ist eine wesentliche Aufgabe. Nur das frühzeitige Erkennen von Planabweichungen erlaubt den Einsatz von wirksamen Steuerungsmaßnahmen. Darüber hinaus sind die kostenmäßigen Auswirkungen solcher Maßnahmen in einem frühen Stadium häufig weniger hoch. Microsoft Project stellt verschiedene Hilfsmittel zur Projektüberwachung zur Verfügung. Vor allem die grafischen Darstellungen ermöglichen eine schnelle Information über den aktuellen Projektstand.

8.3 Projektüberwachung *

Fortschrittslinien stellen den Projektfortschritt in der Ansicht `Balkendiagramm` grafisch dar. Dazu verbinden Sie die zum ausgewählten Zeitpunkt in Arbeit befindlichen Vorgänge miteinander. Dadurch entsteht eine grafische Verknüpfung des aktuellen Bearbeitungsstatus.

Läuft alles nach Plan, entsteht eine senkrechte Fortschrittslinie – alle Vorgänge sind zum Betrachtungszeitpunkt exakt im Plan. In der Realität werden einige Vorgänge hinter dem Zeitplan liegen, andere sind dem Terminplan voraus. Dadurch entsteht eine gezackte Fortschrittslinie.

Die Fortschrittslinie für den schnellen Überblick

Das Dialogfeld `Fortschrittslinien` befindet sich im Menü `Format-Gitternetzlinien`. Es stehen zwei Registerkarten zur Auswahl (Abb. 8.3-1):

- Linienarten (wird hier nicht näher betrachtet)
- Daten und Intervalle

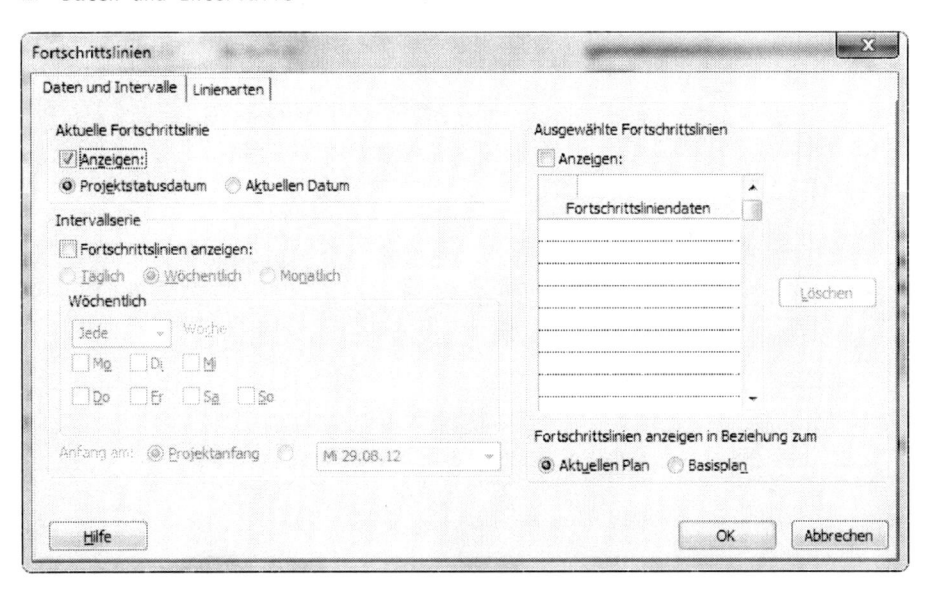

Abb. 8.3-1: Dialogfeld Fortschrittslinien, Registerkarte Daten und Intervalle.

Mit der Registerkarte `Daten und Intervalle` im Dialogfeld `Fortschrittslinien` können folgende Einstellungen zum Anzeigen von Daten und Intervallen mit Fortschrittlinien festgelegt werden:

8 Wie läuft's? Den Projektfortschritt aktualisieren

1 Anzeigen von Fortschrittslinien für bestimmte Daten
2 Anzeigen von Fortschrittslinien in Intervallserien

Hinweis Ist bei Auswahl der Option aktuelle Fortschrittslinie zum **Projektstatusdatum** anzeigen kein Projektstatusdatum festgelegt, wird die Fortschrittslinie zum aktuellen Datum angezeigt.

Für die Option Fortschrittslinien anzeigen in Intervallserien stehen verschiedene Auswahl- und Definitionsfelder zu Verfügung. Außerdem kann ein Startzeitpunkt festgelegt werden.

Im rechten Bereich des Dialogfeldes können einzelne Daten, zu denen Fortschrittslinien angezeigt werden sollen, definiert werden. Außerdem kann festgelegt werden, ob sich die Fortschrittslinien auf den **aktuellen Projektplan** (Ist-Werte) oder den **Basisplan** (Soll-Werte) beziehen sollen (Abb. 8.3-1).

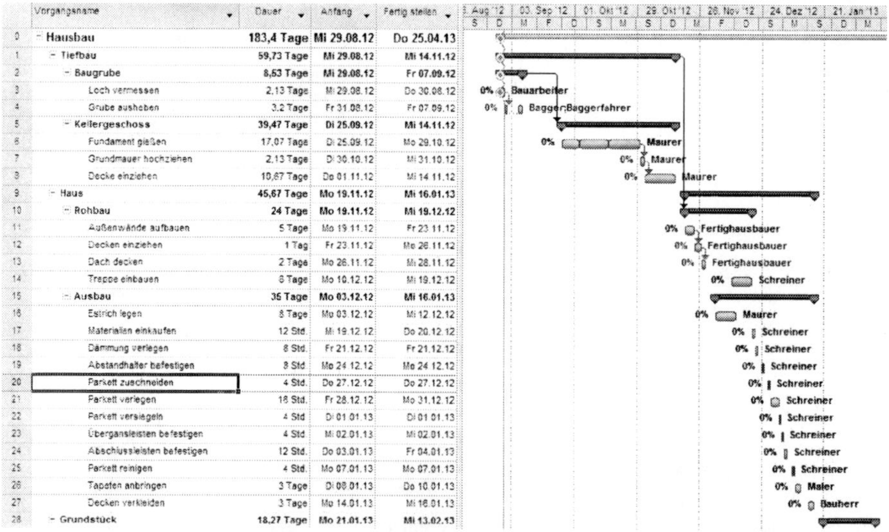

Abb. 8.3-2: Fortschrittlinie zur Projektüberwachung.

Balkendiagramm: Überwachung

Eine weitere gute Übersicht über den aktuellen Projektstatus und insbesondere einen übersichtlichen **Soll-Ist-Vergleich** bietet die Ansicht Gantt-Diagramm: Überwachung in Verbindung z. B. mit der Tabelle Arbeit (Abb. 8.3-3).

8.3 Projektüberwachung

Vorgangsname	Arbeit	Geplant	Abweichung	Aktuell	Verbleibend	% Arbeit abgeschl.
Hausbau	654 Std.	615 Std.	39 Std.	53,6 Std.	500,4 Std.	23%
Tiefbau	327 Std.	288 Std.	39 Std.	153,6 Std.	173,4 Std.	47%
Baugrube	103 Std.	64 Std.	39 Std.	25,6 Std.	77,4 Std.	25%
Loch vermessen	55 Std.	16 Std.	39 Std.	6,4 Std.	48,6 Std.	12%
Grube ausheben	48 Std.	48 Std.	0 Std.	19,2 Std.	28,8 Std.	40%
Kellergeschoss	224 Std.	224 Std.	0 Std.	128 Std.	96 Std.	57%
Fundament gießen	128 Std.	128 Std.	0 Std.	128 Std.	0 Std.	100%
Grundmauer hochziehen	16 Std.	16 Std.	0 Std.	0 Std.	16 Std.	0%
Decke einziehen	80 Std.	80 Std.	0 Std.	0 Std.	80 Std.	0%

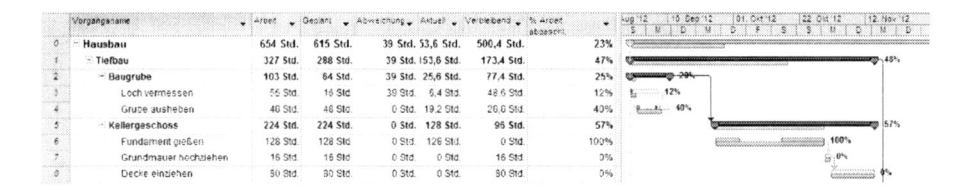

Abb. 8.3-3: Tabelle Arbeit und Balkendiagramm: Überwachung.

Im Gantt-Diagramm: Überwachung werden die Vorgangsbalken zweifach dargestellt:

- auf Basis der Sollwerte des Basisplans
- auf Basis der aktuellen Projektdaten des Projektplans

So können **zeitliche Abweichungen, Verschiebungen** von Vorgängen und erarbeitete **Zeitpuffer** auf einen Blick erkannt werden.

> Der Teilvorgang »Loch vermessen« konnte erst nach 55, anstatt nach den ursprünglich veranschlagten 16 Stunden abgeschlossen werden. Der Vorgangsbalken auf Basis der aktuellen Dauer ist gegenüber dem Basisplan-Balken entsprechend länger.
> Nachgelagerte Vorgänge mit Ende-Anfang-Beziehung können entsprechend später begonnen werden (vgl. »Grube ausheben«). Auch der übergeordnete Sammelvorgang wird neu berechnet und entsprechend verkürzt dargestellt.
> Dagegen gab es beim Teilvorgang »Fundament gießen« genau eine Punktlandung von 128 Stunden. Der Vorgangsbalken des aktuellen Plans wird gegenüber dem des Basisplans entsprechend gleich dargestellt.

Beispiel

Das Gantt-Diagramm: Überwachung lässt sich über das Menü Ansicht öffnen.

Vorgänge bzw. Ereignisse ohne Pufferzeit werden als kritisch (**Kritischer Weg**) bezeichnet. Sie sind sorgfältig zu überwachen, da eine Verzögerung das Projekt über den festgelegten Endtermin hinaus verschieben würde.

Überwachung des zeitlichen Spielraums

Die Überwachung **kritischer Vorgänge** (Vorgänge innerhalb eines kritischen Pfades) in einem Projekt, sowie das

8 Wie läuft's? Den Projektfortschritt aktualisieren *

Monitoring von Vorgangsketten, die sich durch Verschiebungen zu einem kritischen Weg entwickeln können, hat im Rahmen des Projekt-Controllings höchsten Stellenwert. Verzögerungen im kritischen Weg gefährden aufgrund des fehlenden zeitlichen Puffers ohne weitere Steuerungsmaßnahmen den Projektabschluss zum geplanten Zeitpunkt.

Der kritische Pfad sollte daher

- regelmäßig angezeigt werden,
- genau überwacht werden und
- auf seinen Verlauf hin geprüft werden, um Änderungen durch Verschiebungen abschätzen zu können (z. B. Entwicklung eines neuen kritischen Pfades).

Kritischen Pfad anzeigen

Der **Kritische Pfad** kann über die Ansicht Format Feld Kritische Vorgänge angezeigt werden. Zur Formatierung des kritschen Weges ist die Ansicht Format-Format-Balkenarten zu öffnen. (Abb. 8.3-4).

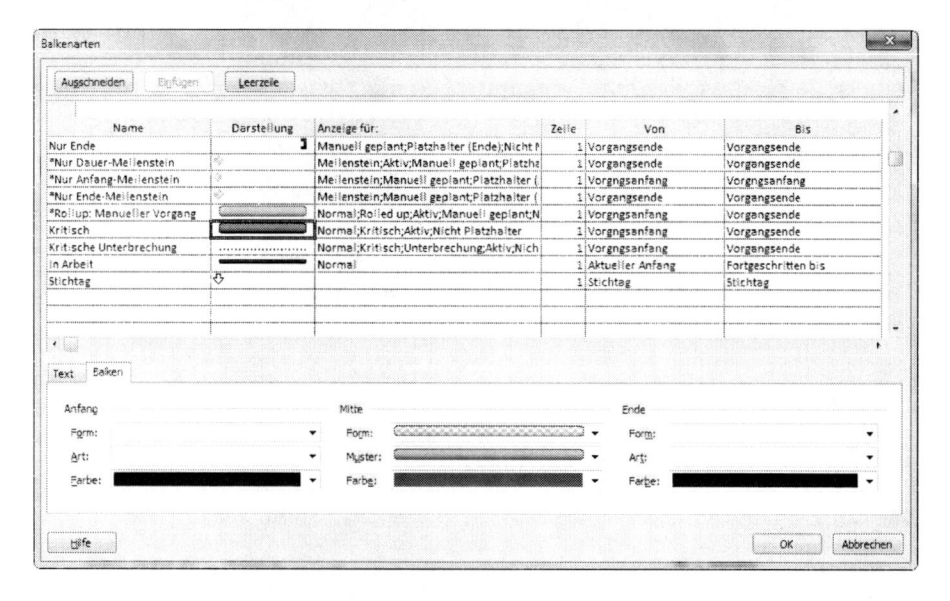

Abb. 8.3-4: Dialogfeld Balkenplan-Assistent.

Tipp Kritische Vorgänge werden entsprechend der definierten Formatierung dargestellt. Standardmäßig werden sie rot hervorgehoben.

8.3 Projektüberwachung * 205

Im Beispiel ist der 24.05. als Ende des Projektes geplant. Um diesen Termin halten zu können, darf es, aufgrund der Ende-Anfang-Beziehungen zwischen den übergeordneten Sammelvorgängen, auf keinen Fall zu Verzögerungen kommen (Abb. 8.3-5).

Beispiel

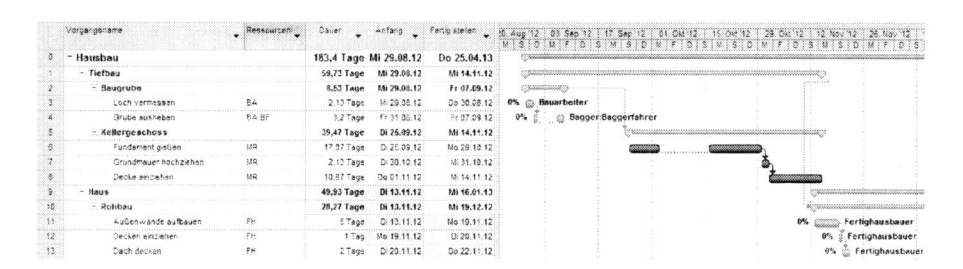

Abb. 8.3-5: Kritischer Pfad.

Eine Verzögerung bedingt eine Verschiebung der nachfolgenden Teilvorgänge. Hieraus resultiert, dass der geplante Projektabschluss nicht eingehalten werden kann (Abb. 8.3-6).

Beispiel für die Änderung des kritischen Pfades

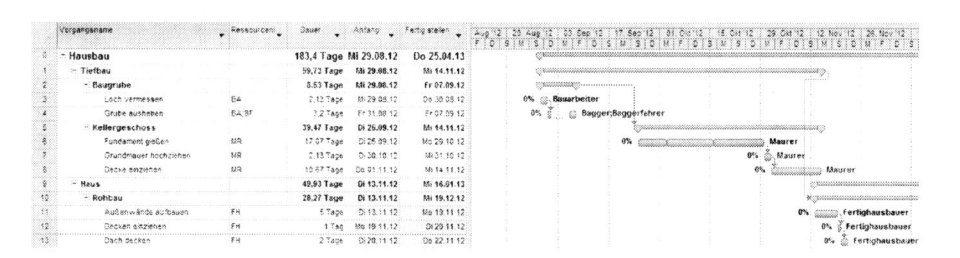

Abb. 8.3-6: Geänderter kritischer Pfad nach einer Vorgangsverzögerung.

Zur Identifikation von Vorgängen, die aufgrund von Verschiebungen kritisch werden können, lassen sich in Microsoft Project Vorgänge mit Pufferzeiten anzeigen. Wann dabei ein Vorgang als potentiell kritisch eingestuft wird, lässt sich im Menü Datei-Optionen auf der Registerkarte Erweitert festlegen (Abb. 8.3-7).

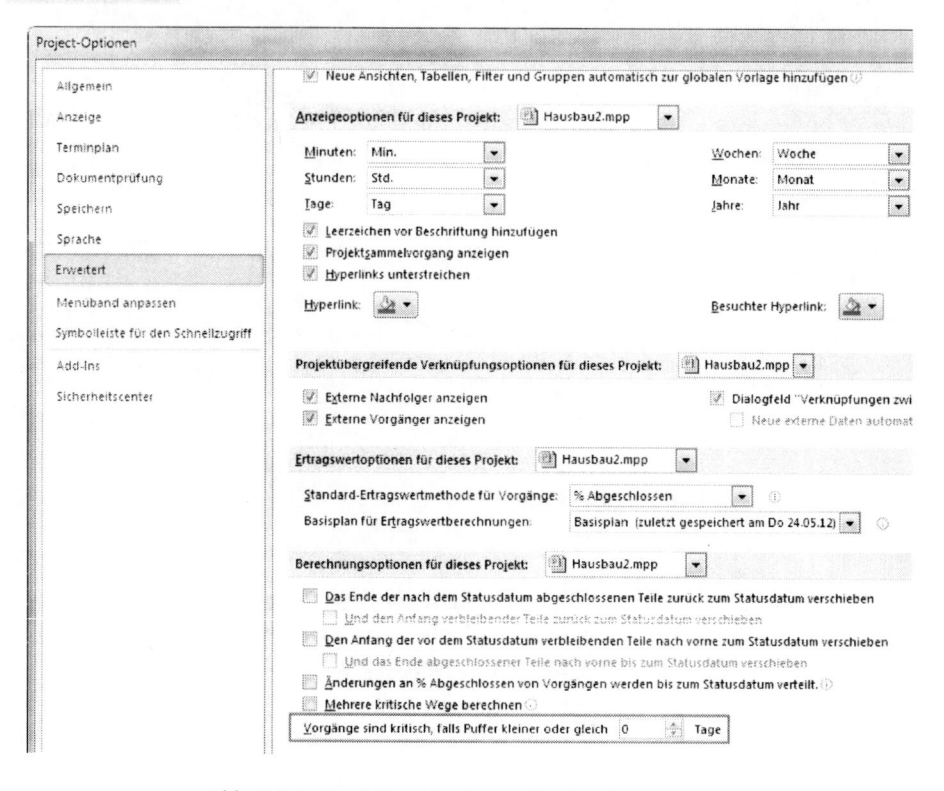

Abb. 8.3-7: Menü Datei-Optionen, Registerkarte Erweitert.

8.4 Meilensteine und Filter *

Meilensteine sind Zwischenziele innerhalb des Projektes. Erst ihr Erreichen bzw. ihr Abschluss läuten den Beginn der nächsten Projektphase ein. Sie eignen sich daher hervorragend zur Überwachung des Projektfortschritts und zur Sicherung des Projektzieles in zeitlicher, inhaltlicher und budgettechnischer Sicht:

- »Prüfung der Meilensteine«, S. 207

Filter hingegen sind ein gutes Hilfsmittel bei der Suche und Einschränkung von Informationen. Gerade bei großen und komplexen Projekten helfen Filter, in der Masse der Daten den Überblick zu behalten:

- »Standardfilter, AutoFilter und selbst erstellte Filter«, S. 208

8.4.1 Prüfung der Meilensteine *

Meilensteine sind Zwischenziele im Gesamtprojekt. Sie helfen einerseits bei der Strukturierung der Arbeiten, andererseits bei der Überwachung des Projektfortschritts. Erst nach dem Erreichen eines Meilensteins sollte das Projekt mit der nächsten Phase fortgeführt werden.

Vorgänge mit einer Dauer von »0« werden von Microsoft Project automatisch als Meilenstein erkannt und dargestellt (vgl. »Meilensteine setzen«, S. 99).

> Microsoft Project ermöglicht auch die Anlage von Meilensteinen mit einer Dauer ungleich »0«. — Tipp

Beispielsweise könnte im Bauprojekt die Teil- oder Gesamtbauabnahme, die sicher eine gewisse Dauer hat, als Meilenstein definiert werden. Ebenso gut kann aber auch die Bauabnahme als normaler Teilvorgang definiert, und am Ende der Bauabnahme der Meilenstein mit einer Dauer von »0« eingefügt werden. So lässt sich eine eindeutige Systematik im Projekt durchhalten (Abb. 8.4-1).

Die Darstellung der Meilensteine lässt sich über das Menü Balken formatieren, welches z. B. durch Betätigung der rechten Maustaste auf den Meilenstein über den Menüeintrag Formatierungsleiste geöffnet werden kann, anpassen (siehe »Balkenarten und Beschriftung«, S. 158, und Abb. 8.4-2). — Formatierung von Meilensteinen

	Vorgangsname	Dauer	Anfang	Fertig stellen	27. Aug '12	03. Sep '12
0	- Hausbau	183,4 Tage?	Mi 29.08.12	Do 25.04.13		
1	- Tiefbau	59,73 Tage?	Mi 29.08.12	Mi 14.11.12		
2	- Baugrube	8,53 Tage?	Mi 29.08.12	Fr 07.09.12		
3	Loch vermessen	2,13 Tage	Mi 29.08.12	Do 30.08.12	0% Bauarbeiter	
4	Grube ausheben	3,2 Tage	Fr 31.08.12	Fr 07.09.12	0%	Bagger;
5	Tiefbau beendet	0 Tage?	Fr 07.09.12	Fr 07.09.12		07.09.

Abb. 8.4-1: Vorgang »Tiefbau beendet« als Meilenstein.

Zur Anlage eines Meilensteins wird ein neuer Vorgang auf der gewünschten Gliederungsebene angelegt. Soll z. B. der Abschluss eines Sammelvorgangs der 2. Ebene als Meilenstein dargestellt werden, so ist der Meilensteinvorgang auch in der 2. Ebene anzulegen. Anschließend wird die Dau- — Meilensteine anlegen

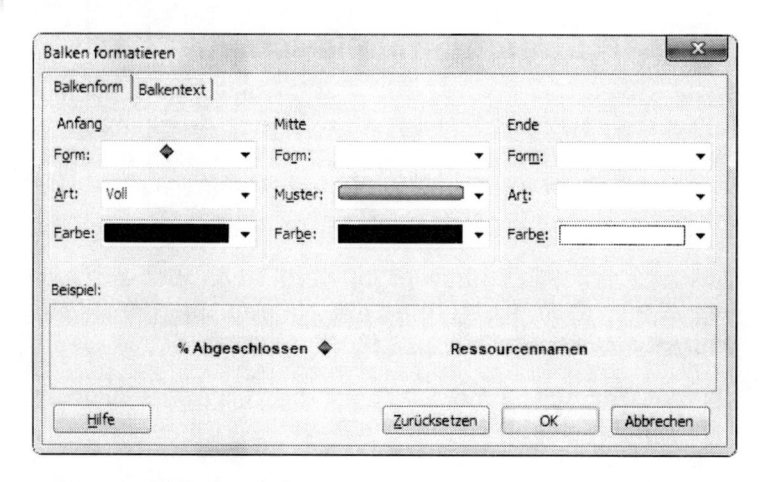

Abb. 8.4-2: Dialogfenster Balken formatieren.

er des neuen Vorgangs mit »0« (»Null«) eingegeben. In der Diagrammansicht wird der Vorgang nun automatisch als Meilenstein dargestellt.

Hinweis
Um den Meilenstein bei eventuellen zeitlichen **Verschiebungen** ebenfalls anzupassen muss entweder der letzte Teilvorgang des Sammelvorgangs, oder der Sammelvorgang selbst, als **Vorgänger** des Meilensteins festgelegt werden. Die letztere Vorgehensweise ist sicherer, da es vorkommen kann, dass der Teilvorgang aus irgendwelchen Gründen im Laufe des Projektes z. B. in einen anderen Sammelvorgang überführt, oder im Extremfall ganz gestrichen wird. Davon wäre dann auch der Meilenstein betroffen. Meilensteine lassen sich mit Hilfe von **Filtern** sehr gut finden und anzeigen.

8.4.2 Standardfilter, AutoFilter und selbst erstellte Filter *

Über Filter wird festgelegt, welche Vorgangs- oder Ressourceninformationen in einer Ansicht angezeigt oder hervorgehoben werden sollen. Microsoft Project beinhaltet verschiedene vordefinierte Standardfilter für die häufigsten Anwendungsfälle. Darüber hinaus gibt es den sog. AutoFilter und die Möglichkeit, Filter selbst zu erstellen.

Standardfilter

Die vordefinierten Standardfilter lassen sich über das Menü Ansicht-Filter auswählen. Die Auswahl im Menü Ansicht-Filter ist abhängig von der jeweils aktuell genutzten Tabellenansicht. Ist diese vorgangsbezogen (z. B. Ansicht-Tabelle: Eingabe), werden auch vorgangsbezogene Standardfilter angeboten (Abb. 8.4-3).

Vorgangs- und ressourcenbezogene Standardfilter

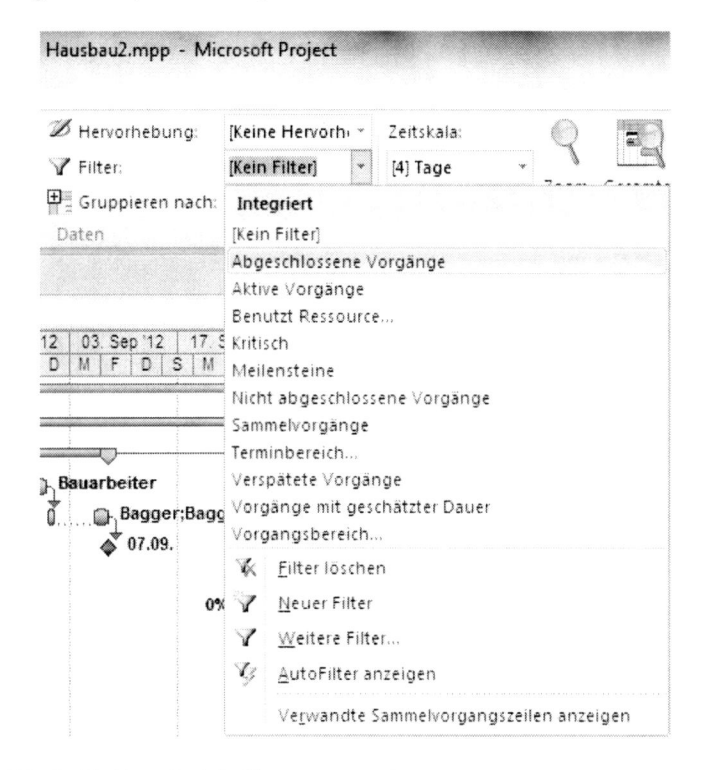

Abb. 8.4-3: Menü Projekt-Filter, vorgangsbezogen.

Ist die aktuelle Tabellenansicht dagegen ressourcenbezogen (z. B. Ansicht-Ressource: Tabelle), werden auch ressourcenbezogene Filtermöglichkeiten zur Auswahl angezeigt (Abb. 8.4-4).

Standardmäßig ist der Filterwert auf Alle gesetzt, sodass keine Einschränkungen in Bezug auf die Informationsanzeige bestehen. Vereinfacht könnte man auch sagen, der Filter ist inaktiv.

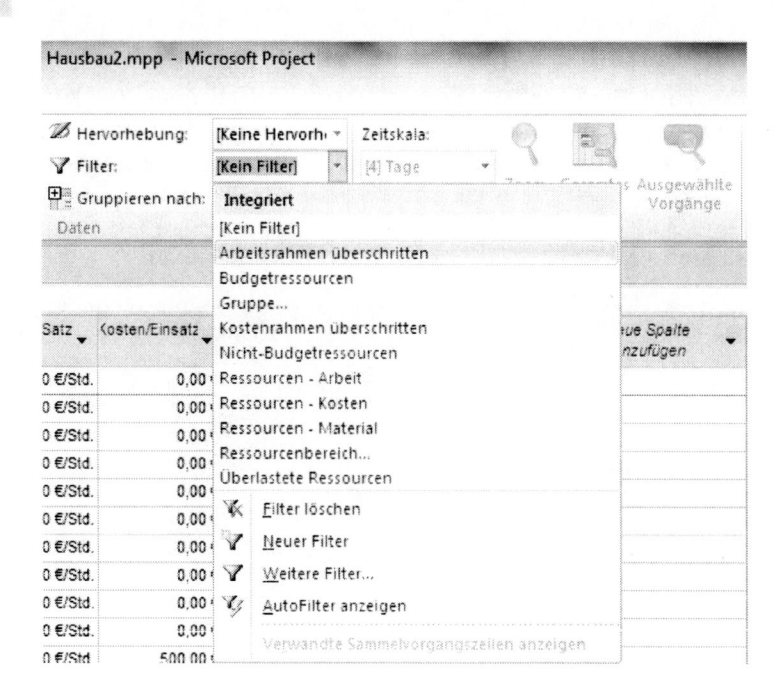

8 Wie läuft's? Den Projektfortschritt aktualisieren *

Abb. 8.4-4: Menü Projekt-Filter, ressourcenbezogen.

Der Schreiner ist erkrankt, ein anderer muss ihn ersetzen. Um dem neuen Schreiner schnell eine Übersicht über seine Projektaufgaben zu geben, soll eine Übersicht über alle diesbezüglichen Vorgänge erstellt werden. Wählen Sie im Menü Ansicht-Filter den Menüpunkt Benutzt Ressource... aus. Wählen Sie dann im Dialogfenster Benutzt Ressource die entsprechende Ressource, hier also den Schreiner, aus (Abb. 8.4-5).

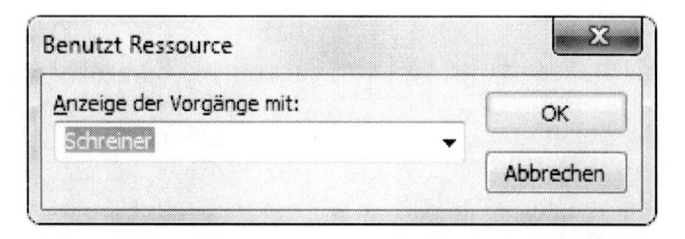

Abb. 8.4-5: Dialogfenster Benutzt Ressource im Menü Ansicht-Filter.

8.4 Meilensteine und Filter *

Die Anzeigen in der Tabellenansicht wie im Diagrammfenster werden auf die gefilterten Informationen hin reduziert. Sie enthalten nur noch Teil- und Sammelvorgänge, an denen die Ressource »Schreiner« beteiligt ist (Abb. 8.4-6).

Vorgangsname	Dauer	Ressourcenname
0 – Hausbau	183,4 Tag	
10 – Haus	49,93 Tage	
11 – Rohbau	28,27 Tage	
15 Treppe einbauen	8 Tage	Schreiner
16 – Ausbau	36 Tage	
18 Materialien einkaufen	12 Std.	Schreiner
19 Dämmung verlegen	8 Std.	Schreiner
20 Abstandhalter befestigen	8 Std.	Schreiner
21 Parkett zuschneiden	4 Std.	Schreiner
22 Parkett verlegen	16 Std.	Schreiner
23 Parkett versiegeln	4 Std.	Schreiner
24 Übergangsleisten befestigen	4 Std.	Schreiner
25 Abschlussleisten befestigen	12 Std.	Schreiner
26 Parkett reinigen	4 Std.	Schreiner

Abb. 8.4-6: Gefilterte Tabellen- und Diagrammansicht.

AutoFilter

Über die definierten Standardfilter hinaus gibt es den sogenannten AutoFilter, der vielen Lesern aus Microsoft Excel AutoFilter bekannt sein wird. Der AutoFilter ist beim Öffnen des Programms standardmäßig deaktiviert, kann aber über das Menü Datei-Optionen auf der Registerkarte Erweitert so eingestellt werden, dass er beim Erstellen eines neuen Projektes aktiviert wird – für bereits angelegte Projekte steht diese Option nicht zur Verfügung.

Aktivierung des AutoFilters

Wird der AutoFilter über das Menü Ansicht-Filter:-AutoFilter anzeigen aktiviert (Abb. 8.4-7), erscheinen in der Kopfzeile der Tabellenansicht Auswahllistenfelder in Form von nach unten gerichteten Pfeilen (Abb. 8.4-8). Einmal aktiviert, steht der AutoFilter in allen Tabellenansichten zur Verfügung. Über die Listenauswahl in der Kopfzeile lassen sich nun abhängig von der aktuellen Tabellenansicht Werte auswahlbasiert filtern. Es lassen sich auch geschachtelte Filter anwenden.

Auch mit dem AutoFilter lassen sich alle Vorgänge extrahieren, bei denen die Ressource »Schreiner« eingeplant ist. Darüber hinaus sollen aber nur Vorgänge gezeigt werden, die länger als einen Tag dauern. Aktivieren Sie die Tabellenan-

8 Wie läuft's? Den Projektfortschritt aktualisieren *

sicht Tabelle: Eingabe und wählen Sie in der AutoFilter-Auswahl in der Kopfzeile der Spalte Ressource den Wert Schreiner aus (Abb. 8.4-7).

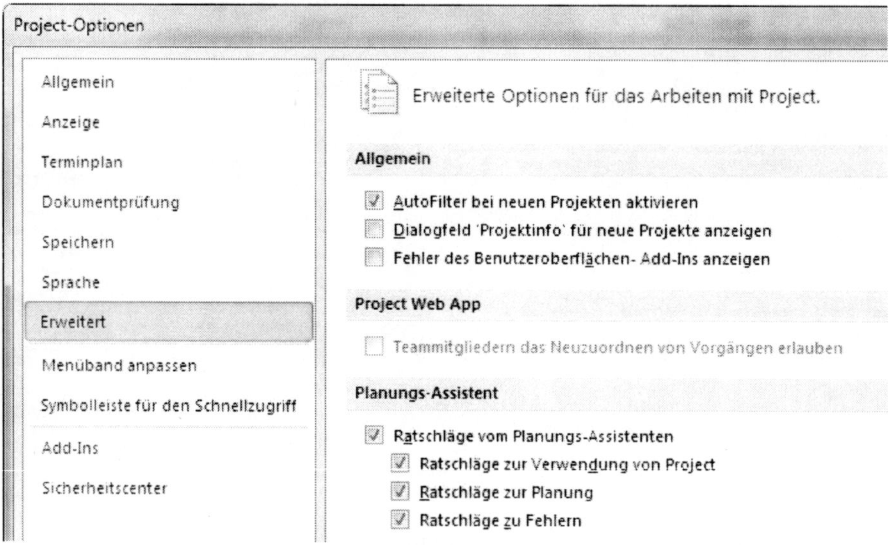

Abb. 8.4-7: Dialogfeld Project-Optionen zur Aktivierung des AutoFilters.

Da Ressourcen grundsätzlich den Teilvorgängen zugeordnet sind, zeigt die gefilterte Ansicht alle Teilvorgänge, in denen die Ressource »Schreiner« eingeplant ist, sowie alle zugehörigen Sammelvorgänge.

Wählen Sie über die AutoFilter-Auswahl der Spalte Dauer alle Vorgänge, die einen Tag oder weniger dauern aus (Abb. 8.4-10).

Als Resultat entsteht die gewünschte, gefilterte Liste. Die zuvor noch angezeigten Teilvorgänge werden aufgrund ihrer Dauer von maximal 1 Tag ausgeblendet (Abb. 8.4-11).

Hinweis | Eine Projektdatei, die gefiltert, gespeichert und geschlossen wurde, erscheint beim nächsten Öffnen erneut gefiltert. Nur die unterbrochene Vorgangsnummerierung weist auf die Aktivierung von Filtern hin. In der Kopfzeile der Tabellenansicht werden aktive Filter nicht hervorgehoben.

8.4 Meilensteine und Filter *

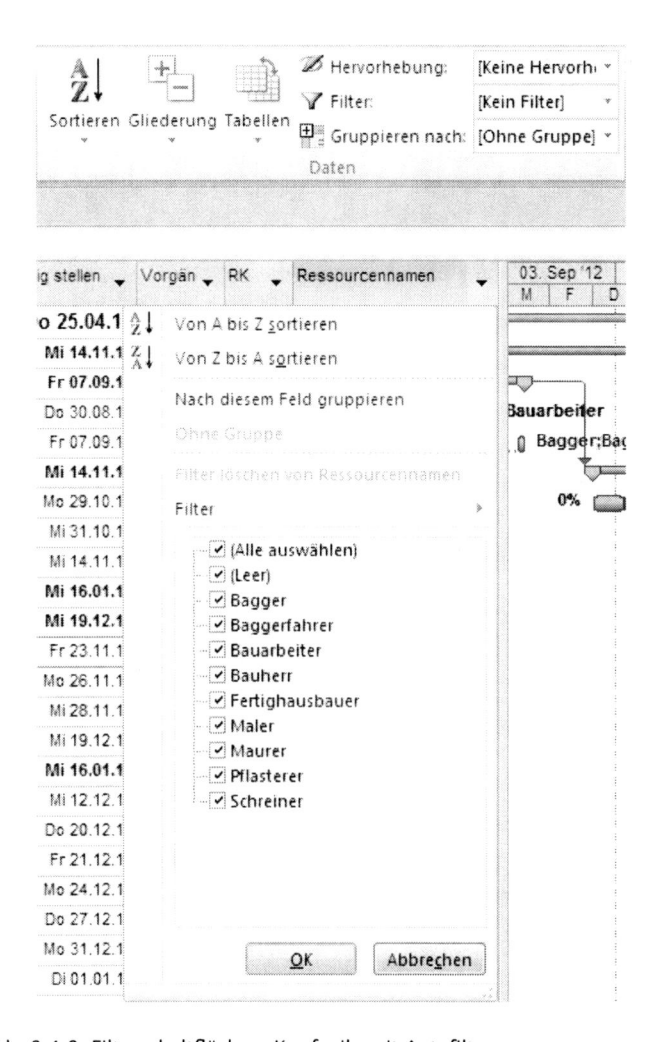

Abb. 8.4-8: Filterschaltflächen, Kopfzeile mit Autofilter.

Über die Auswahl Benutzerdefiniert... der AutoFilter-Auswahlliste erscheint ein Dialogfenster (Abb. 8.4-12), dass die **Kombination mehrerer Werte und Operatoren** innerhalb einer Spalte der Tabellenansicht benutzerdefiniert zulässt. Diese Filterkombination kann gespeichert werden.

Benutzerdefinierte AutoFilter

Ein mächtigeres Instrument zur Erstellung von benutzerdefinierten Filtern sind sog. **Selbsterstellte Filter**.

8 Wie läuft's? Den Projektfortschritt aktualisieren *

Vorgangsname	Dauer	Anfang	Fertig stellen	Vorgän	RK	Ressourcennamen
0 − Hausbau	183,4 Tage	Mi 29.08.12	Do 25.04.13			
9 − Haus	45,67 Tage	Mo 19.11.12	Mi 16.01.13			
10 − Rohbau	24 Tage	Mo 19.11.12	Mi 19.12.12	1		
14 Treppe einbauen	8 Tage	Mo 10.12.12	Mi 19.12.12		SC	Schreiner
15 − Ausbau	35 Tage	Mo 03.12.12	Mi 16.01.13			
17 Materialien einkaufen	12 Std.	Mi 19.12.12	Do 20.12.12		SC	Schreiner
18 Dämmung verlegen	8 Std.	Fr 21.12.12	Fr 21.12.12		SC	Schreiner
19 Abstandhalter befestigen	8 Std.	Mo 24.12.12	Mo 24.12.12		SC	Schreiner
20 Parkett zuschneiden	4 Std.	Do 27.12.12	Do 27.12.12		SC	Schreiner
21 Parkett verlegen	16 Std.	Fr 28.12.12	Mo 31.12.12		SC	Schreiner
22 Parkett versiegeln	4 Std.	Di 01.01.13	Di 01.01.13		SC	Schreiner
23 Übergangsleisten befestigen	4 Std.	Mi 02.01.13	Mi 02.01.13		SC	Schreiner
24 Abschlussleisten befestigen	12 Std.	Do 03.01.13	Fr 04.01.13		SC	Schreiner
25 Parkett reinigen	4 Std.	Mo 07.01.13	Mo 07.01.13		SC	Schreiner

Abb. 8.4-9: AutoFilter Ressource »Schreiner«.

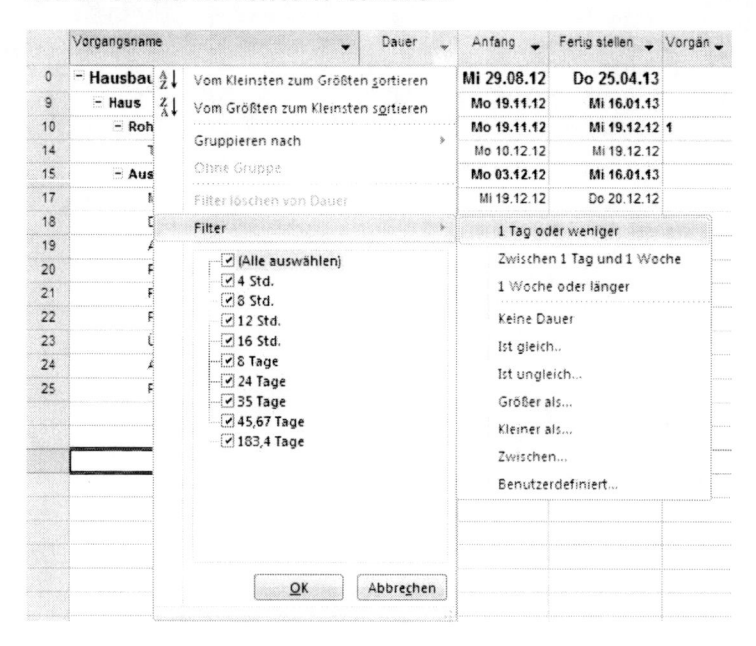

Abb. 8.4-10: AutoFilter für Feld Dauer.

Selbst erstellte Filter

Für den Fall, dass die standardmäßig zur Verfügung stehenden Filter von Microsoft Project nicht die **Projektanforderungen** erfüllen, besteht die Möglichkeit zur **Anpassung** vorhandener Filter oder zur völligen **Neudefinition** selbst

8.4 Meilensteine und Filter *

	Vorgangsname	Dauer	Anfang	Fertig stellen	Vorgän	RK	Ressourcennamen
0	– Hausbau	183,4 Tage	Mi 29.08.12	Do 25.04.13			
9	– Haus	45,67 Tage	Mo 19.11.12	Mi 16.01.13			
10	– Rohbau	24 Tage	Mo 19.11.12	Mi 19.12.12	1		
14	Treppe einbauen	8 Tage	Mo 10.12.12	Mi 19.12.12		SC	Schreiner
15	– Ausbau	36 Tage	Mo 03.12.12	Mi 16.01.13			
17	Materialien einkaufen	12 Std.	Mi 19.12.12	Do 20.12.12		SC	Schreiner
18	Dämmung verlegen	8 Std.	Fr 21.12.12	Fr 21.12.12		SC	Schreiner
19	Abstandhalter befestigen	8 Std.	Mo 24.12.12	Mo 24.12.12		SC	Schreiner
20	Parkett zuschneiden	4 Std.	Do 27.12.12	Do 27.12.12		SC	Schreiner
21	Parkett verlegen	16 Std.	Fr 28.12.12	Mo 31.12.12		SC	Schreiner
22	Parkett versiegeln	4 Std.	Di 01.01.13	Di 01.01.13		SC	Schreiner
23	Übergansleisten befestigen	4 Std.	Mi 02.01.13	Mi 02.01.13		SC	Schreiner
24	Abschlussleisten befestigen	12 Std.	Do 03.01.13	Fr 04.01.13		SC	Schreiner
25	Parkett reinigen	4 Std.	Mo 07.01.13	Mo 07.01.13		SC	Schreiner

Abb. 8.4-11: Ansicht nach geschachtelter Filterung.

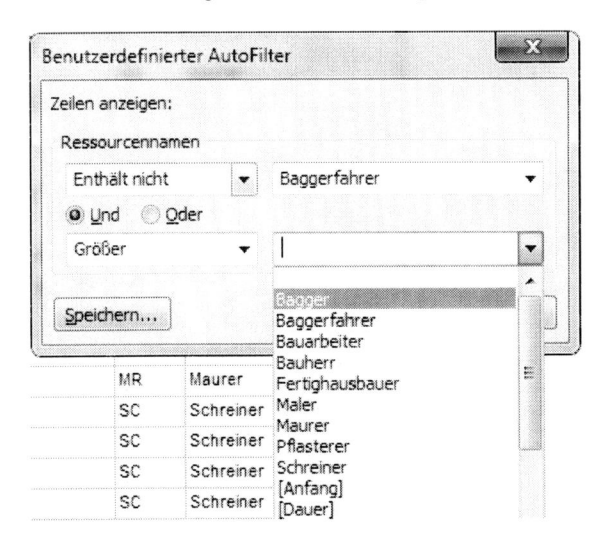

Abb. 8.4-12: Dialogfeld Benutzerdefinierter AutoFilter.

erstellter Filter. Das hierzu zu verwendende Dialogfeld kann über das Menü Ansicht-Filter-Weitere Filter... aufgerufen werden (Abb. 8.4-13).

Zuerst ist auszuwählen, ob der Filter ressourcen- oder vorgangsbezogen sein soll; hierüber werden die Auswahllisten der für die Definition des selbst erstellten Filters zur Verfügung stehenden Felder und Werte definiert. Über die

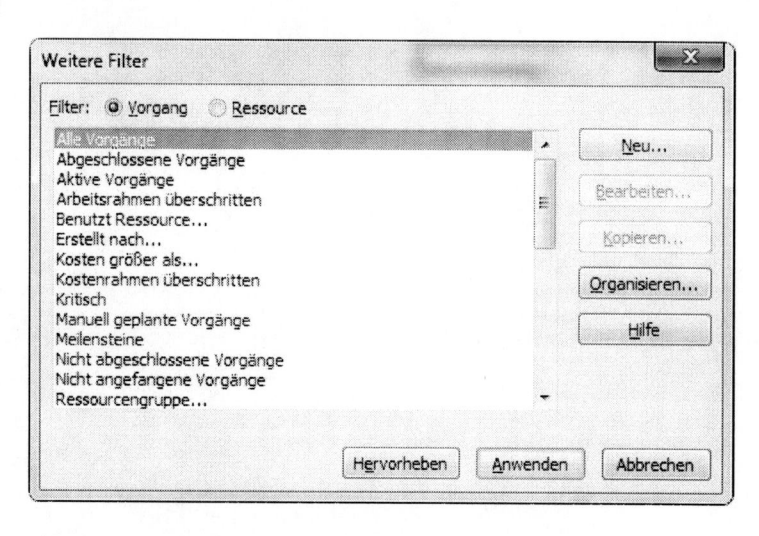

8 Wie läuft's? Den Projektfortschritt aktualisieren *

Abb. 8.4-13: Dialogfeld Weitere Filter.

Schaltfläche Neu... gelangt man in das Dialogfenster Filterdefinition in (Abb. 8.4-14). Hier gibt es folgende Optionen:

- Definition der Kriterien, wie z.B. Feld, Bedingung und Wert, die Vorgänge oder Ressourcen erfüllen müssen, um vom Filter angezeigt oder hervorgehoben zu werden.
- Ändern der Filter, die im Menü Ansicht-Filter angezeigt werden.

In der Tab. 8.4-1 sind die Bedeutungen der Felder und Optionen des Dialoges aufgeführt.

Bezeichnung	Bedeutung
Name	Vergabe eines Namens für den selbst zu erstellenden Filter.
Kontrollkästchen Anzeige im Menü	Durch Aktivieren wird der neue Filtername im Menü Ansicht-Filter angezeigt (standardmäßig deaktiviert).
Kontrollkästchen Anzeige von zugehörigen Sammelvorgangszeilen	Durch Aktivieren werden die Sammelzeilen für Vorgänge, Ressourcen oder Zuordnungen angezeigt, die die definierten Kriterien erfüllen (standardmäßig deaktiviert).
Ausschneiden	Entfernt die markierte Zeile aus der Filterdefinitionstabelle und speichert sie vorübergehend in der Zwischenablage.

8.4 Meilensteine und Filter *

Bezeichnung	Bedeutung
Kopieren	Kopiert die in der Filterdefinitionstabelle markierte Zeile und speichert sie vorübergehend in der Zwischenablage.
Einfügen	Fügt die vorübergehend in der Zwischenablage gespeicherte Zeile oberhalb der in der Filterdefinitionstabelle markierten Zeile ein.
Leerzeile	Fügt oberhalb der in der Filterdefinitionstabelle markierten Zeile eine leere Zeile ein.
Löschen	Entfernt die in der Filterdefinitionstabelle markierte Zeile dauerhaft.

Tab. 8.4-1: Feldbedeutungen in der Filterdefinition.

Mithilfe der **Filterdefinitionstabelle** werden die Kriterien definiert, die Vorgänge und Ressourcen erfüllen müssen, um angezeigt oder hervorgehoben zu werden.

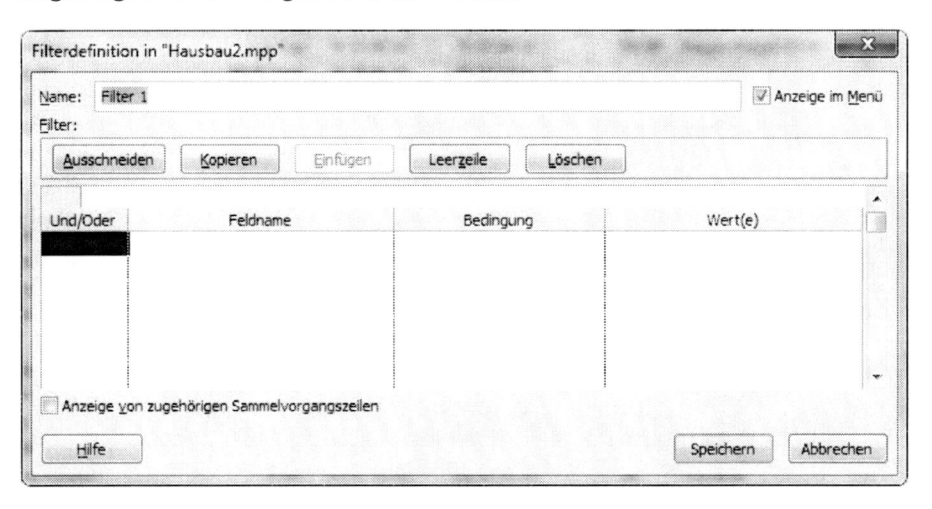

Abb. 8.4-14: Dialogfeld Filterdefinition in...

Diese Kriterien beinhalten die Operatoren (Und/Oder), Feldnamen, Bedingungen und Werte. Kriterien können über Und- und Oder-Operatoren gruppiert werden, sodass **mehrfach geschachtelte Filter** entstehen. Die Nutzung des **Und-Operators** bedingt, dass die Kriterien aller damit verbundenen Zeilen der Filterdefinitionstabelle erfüllt sein müssen, der Oder-Operator dagegen, dass mindestens eine der mit ihm verbundenen Zeilen den entsprechenden Wert enthalten muss.

Tipp Wird kein Operator gesetzt, verwendet Microsoft Project standardmäßig den Und-Operator.

Für die Felder Feldname, Bedingung und Werte stehen jeweils Auswahllisten zur Verfügung. Diese müssen entsprechend der Anforderung an den Filter gefüllt werden.

Tipp Die Verwendung der Platzhalterzeichen ? und * ist im Feld Wert an beliebiger Stelle möglich. Das Fragezeichen ersetzt dabei ein einzelnes Zeichen, das Sternchen eine Gruppe von Zeichen.

8.5 Risikomanagement und Projektoptimierung *

Mit Hilfe eines geplanten und strukturierten Risikomanagements können Gefahren für das Projektziel durch frühzeitig definierte und eingeleitete Steuerungsmaßnahmen abgewendet werden. Hierzu sind bereits in der Projektplanungsphase Überlegungen zu Risiken, ihren Eintrittswahrscheinlichkeiten und Auswirkungen anzustellen. Diese Risiken müssen anhand eines kontinuierlichen Projektcontrollings ständig auf ihr Eintreten überprüft werden. Im Verlaufe der Projektdurchführung werden regelmäßig unvorhergesehene Ereignisse und Entwicklungen eintreten, die eine koordinierte Anpassung des Projektmanagements erfordern, aber aufgrund ihrer Unvorhersehbarkeit bzw. ihrer vernachlässigbar geringen Auswirkungen auf das Projektgesamtziel nicht im Risikomanagement gepflegt werden. Die Anpassung erfolgt dann im Rahmen der Projektoptimierung.

Je früher Gefahren für die Projektdurchführung und das Projektziel erkannt werden, desto eher können Steuerungsmaßnahmen durchgeführt werden. Die einsetzbare Maßnahmenpalette ist – bei gleichzeitig kleinerem Aufwand – oft größer, je früher die Notwendigkeit des Eingreifens erkannt wird. Dies führt regelmäßig zu niedrigeren Steuerungskosten bei

8.5 Risikomanagement und Projektoptimierung *

frühzeitig wahrgenommenen Störfaktoren. Wichtiges Werkzeug hierzu ist das Risikomanagement. Elementar wichtig für ein effizientes Risikomanagement sind die folgenden Aspekte:

1. Identifikation von Risiken
2. Abschätzung der Eintrittswahrscheinlichkeit
3. Bewertung der Auswirkungen
4. Monitoring der Risiken
5. Auswahl und Steuerung geeigneter Steuerungsmaßnahmen im Eintrittsfall

Eine effektive Projekt- und effiziente Projektdurchführung ist Basis für den erfolgreichen Projektabschluss innerhalb der vereinbarten Zeit- und Kostenziele. Die strukturierte und detaillierte Projektplanung vor dem Projektstart legt hierfür zwar den Grundstein, kommt aber ohne die kontinuierliche und projektbegleitende Optimierung nicht aus. Immer wieder gibt es im Verlauf eines Projektes Einflüsse, die eine koordinierte Abweichung von der ursprünglichen Planung erfordern. Darüber hinaus kommt es vor, dass die Projektplanung aufgrund von falschen Ausgangsinformationen oder Fehlbeurteilungen nicht optimal war. Auch hier ist eine Anpassung des weiteren Vorgehens im Sinne einer Optimierung sinnvoll. Jede Änderung des Planes muss sorgsam auf seine Auswirkungen in Bezug auf die Vorgänge, Ressourcen, Kosten und den Zeitplan geprüft werden. Microsoft Project kann den oder die Projektverantwortlichen bei der Durchführung des Projekt-Risikomanagements und der Projektoptimierung unterstützen.

Projektoptimierung

Besonders die Möglichkeit zur Speicherung von bis zu elf Basisplänen (sowie weiteren Zwischenplänen) ermöglicht es, verschiedene Änderungsoptionen als Szenarien zu speichern und zu vergleichen (siehe »Sollwerte setzen: Die Anlage eines Basisplans«, S. 178).

Modellszenarien

Im Rahmen eines solchen Szenario-Vergleichs können alle Auswirkungen auf die noch nicht abgeschlossenen Vorgänge und die verplanten Ressourcen abgebildet, und die resultierenden Zeit- und Kostenänderungen abgeschätzt werden. So kann die im konkreten Fall optimale Steuerungsmaßnahme bzw. Projektoptimierungsmethode ausgewählt und umgesetzt werden.

9 Den Überblick behalten: Berichtswesen *

Die effektive und effiziente Projektüberwachung, -steuerung und -dokumentation erfordert ein übersichtliches und zielgerichtetes Berichtswesen. Berichte haben Informations-, Analyse- und Dokumentationsfunktionen. Abhängig von den Berichtsadressaten und dem Berichtszweck sind die Informationen auf verschiedene Weisen und Aggregationsstufen darzustellen. Microsoft Project stellt grundsätzlich zwei unterschiedliche Arten von Berichten zur Verfügung.

Basisberichte besitzen hierbei ein Format, in dem die Informationen adressatenorientiert aufbereitet gedruckt werden können. Sie sind auch in älteren Microsoft Project-Versionen bereits enthalten:

- »Basisberichte«, S. 222

Grafische Berichte gibt es in Microsoft Project erst seit der Version 2007. Sie bereiten Daten mit Hilfe der zusätzlich notwendigen Programme (z. B. Microsoft Excel) grafisch, z. B. in Form von Diagrammen, auf.

- »Grafische Berichte«, S. 226

Für beide Berichtsformen stehen vordefinierte Berichte für Vorgänge, Ressourcen und Kreuztabellen zur Verfügung. Sie können den Informationsbedürfnissen der Empfänger angepasst werden, so dass benutzerdefinierte Berichte entstehen:

Vordefinierte und benutzerdefinierte Berichte

- »Benutzerdefinierte Berichte«, S. 234

Drucken aus Microsoft Project ist zum Teil nicht einfach. Im Regelfall erscheinen im Druckbild nur die auch in der aktuellen Ansicht angezeigten Daten und Grafiken. Es gibt verschiedene Vorgehensweisen, wie Berichte und andere Daten relativ komfortabel aus Microsoft Project gedruckt werden können:

- »Drucken von Seitenansichten als Bericht«, S. 246

9 Den Überblick behalten: Berichtswesen *

9.1 Basisberichte **

In Basisberichten lassen sich Informationen adressatenbezogen aufbereiten, anzeigen und drucken. Standardmäßig stehen vordefinierte Basisberichte in sechs Kategorien zur Verfügung. In der sechsten Kategorie »Benutzerdefiniert« lassen sich diese Berichte an die eigenen Informationsbedürfnisse anpassen.

Berichtsoption

Die Basisberichte können im Dialogfeld Berichte des Menüs Projekt aufgerufen werden. Von dort kann

- die Kategorie des Berichts, der ausgeführt werden soll, ausgewählt werden,
- ein bestimmter Bericht innerhalb der ausgewählten Kategorie ausgewählt werden,
- eine Vorschau des zu druckenden Berichts angezeigt werden und
- die Definition und die Einzelheiten eines bestimmten Berichts bearbeitet werden.

Die Basisberichte sind in die folgenden sechs Kategorien unterteilt:

- Übersicht
- Vorgangsstatus
- Kosten
- Ressourcen
- Arbeitsauslastung
- Benutzerdefiniert

Die in den sechs Kategorien zur Verfügung stehenden Basisberichte enthalten die in den folgenden Tabellen zusammengefassten Informationen.

Tipp

Durch Änderung des Vorgangsfilters oder die Anwendung einer anderen Tabelle können alle Berichte in den genannten Kategorien Vorgangsstatus, Kosten und Zuordnungen geändert werden. Außerdem kann die Darstellung des Textes geändert werden.

9.1 Basisberichte **

Name des Berichts	Informationen
Projektsammelvorgang	Übersicht über - die Anzahl der Vorgänge - Ressourcen - Projektkosten - Anfangs- & Endtermine - Gesamtarbeitsaufwand

Vorgänge höchster Ebene	Liste der
	- Vorgänge höchster Ebene
	- Sammelvorgänge, in denen
	  - berechnete Anfangs-/ Endtermine,
	  - die Dauer,
	  - der abgeschlossene Prozentsatz,
	  - die Kosten und
	  - die Arbeit angezeigt werden

Kritische Vorgänge	Liste der kritischen Vorgänge, in der die geplanten Anfangs- und Endtermine sowie die Vorgänger und Nachfolger für jeden Vorgang angezeigt werden
Meilensteine	Liste der nach Anfangstermin sortierten Meilensteine
Arbeitstage	Liste der Arbeitszeiten für jeden Wochentag im Basiskalender

Tab. 9.1-1: Standardberichte der Kategorie Übersicht.

Die Berichte in der Kategorie Benutzerdefiniert sind Grundlage für die Entwicklung von eigenen benutzerdefinierten Berichten. Die Erstellung benutzerdefinierter Berichte kann ausgehend von dieser Basis oder vollkommen neu erfolgen (vgl. »Benutzerdefinierte Berichte«, S. 234).

Eigene Berichte

Name des Berichts	Informationen
Nicht angefangene Vorgänge	Liste der - noch nicht angefangenen Vorgänge - ihrer Dauer - Vorgängervorgänge - Anfangs- und Endtermine - Ressourcen - Zuordnungen (alle sortiert nach dem Anfangstermin)

9 Den Überblick behalten: Berichtswesen *

Name des Berichts	Informationen
Bald anfangende Vorgänge	Liste der Vorgänge, die in einem angegebenen Zeitraum beginnen
Vorgänge in Arbeit	Liste der Vorgänge, die derzeit in Arbeit sind
Abgeschlossene Vorgänge	Liste der abgeschlossenen Vorgänge
Verspätete Vorgänge	Liste der Vorgänge, die zu dem angegebenen Termin beginnen sollten
Verzögerte Vorgänge	Liste der Vorgänge, deren Ende hinter den ursprünglich vorgesehenen Endtermin verschoben wurde

Tab. 9.1-2: Standardberichte der Kategorie Vorgangsstatus.

Name des Berichts	Informationen
Vorgangskosten	Tabelle, in der ▪ die Kosten pro Vorgang und Woche dargestellt werden ▪ der Zeitraum geändert werden kann
Kostenrahmen	Liste der Vorgänge, in der die ▪ Soll-Kosten für jeden Vorgang ▪ und die Abweichung zwischen Soll-Kosten und aktuellen Kosten angezeigt werden
Vorgangskostenrahmen überschritten	Liste der Vorgänge, deren Kosten die geplanten Kosten übersteigen
Ressourcenkostenrahmen überschritten	Liste der Ressourcen, deren Kosten die geplanten Kosten übersteigen
Kostenanalyse	Liste der Vorgänge ▪ mit geplanten Werten, Ertragswerten, tatsächlichen Kosten und Abweichungen, ▪ die auf dem Kostenbudget der ausgeführten Arbeit und den ▪ tatsächlichen Kosten der ausgeführten Arbeit basieren

Tab. 9.1-3: Standardberichte der Kategorie Kosten.

9.1 Basisberichte **

Name des Berichts	Informationen
Wer-macht-was	Liste der Ressource mit ▪ den Ressourcen zugeordneten Vorgängen ▪ der geplanten Arbeit für jeden Vorgang ▪ den Anfangs- und Endterminen ▪ den Ressourcendetails
Wer-macht-was-wann	Liste der Ressourcen mit ▪ den zugeordneten Vorgängen ▪ der für jeden Vorgang geplanten Tagesarbeit
Vorgangszuordnungen	Liste der Vorgänge mit ▪ der Dauer ▪ den Anfangs- und Endterminen ▪ den Vorgängern
Überlastete Ressourcen	Liste der überlasteten Ressourcen und der entsprechenden Vorgänge

Tab. 9.1-4: Standardberichte der Kategorie Zuordnungen.

Name des Berichts	Informationen
Arbeitsauslastung nach Vorgängen	Liste mit ▪ Vorgängen ▪ zugeordneten Ressourcen ▪ dem geplanten Arbeitsvolumen pro Woche
Arbeitsauslastung nach Ressource	Liste mit ▪ Ressourcen ▪ entsprechenden Vorgängen ▪ dem geplanten Arbeitsvolumen pro Woche

Tab. 9.1-5: Standardberichte der Kategorie Arbeistauslastung.

Name des Berichts	Informationen
Arbeitsauslastung nach Ressourcen (Material oder Arbeit)	Ressourcenliste mit den Vorgängen, denen ▪ die einzelnen Ressourcen und das ▪ geplante Arbeitsvolumen pro Woche zugeordnet sind

Name des Berichts	Informationen
Basiskalender	Tabelle für alle Basiskalender im Projekt mit ▪ Arbeitstagen ▪ Arbeitsstunden ▪ arbeitsfreien Zeiten
Vorgang	Benutzerdefinierter Bericht mit ▪ Vorgangsinformationen auf Basis von Tabellen ▪ Vorgangsfiltern ▪ anderen Elementen
Ressource (Material, Arbeit oder beides)	Benutzerdefinierter Bericht mit ▪ Ressourceninformationen auf Basis von ▫ Tabellen ▫ Ressourcenfiltern ▪ anderen Elementen
Kreuztabelle	Benutzerdefinierter tabellarischer Bericht mit ▪ Vorgangs- und Ressourceninformationen in den Zeilen und ▪ Zeiteinheiten in den Spalten auf Basis von Vorgangs- oder Ressourcenfilter und anderen Elementen

Tab. 9.1-6: Standardberichte der Kategorie Benutzerdefiniert.

9.2 Grafische Berichte *

Grafische Berichte waren eine Neuheit in Microsoft Project 2007. Mit ihrer Hilfe lassen sich die Projektdaten z.B. in Microsoft Excel anzeigen.

Analog zu Basisberichten stehen im Menü Bericht-Grafische Berichte verschiedene Berichtsvorlagen zur Verfügung. Auch diese sind in Kategorien aufgeteilt:

▪ Vorgang: Einsatz
▪ Ressource: Einsatz
▪ Zuordnungseinsatz
▪ Vorgangszusammenfassung
▪ Ressourcenzusammenfassung
▪ Zuordnungszusammenfassung

9.2 Grafische Berichte * 227

Einen grafischen Bericht der Kategorie »Vorgang: Einsatz« zeigt die Abb. 9.2-1.

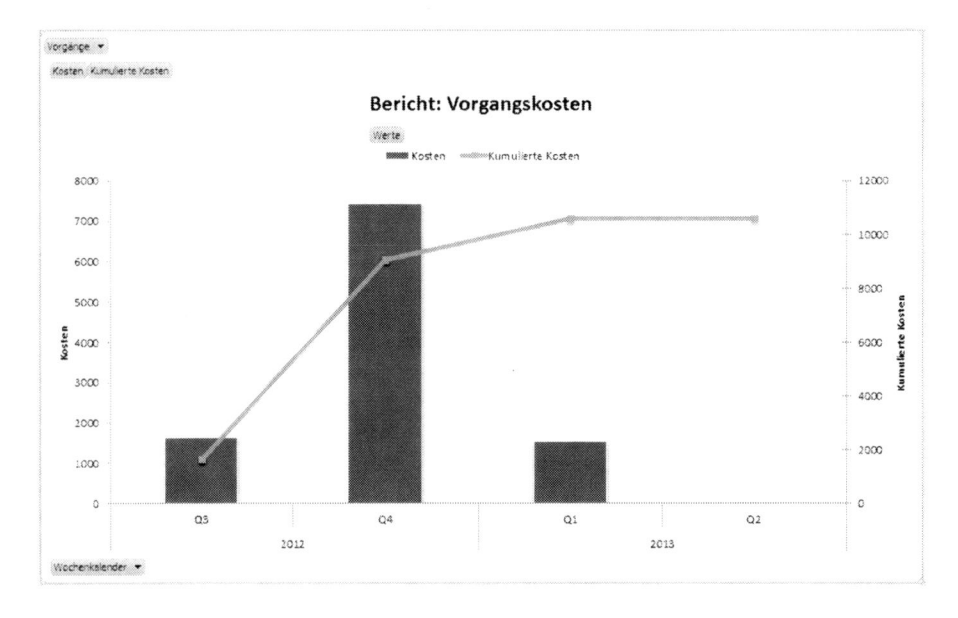

Abb. 9.2-1: Grafischer Bericht der Kategorie Vorgang: Einsatz.

Grafische Berichte der Kategorie »Ressource: Einsatz« zeigen die Abb. 9.2-2, die Abb. 9.2-3 und die Abb. 9.2-4.

Grafische Berichte der Kategorie »Ressource: Zuordnungseinsatz« zeigen die Abb. 9.2-5, die Abb. 9.2-6, die Abb. 9.2-7, die Abb. 9.2-8 und die Abb. 9.2-9.

Um einen grafischen Bericht mit Hilfe der Vorlagen in Microsoft Project zu erstellen, sind die folgenden Schritte durchzuführen: — Grafischen Bericht erstellen

1 Auswahl des Punktes Grafische Berichte im Menü Projekt (Abb. 9.2-10).
2 Auswahl des zu erstellenden Berichtes auf der Registerkarte Alles (ist die Berichtskategorie bekannt, kann die entsprechende Registerkarte mit einer verkürzten Auswahlliste angewählt werden).

9 Den Überblick behalten: Berichtswesen *

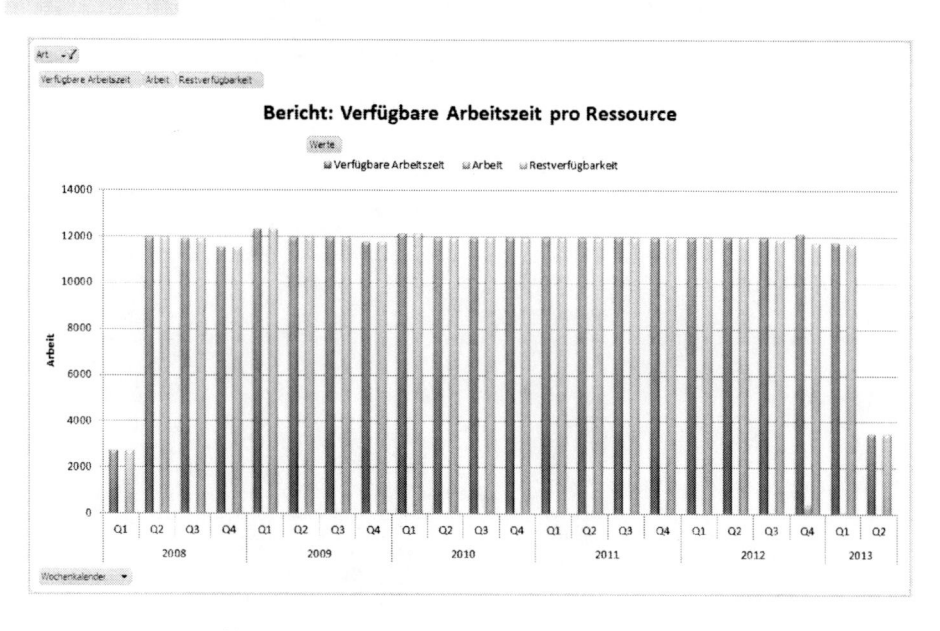

Abb. 9.2-2: Bericht: Verfügbare Arbeitszeit pro Ressource.

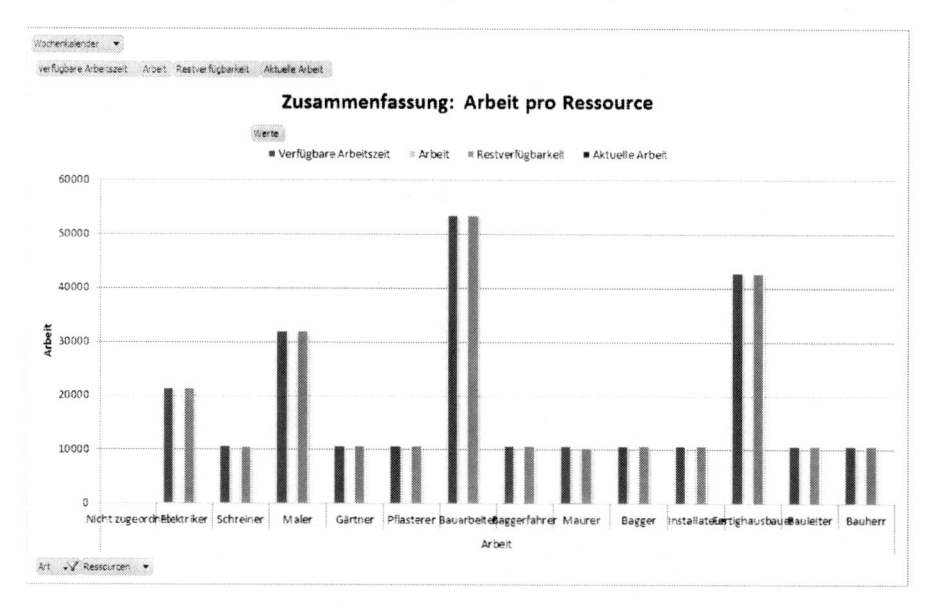

Abb. 9.2-3: Zusammenfassung: Arbeit pro Ressource.

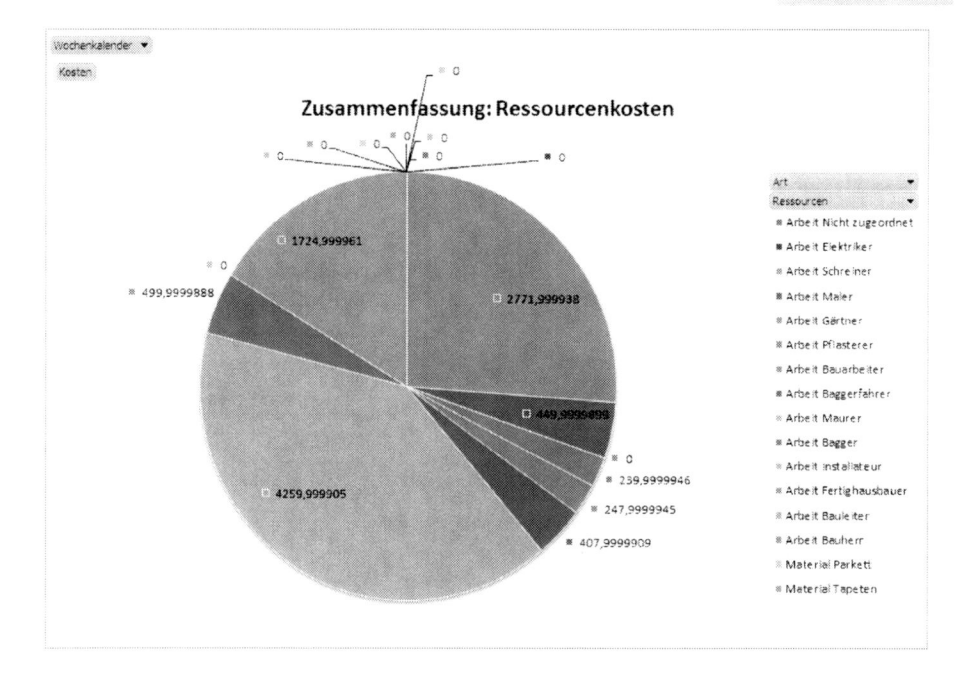

Abb. 9.2-4: Zusammenfassung: Ressourcenkosten.

Mithilfe des aktivierten Kontrollkästchens Berichtsvorlagen einschließen von lassen sich auch Vorlagen aus anderen Speicherplätzen einbinden. Die **Berichtsauswahl** lässt sich über die entsprechenden Kontrollkästchen auf Microsoft Excel- bzw. Visio-Berichte einschränken.

Standardmäßig wählt Microsoft Project die für das geöffnete Projekt passende Zeitebene für die Verwendungsdaten aus. Über eine Auswahlliste lässt sie sich benutzerdefiniert ändern. Die Optionen sind Jahre, Quartale, Monate, Wochen oder Tage.

Passende Zeitebene

9 Den Überblick behalten: Berichtswesen *

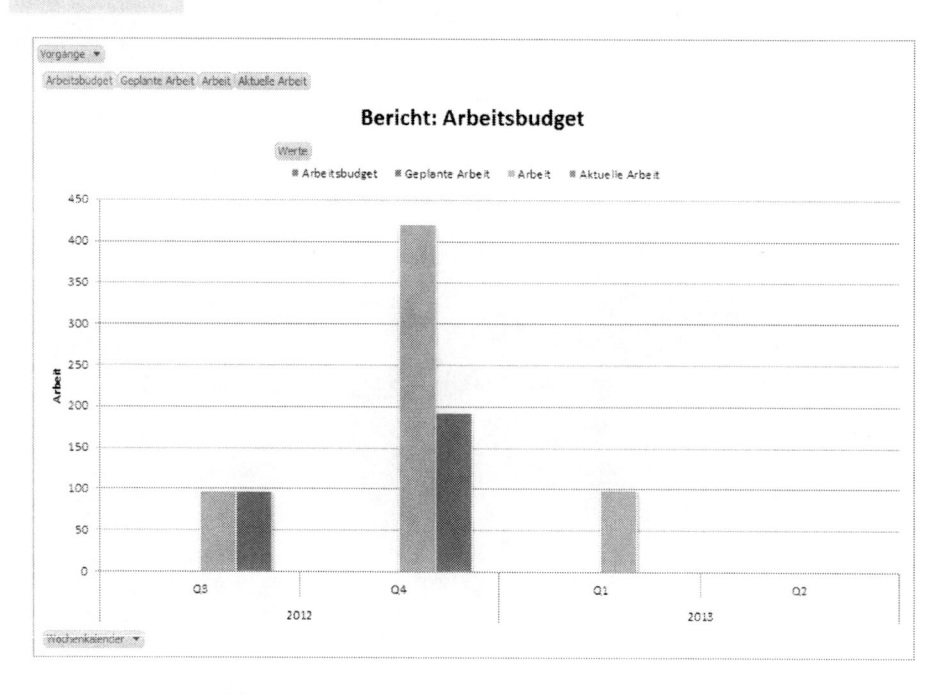

Abb. 9.2-5: Bericht: Arbeitsbudget.

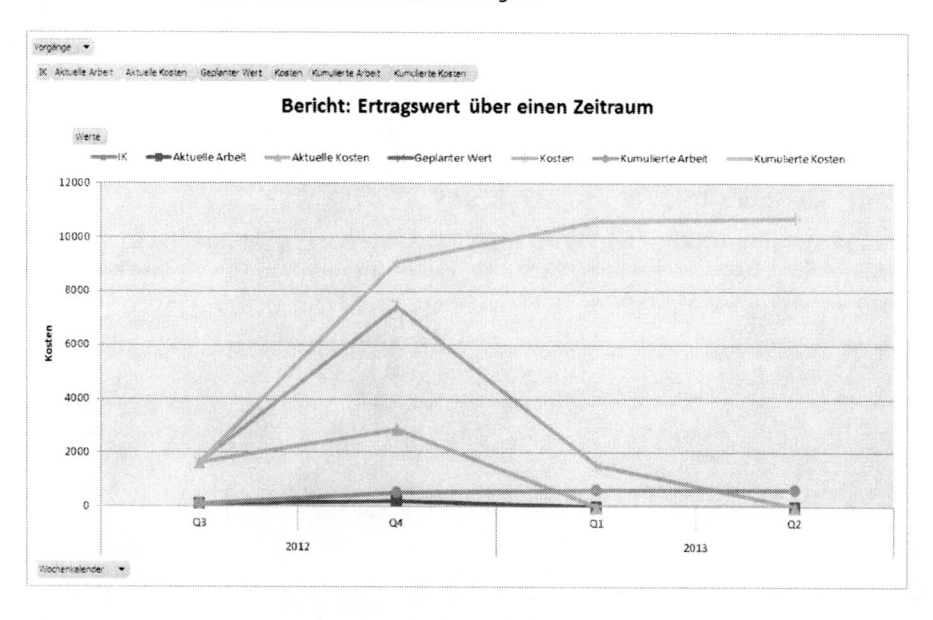

Abb. 9.2-6: Bericht: Ertragswert über einen Zeitraum.

9.2 Grafische Berichte

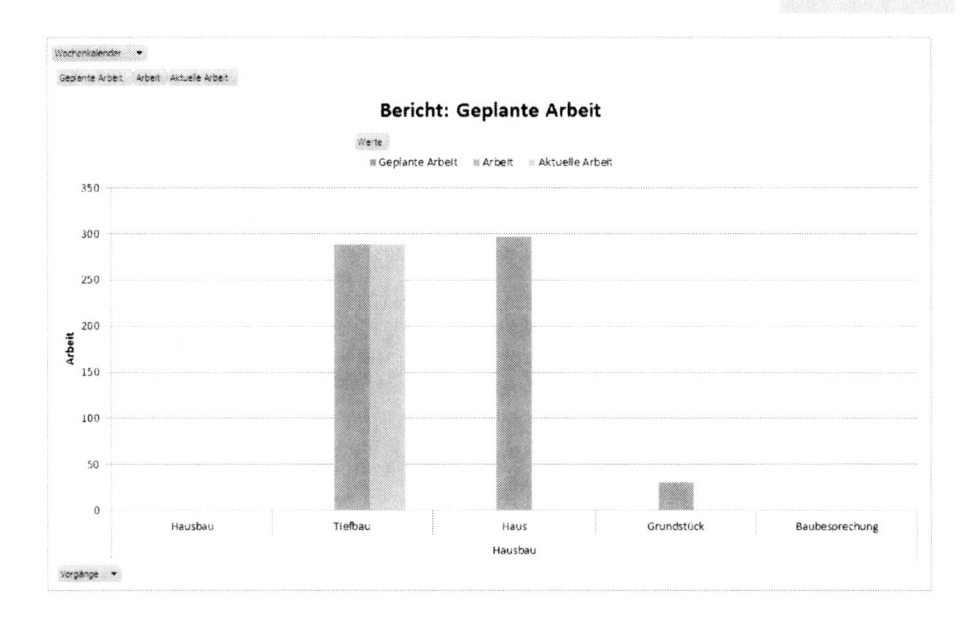

Abb. 9.2-7: Bericht: Geplante Arbeit.

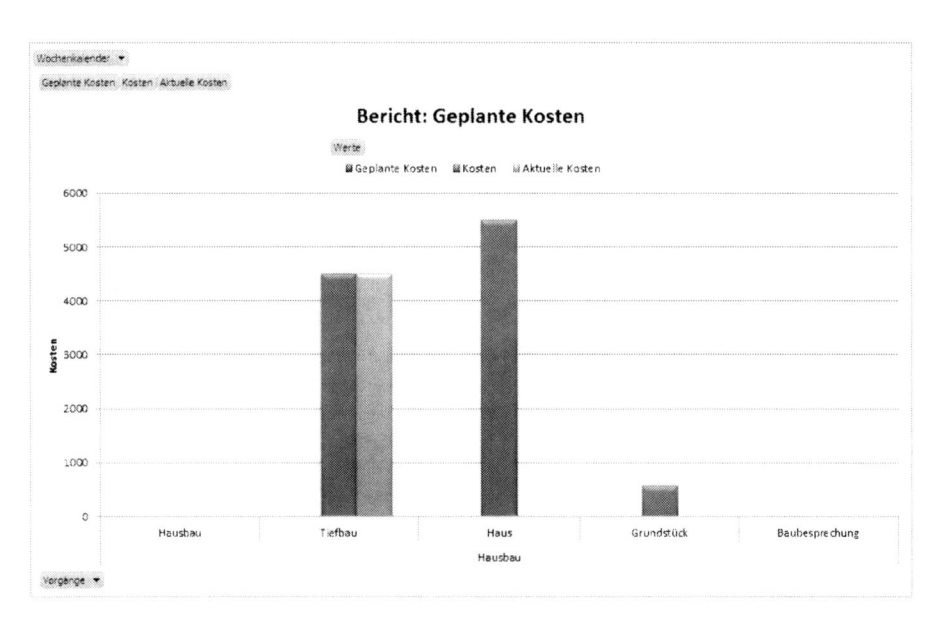

Abb. 9.2-8: Bericht: Geplante Kosten.

9 Den Überblick behalten: Berichtswesen *

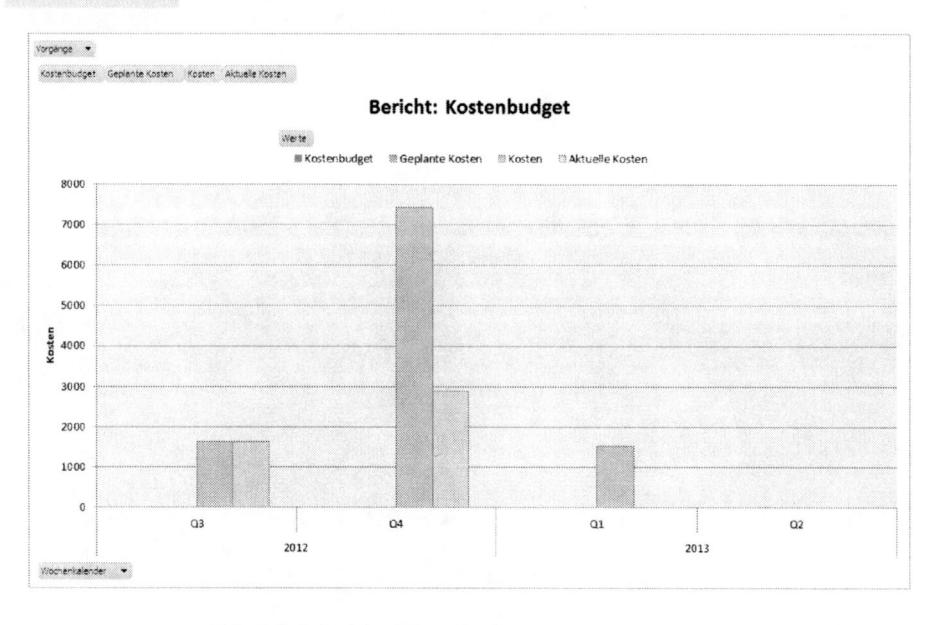

Abb. 9.2-9: Bericht: Kostenbudget.

9.2 Grafische Berichte

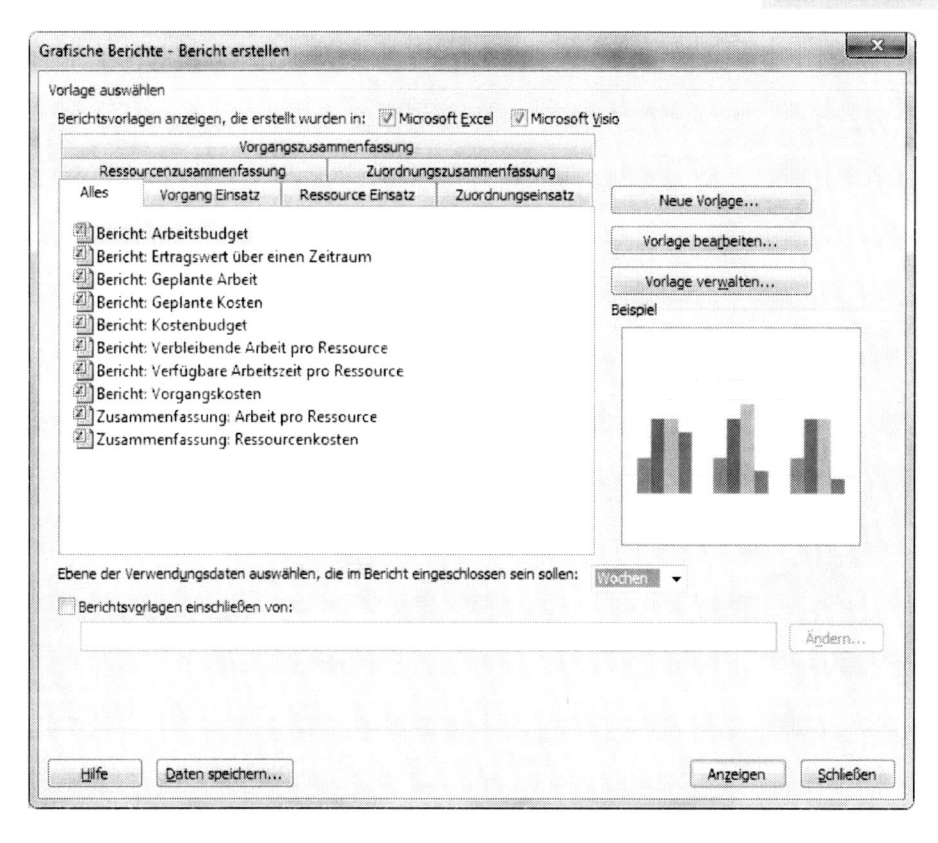

Abb. 9.2-10: Dialogfeld Grafische Berichte-Bericht erstellen, Registerkarte Alles.

Über die Schaltfläche Anzeigen wird der Bericht erstellt und in Excel oder Visio geöffnet (Abb. 9.2-11).

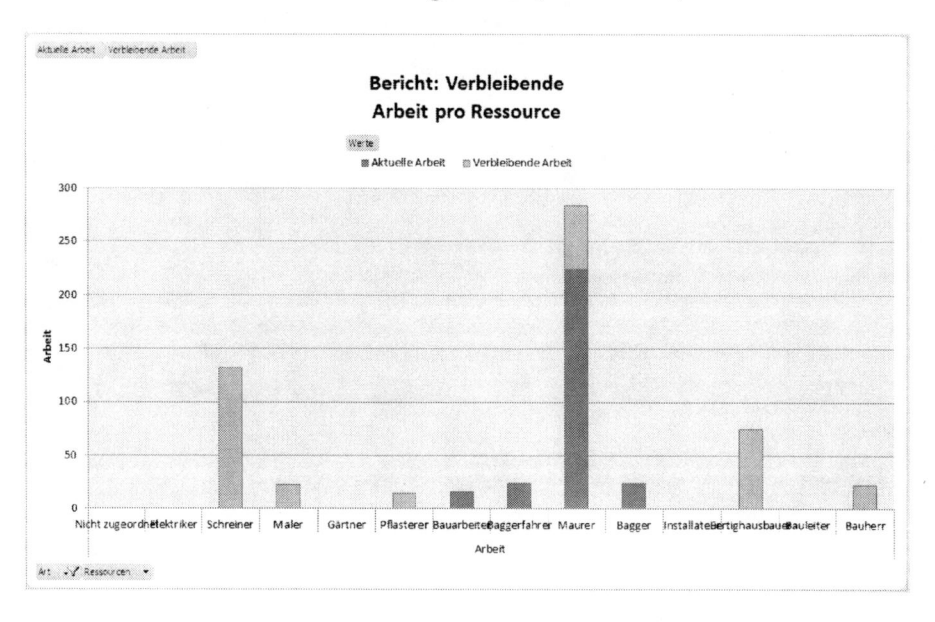

Abb. 9.2-11: Grafische Berichte der Kategorien Vorgangs-, Ressourcen- und Zuordnungszusammenfassung.

9.3 Benutzerdefinierte Berichte **

Jegliches Berichtswesen muss auf das spezifische Informationsbedürfnis der Berichtsempfänger hin ausgerichtet werden. Zu wenige Informationen führen unter Umständen dazu, dass Fehlentwicklungen zu spät erkannt werden. Zu viele Informationen überladen Entscheidungen und können diese dadurch verzögern. Informationen müssen in der richtigen Art zur richtigen Zeit zur Verfügung stehen.

Der Nutzer hat die Möglichkeit, die in Microsoft Project enthaltenen Berichte (Basisberichte und grafische Berichte) an seine Bedürfnisse anzupassen, oder aber vollkommen neue Berichte zu entwerfen:

- »Benutzerdefinierte Basisberichte«, S. 235
- »Benutzerdefinierte grafische Berichte«, S. 241

9.3.1 Benutzerdefinierte Basisberichte **

Sollten die vordefinierten und mitgelieferten Basisberichte nicht dem projekt- oder addressatenspezifischen Informationsbedürfnis entsprechen, können mit Hilfe einer Vorlage benutzerdefinierte Basisberichte erstellt werden.

Es stehen hierfür die folgenden aufgelisteten Möglichkeiten zur Auswahl:

1 Erstellen eines benutzerdefinierten Vorgangsberichtes oder Ressourcenberichtes
2 Erstellen eines benutzerdefinierten Monatskalenderberichtes
3 Erstellen eines benutzerdefinierten Kreuztabellenberichtes

Spezifische Informationsbedürfnisse

Benutzerdefinierter Vorgangs- oder Ressourcenbericht

Zur Erstellung eines benutzerdefinierten Vorgangs- oder Ressourcenberichtes sind die folgenden Schritte notwendig (Abb. 9.3-1):

1 Auswahl des Menüs Projekt-Berichte
2 Auswahl Benutzerdefiniert... im Dialogfenster
3 Auswahl Neu und Markieren der Berichtsart
4 Bestätigung mit OK
5 Namensvergabe auf der Registerkarte Definition
6 Auswahl der Periode
7 Angabe der Berichtszeiträume
8 Auswahl des anzuwendenden Filters
9 Optionales Aktivieren des Kontrollkästchens Hervorheben
10 Optionale Aufnahme von Sammelvorgängen über das Kontrollkästchen Sammelvorgänge
11 Eingabe weiterer bedarfsorientierter Kriterien und Filterangaben
12 Bestätigung mit OK

Der Bericht steht nun zur Auswahl bereit.

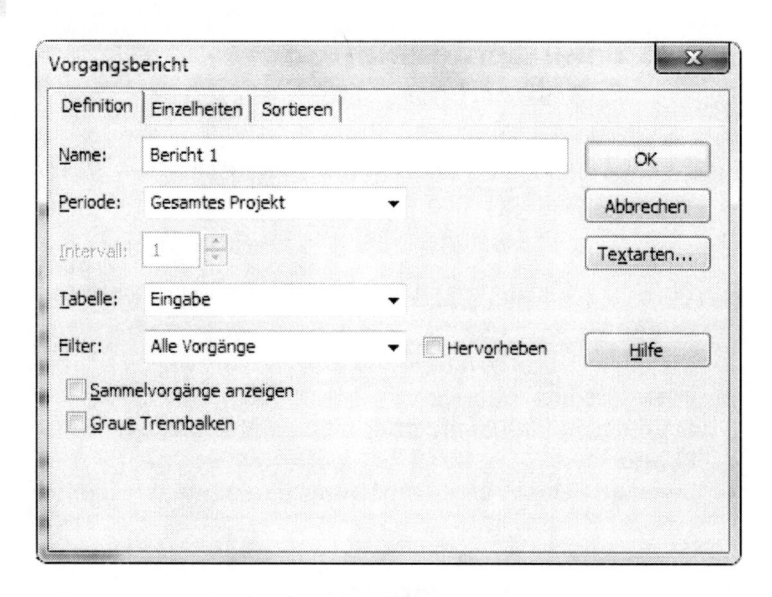

Abb. 9.3-1: Dialogfenster Benutzerdefinierter Bericht.

Benutzerdefinierter Monatskalenderbericht

Mittels eines **benutzerdefinierten Monatskalenderberichtes** lassen sich die Vorgänge eines Projektes in Form eines Kalenders über die Zeit darstellen. Ein benutzerdefinierter Monatskalenderbericht wird folgendermaßen erstellt (Abb. 9.3-2):

1 Auswahl Menü Projekt-Berichte
2 Auswahl Benutzerdefiniert...
3 Auswahl Neu und Markieren der Berichtsart Monatskalender
4 Bestätigung mit OK
5 Namensvergabe für den Bericht im Dialogfeld Definition Monatskalenderbericht
6 Auswahl des Filters
7 Optionales Hervorheben der gefilterten Elemente
8 Auswahl des gewünschten Kalenders
9 Auswahl der Beschriftungsoptionen
10 Bestätigung mit OK

Der Bericht steht zur Auswahl zur Verfügung.

9.3 Benutzerdefinierte Berichte ** 237

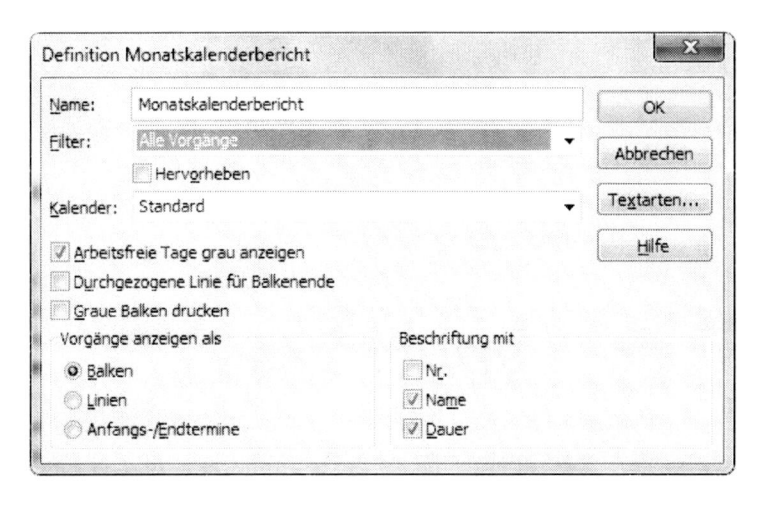

Abb. 9.3-2: Dialogfeld Definition Monatskalenderbericht.

Tipp
Für jeden Bericht gibt es eine **Vorschauoption** und die Möglichkeit des Druckes (Abb. 9.3-3)

Tipp
Im Menü Ansicht-Kalender ist eine **Kalenderansicht** enthalten. Statt eines Monatskalenderberichtes kann auch die Kalenderansicht zum Drucken angepasst und verwandt werden.

Benutzerdefinierter Kreuztabellenbericht

Kreuztabellenberichte kombinieren Informationen zu Vorgängen oder Ressourcen in den Zeilen für einen in den Spalten definierten Zeitraum in einer Tabelle. Ein benutzerdefinierter Kreuztabellenbericht wird folgendermaßen erstellt (Abb. 9.3-4):

1 Auswahl Menü Projekt-Berichte
2 Auswahl Benutzerdefiniert...
3 Auswahl Neu... im Dialogfeld Benutzerdefinierte Berichte
4 Auswahl Kreuztabelle und OK im Dialogfeld Neuen Bericht definieren

9 Den Überblick behalten: Berichtswesen *

Abb. 9.3-3: Benutzerdefinierter Monatskalenderbericht in der Vorschau.

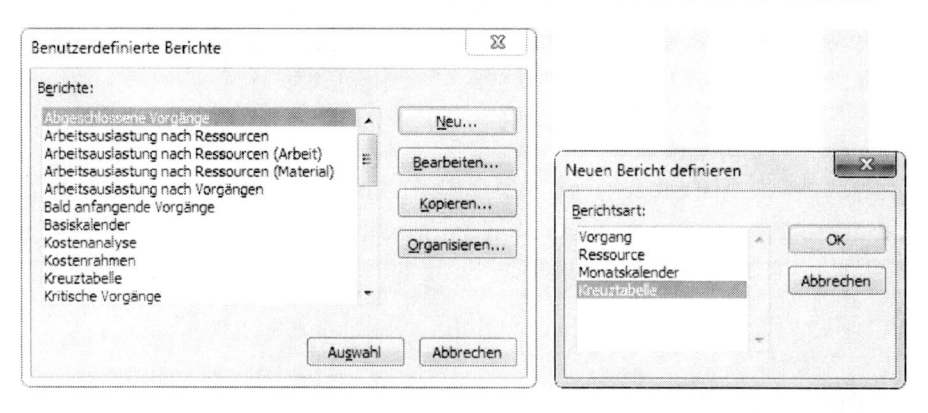

Abb. 9.3-4: Definition eines neuen benutzerdefinierten Kreuztabellenberichtes.

Vorhandene Berichte ändern — Wenn ein vorhandener Kreuztabellenbericht benutzerdefiniert geändert werden soll, funktioniert dies analog über die Auswahl des zu ändernden Berichtes im Feld Berichte (Abb. 9.3–5):

9.3 Benutzerdefinierte Berichte

1. Vergabe eines Namens für den benutzerdefinierten Bericht
2. Auswahl des Zeitraums und der Anzahl der anzuzeigenden Zeiträume im Bereich Spalte
3. Auswahl der Vorgangs- oder Berichtszuordnung des Berichtes aus der Liste Zeile
4. Auswahl des anzuzeigenden Vorgangs- oder Ressourcenfeldes
5. Optionales Aktivieren eines Filters

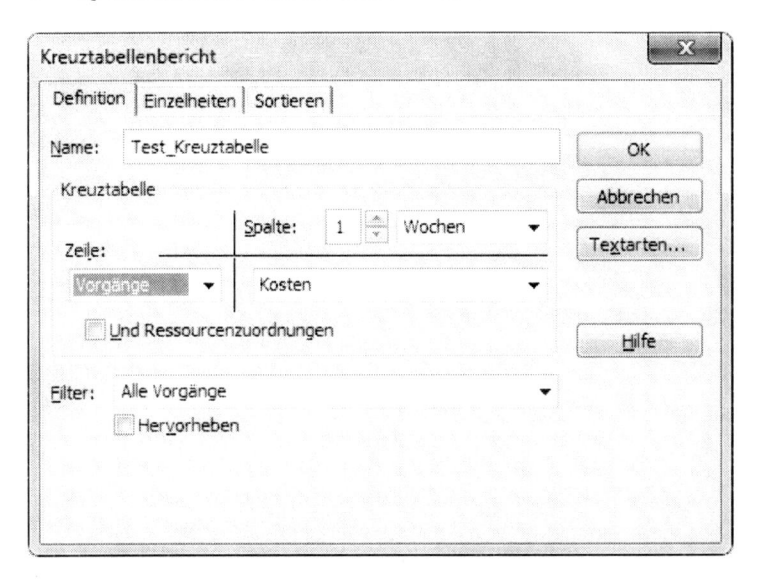

Abb. 9.3-5: Dialogfeld Kreuztabellenbericht Registerkarte Definition.

Die Datenausgabe im Bericht kann über die Einstellungen auf der Registerkarte Sortieren sortiert erfolgen (Abb. 9.3-6). — Hinweis

Der benutzerdefinierte Kreuztabellenbericht steht nach der Bestätigung mit OK zur Auswahl zur Verfügung.

Für jeden Bericht gibt es eine Vorschauoption und die Möglichkeit des Druckes (Abb. 9.3-7). — Tipp

9 Den Überblick behalten: Berichtswesen *

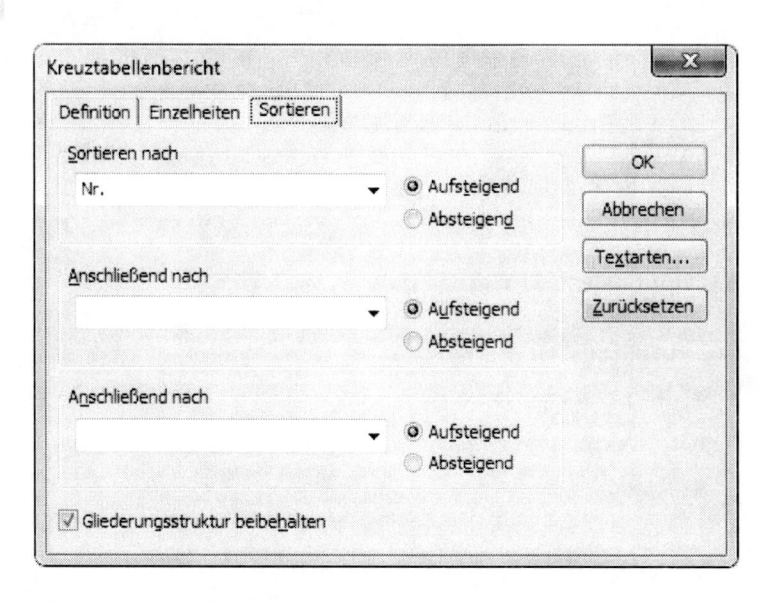

Abb. 9.3-6: Dialogfeld Kreuztabellenbericht Registerkarte Sortieren.

Kreuztabelle vom 01.09.2012
Hausbau

	03.09	10.09	17.09	24.09	01.10	08.10	15.10	22.10	29.10
Baugrube									
Loch vermessen	300 €								
Grube ausheben	2 040 €								
Kellergeschoss	550 €	1 380 €	1 302 €						
Fundament gießen			2 300 €	2 400 €					
Grundmauer hochziehen				5 060 €					
Decke einziehen									
Rohbau putzen				1 380 €	4 720 €	1 018 €			
Außenwände aufbauen						2 244 €			
Decken einziehen						5 400 €			
Dach isolieren						6 400 €			
Treppe einbauen							12 000 €		
Ausbau							600 €	600 €	
Estrich legen									700 €
Materialien einkaufen									2 400 €
Dämmung verlegen									400 €
Abstandhalter befestigen									402 €
Parkett zuschneiden									402 €
Parkett verlegen									410 €
Parkett versiegeln							280 €		
Übergansleisten befestigen							1 200 €		
Abschlussleisten befestigen								400 €	
Parkett reinigen								500 €	
Tapeten anbringen									
Decken verkleiden									

Abb. 9.3-7: Vorschau Benutzerdefinierte Kreuztabelle.

9.3.2 Benutzerdefinierte grafische Berichte **

Ebenso wie benutzerdefinierte Basisberichte lassen sich auch die in Microsoft Project vorhandenen grafischen Berichte bearbeiten. Wahlweise können auch vollkommen neue Berichte benutzerdefiniert erstellt werden. Schließlich lässt Microsoft Project den Export von Projektdaten zu.

Vorhandene grafische Berichtsvorlage bearbeiten

1 Auswahl Menü Projekt-Grafische Berichte
2 Auswahl des zu bearbeitenden Berichtes auf der Registerkarte Alles

> **Tipp** Kürzere Auswahllisten enthalten die einzelnen Berichtskategorien. Außerdem kann die Auswahl über die für die Anzeige zu nutzende Software (Microsoft Excel oder Visio) eingeschränkt werden (Abb. 9.3-8).

3 Auswahl Vorlage bearbeiten...
4 Hinzufügen der benötigten oder Entfernen der nicht benötigten Felder
5 Bestätigen mit Hinzufügen / Entfernen / Alle entfernen
6 Bestätigen mit Vorlage bearbeiten, sodass der geänderte Bericht aufgerufen wird (Abb. 9.3-9)

Neue grafische Berichtsvorlage erstellen

1 Auswahl Menü Projekt-Grafische Berichte
2 Auswahl Neue Vorlage... (Abb. 9.3-10)
3 Definition der Berichtsart (Microsoft Excel oder Visio)
4 Auswahl des zu verwenden Datentyps
5 Über die Feldauswahl werden die im zu erstellenden Bericht auszuwertenden verfügbaren oder benutzerdefinierten Felder ausgewählt. Eine Mehrfachauswahl ermöglicht das gedrückt Halten der STRG-Taste.
6 Bestätigen der jeweiligen Auswahl über die Schaltfläche Hinzufügen (Das Entfernen von nicht benötigten Feldern erfolgt analog über die Schaltfläche Entfernen) (Abb. 9.3-11)
7 Bestätigen mit OK

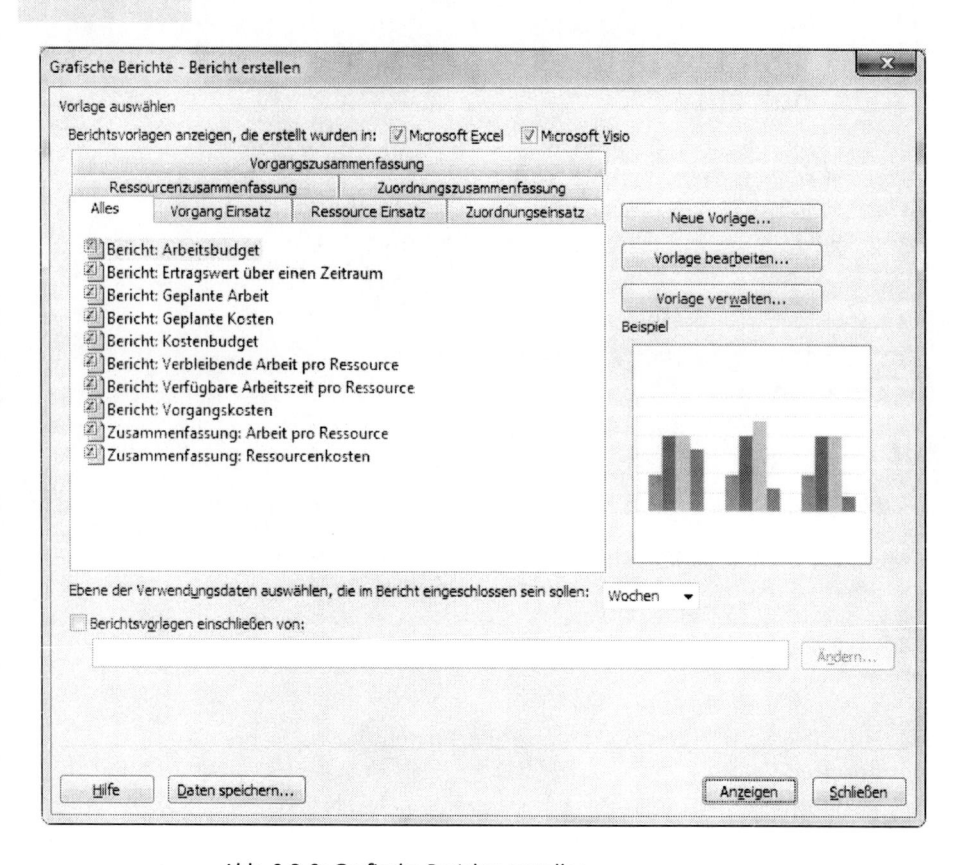

Abb. 9.3-8: Grafische Berichte erstellen.

Hinweis	In einigen Berichten stehen nicht alle Felder zur Auswahl, dies ist u. a. abhängig von der genutzten Anzeige-Anwendung (Microsoft Excel bzw. Visio).
Tipp	Benutzerdefinierte grafische Berichte können sowohl am **Standardspeicherort** für Vorlagen, als auch an einem anderen **frei wählbaren Speicherortgespeichert** werden. Nur am Standardspeicherort abgelegte Vorlagen werden allerdings automatisch im Dialogfeld Grafische Berichte-Bericht erstellen angezeigt.

9.3 Benutzerdefinierte Berichte **

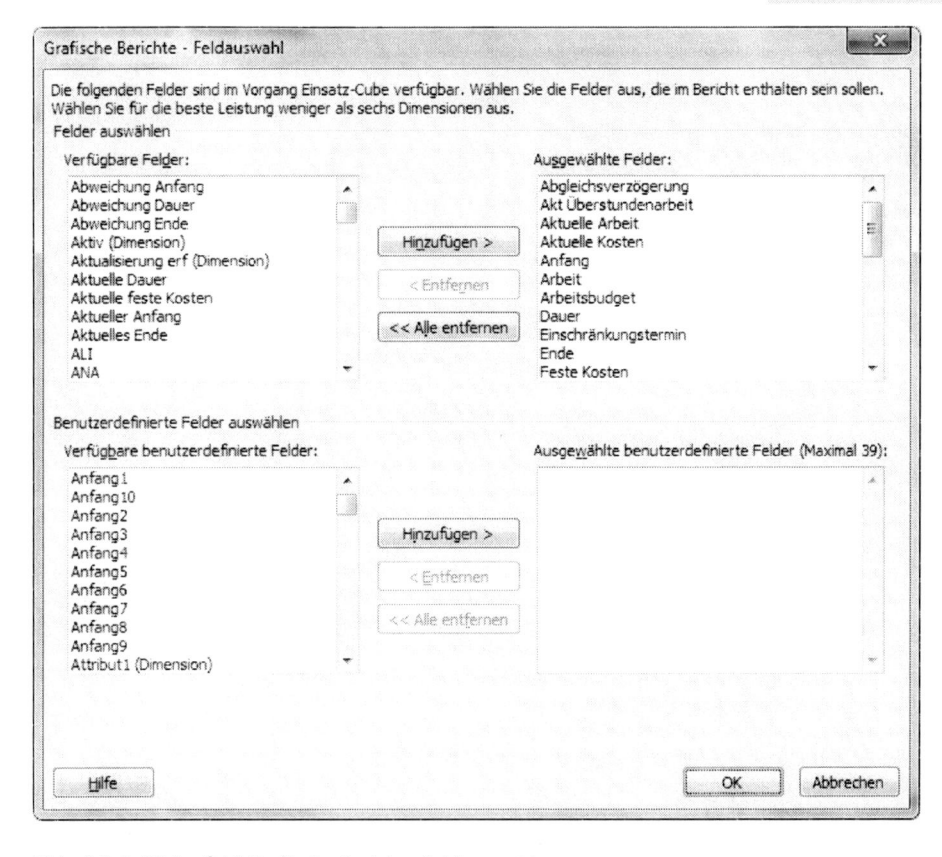

Abb. 9.3-9: Dialogfeld Grafische Berichte-Feldauswahl.

Export von Projektdaten

Zum Export von Projektdaten stehen zwei Optionen zur Wahl:

- Der Export bestimmter Daten in einen OLAP-Würfel (.cub-Datei).
- Der Export aller Projektdaten als Microsoft Access-Datenbank (.mdb-Datei).

OLAP *(Online Multi-analytical processing)* ist ein Instrument zur analytischen Bearbeitung großer Datenmengen. Da diese Daten multidimensional angelegt sein können, wird die Datenquelle als OLAP-Würfel (OLAP *cube*) bezeichnet.

Multidimensionale Datenauswertung im OLAP-Würfel

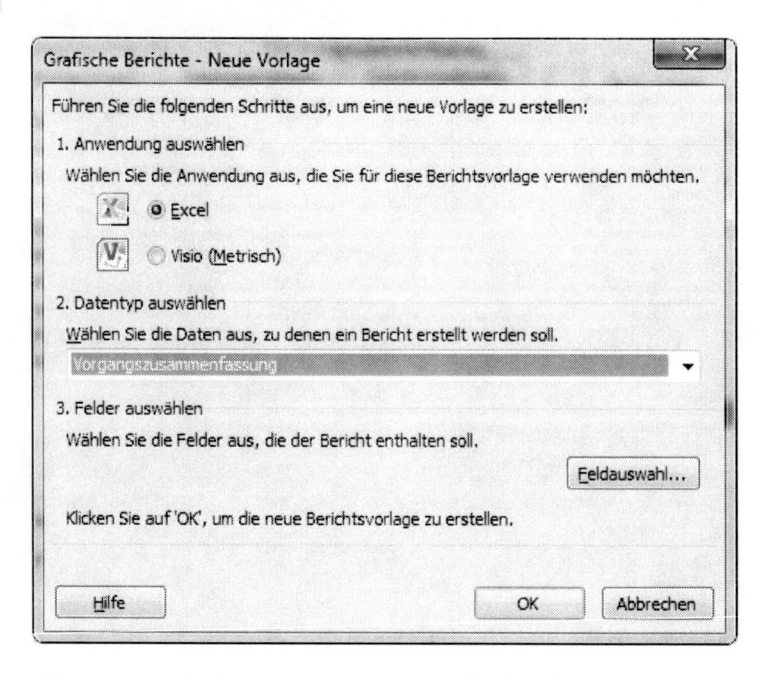

Abb. 9.3-10: Dialogfeld Grafische Berichte-Neue Vorlage.

OLAP fördert den schnellen, einfachen und interaktiven Zugriff auf die Daten des Würfels aus unterschiedlichen Blickwinkeln.

Zum Export von Projektdaten in einen OLAP-Würfel geht man in den folgenden Schritten vor (Abb. 9.3-12):

1 Auswahl Menü Projekt-Grafische Berichte
2 Auswahl Schaltfläche Daten speichern...
3 Auswahl des zu speichernden Datentyps im Abschnitt Cube speichern...
4 Nach der Felddefinition das Speichern über die Schaltfläche Cube speichern... bestätigen
5 Auswahl des Speicherortes und Bestätigung über Schaltfläche Speichern

9.3 Benutzerdefinierte Berichte **

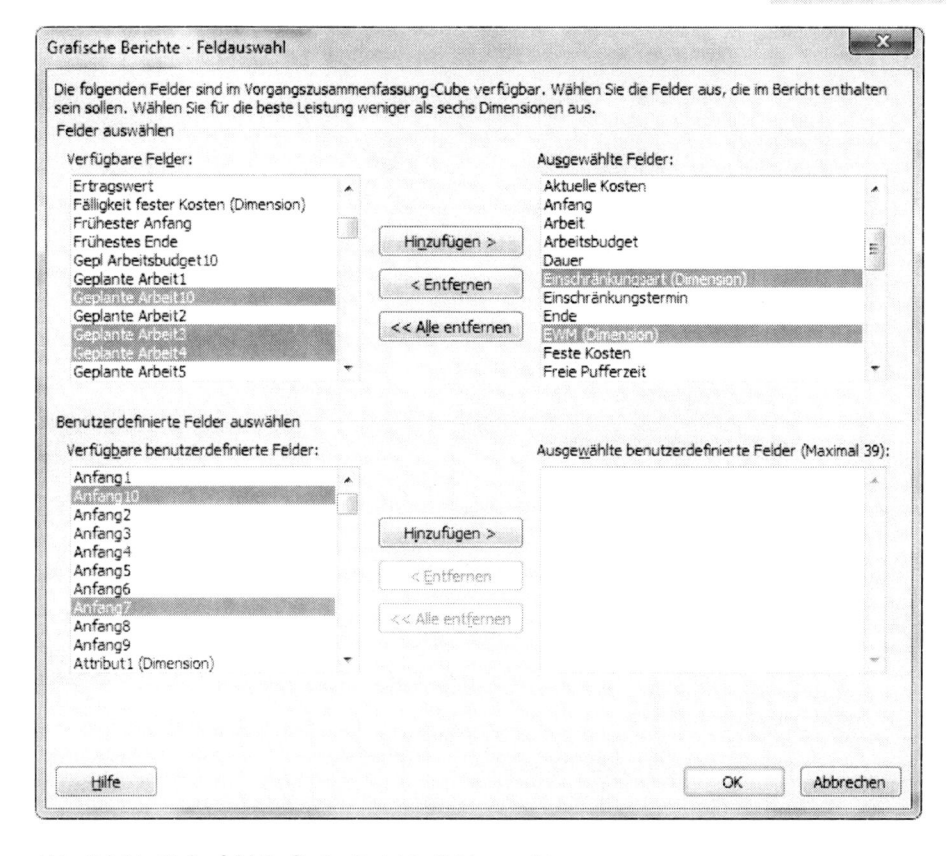

Abb. 9.3-11: Dialogfeld Grafische Berichte-Feldauswahl.

Zum **Export** aller Projektdaten in eine **Microsoft Access-Berichtsdatenbank** geht man in den folgenden Schritten vor:

Export in Access-Datenbank

1   Auswahl Menü Projekt-Grafische Berichte
2   Auswahl Schaltfläche Daten speichern...
3   Auswahl Datenbank speichern...
4   Auswahl des Speicherortes für die Datenbank, danach Bestätigung über die Schaltfläche Speichern

9 Den Überblick behalten: Berichtswesen *

Abb. 9.3-12: Dialogfelder Grafische Berichte-Bericht erstellen und Berichtsdaten speichern.

9.4 Drucken von Seitenansichten als Bericht *

Das Drucken von Informationen aus Microsoft Project ist nicht trivial. Grundsätzlich ist zu sagen, dass nur die Informationen gedruckt werden, die in der aktuellen Ansicht auf dem Bildschirm zu sehen sind.

Das führt dazu, dass größere bzw. komplexere Projekte regelmäßig nicht einfach in Übersichtsform zu drucken sind. Anpassungen der Druckseiten in eine Layoutform gibt es nicht.

Der folgende Abschnitt beschäftigt sich mit dem Drucken von Berichten:

- »Drucken von Berichten«, S. 247

Auch alle anderen Seitenansichten lassen sich in Form von Berichten drucken. Dies hat z. B. den Vorteil, dass die Diagrammdarstellungen automatisch mit einer Legende versehen werden. Die notwendigen Schritte werden hier beschrieben:

- »Drucken von Seitenansichten als Bericht«, S. 248

9.4.1 Drucken von Berichten **

Berichte dokumentieren den Projektverlauf und -fortschritt. Die aus Ihnen gewonnenen Informationen adressieren alle Interessentengruppen, wie z. B. Projektverantwortliche, Lenkungsausschuss oder Management, und sind Grundlage für viele projektbezogene Entscheidungen. Nicht alle Informationsadressaten haben Zugriff auf Microsoft Project. Zudem verlangt z. B. eine nachhaltige Projektdokumentation den Ausdruck und die Ablage von Berichtsdaten.

Der Druck von Standardberichten erfordert folgende Schritte:

1. Auswahl Projekt-Berichte
2. Auswahl der gewünschten Berichtskategorie
3. Markieren des zu druckenden Berichts
4. Optionales Anpassen der vordefinierten Einstellungen über die Schaltfläche Bearbeiten...
5. Bestätigung des ausgewählten Berichts über die Schaltfläche Auswahl
6. Optionale Änderung der Darstellungsoptionen über die Schaltfläche Seite einrichten...
7. Bestätigung über Schaltfläche Drucken

Soll statt eines Standardberichtes ein benutzerdefinierter Bericht gedruckt werden, muss dieser in der entsprechenden Kategorie im Feld Berichte ausgewählt werden (Abb. 9.4-1).

Das optionale Anpassen der Einstellungen erfolgt wieder über die Schaltfläche Seite einrichten..., der eigentliche Druck über die Schaltfläche Drucken. Der Druck eines grafischen Berichtes erfolgt aus der jeweiligen Anwendung, in der er geöffnet wurde (Microsoft Excel oder Visio).

9 Den Überblick behalten: Berichtswesen *

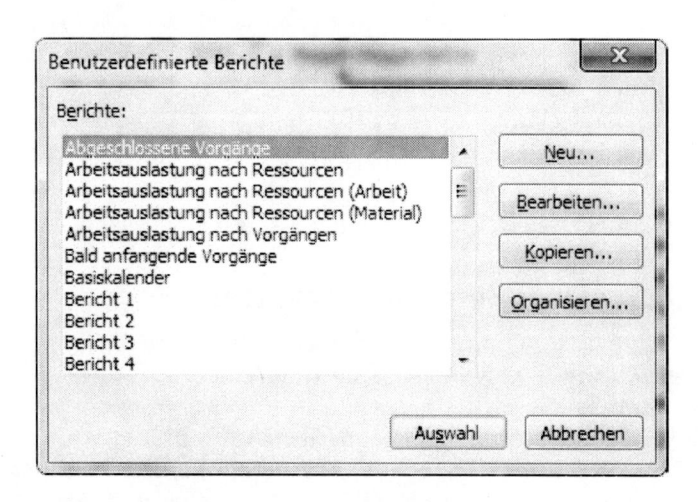

Abb. 9.4-1: Dialogfeld Benutzerdefinierte Berichte.

9.4.2 Drucken von Seitenansichten als Bericht **

Nicht nur Berichte an sich, sondern auch alle anderen Seitenansichten in Microsoft Project lassen sich als Bericht drucken. So lassen sich sehr viele Projektinformationen übersichtlich dokumentieren und ablegen.

Druckeinstellungen & Formatierung

Der Ausdruck erfolgt über das Menü Datei-Drucken (Abb. 9.4-2). Über den Bereich Einstellungen (Abb. 9.4-3). bzw. die Links Seite einrichten (Abb. 9.4-4) und Druckereigenschaften (Abb. 9.4-5) lassen sich die Berichte bzw. Ausdrucke formatieren.

In dem Menü Einstellungen stehen folgende Optionen zur Verfügung:

- Gesamtes Projekt drucken
- Bestimmte Datumsangaben drucken
- Bestimmte Seiten drucken
- Benutzerdefinierte Datumsangaben und Seiten drucken

9.4 Drucken von Seitenansichten als Bericht *

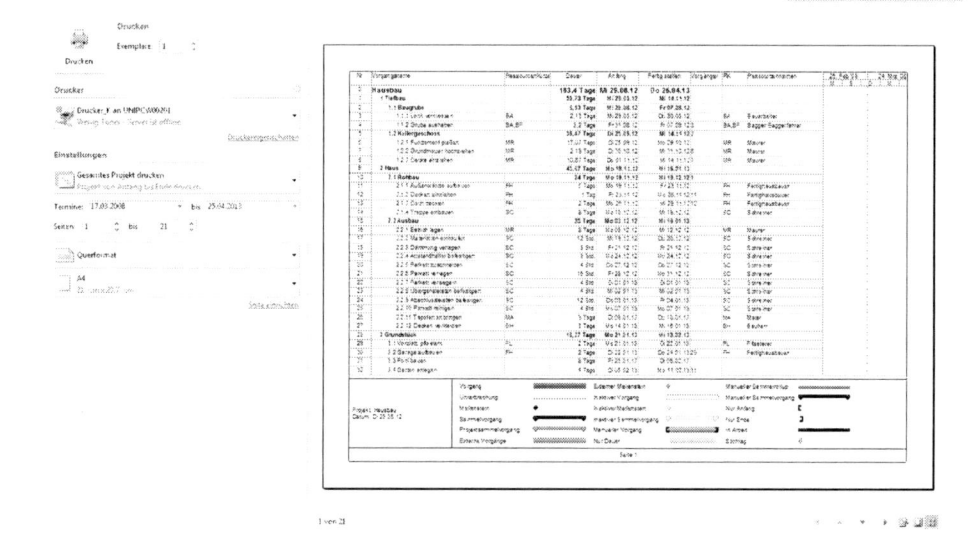

Abb. 9.4-2: Drucken: Druckbereich formatieren.

Mit Hilfe des Dialogfensters Seite einrichten lassen sich Einstellungen zu folgenden Bereichen vornehmen:

- Seite
- Ränder
- Kopfzeile
- Fußzeile
- Legende
- Ansicht

Durch Betätigung des Links Druckereigenschaften lassen sich sämtliche druckspezifischen Einstellungen (Beispiel) vornehmen:

- My Tab
- Basis
- Layout
- Finishing
- Deckblattmodus
- Stempel/Gestaltung
- Qualität
- Anderes

9 Den Überblick behalten: Berichtswesen *

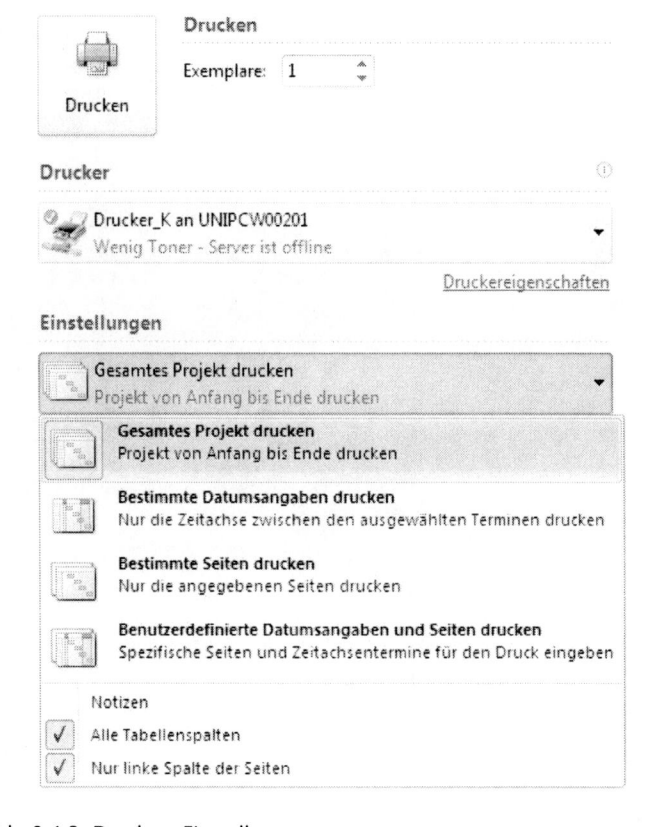

Abb. 9.4-3: Drucken: Einstellungen.

Vor dem Druck können die gewählten Einstellungen mit Hilfe der Seitenansicht überprüft werden (Abb. 9.4-6).

Hinweis Grundsätzlich fügt Microsoft Project den Druckseiten eine Zeichenlegende hinzu.

Über die Schaltfläche Drucken wird die aktuelle Seitenansicht mit den gewählten Einstellungen als Bericht gedruckt.

9.4 Drucken von Seitenansichten als Bericht *

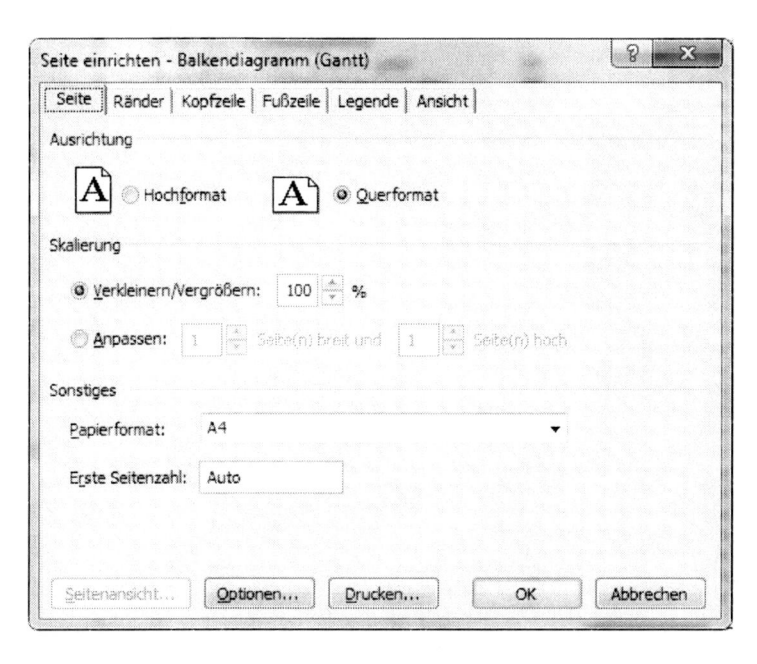

Abb. 9.4-4: Drucken: Seite einrichten.

9 Den Überblick behalten: Berichtswesen *

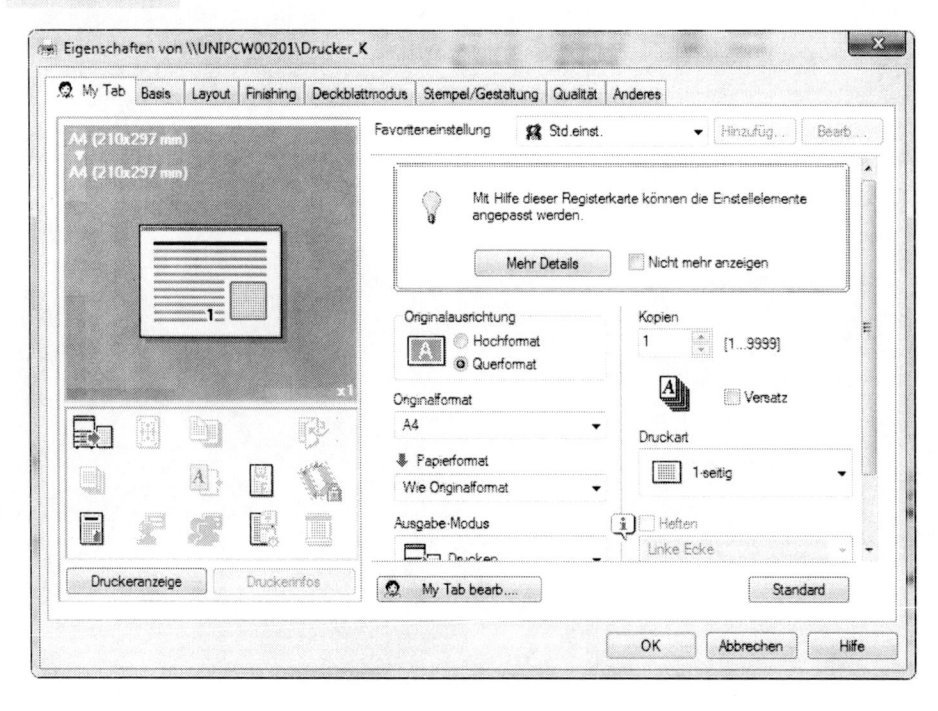

Abb. 9.4-5: Drucken: Druckereigenschaften.

9.4 Drucken von Seitenansichten als Bericht *

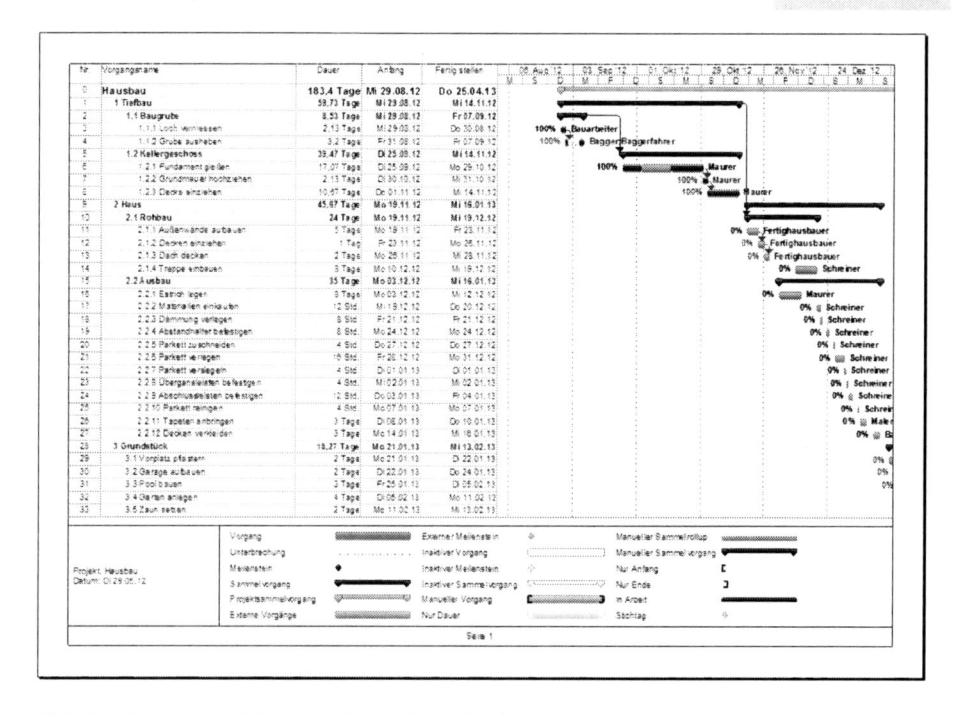

Abb. 9.4-6: Seitenansicht einer als Bericht gedruckten Seite.

10 Multiprojektmanagement **

Regelmäßig laufen in Unternehmen und anderen Organisationen mehrere Projekte parallel ab – in den seltensten Fällen völlig unabhängig voneinander. Konkurrierende Ressourcennutzung ist dabei nur eine Herausforderung des Multiprojektmanagements.

Microsoft Project unterstützt das Multiprojektmanagement durch die Möglichkeit der gemeinsamen Ressourcennutzung in unterschiedlichen Projekten, z. B. über die Anlage eines Ressourcenpools:

- »Gemeinsame Ressourcennutzung«, S. 255

Komplexe Projekte werden nicht selten in Teilprojekte gegliedert, die durchaus in unterschiedlichen Projektdateien angelegt werden können. Sollen diese Teilprojekte zu einem späteren Zeitpunkt zu einem Gesamtprojekt aggregiert werden oder wachsen ursprünglich autarke Projekte aus anderen Gründen zusammen, lassen sie sich in einer Projektdatei zusammenführen:

- »Projekte zusammenführen«, S. 262

Sollen Projekte nicht in einer Datei zusammengeführt werden, können Abhängigkeiten bzw. Zusammenhänge zwischen Vorgängen auch auf dem folgenden Weg projektübergreifend verknüpft werden:

- »Projektübergreifende Verknüpfung von Vorgängen«, S. 264

10.1 Gemeinsame Ressourcennutzung **

Nicht selten werden in der (Unternehmens-) Realität mehrere Projekte gleichzeitig durchgeführt. Auch wenn es hierbei unterschiedliche Projektverantwortliche geben mag, können zwischen den Projekten unterschiedlich starke Abhängigkeiten bestehen. Mit Hilfe von Microsoft Project können mehrere in Beziehung zueinander stehende Projekte gleichzeitig organisiert werden. Hierzu gehört insbesondere auch die Planung der zur Verfügung stehenden Ressourcen.

10 Multiprojektmanagement **

Nur ein Projekt?

Einige Herausforderungen, die im Rahmen von Multiprojektmanagement auftreten können, sind diese:

- In mehreren Projekten sollen oder müssen die gleichen Ressourcen genutzt werden (z. B. Personal oder Maschinen; **zeitliche Abhängigkeit / Konkurrenz**).
- Mehrere (Teil-) Projekte sind Teile eines Gesamtprojektes (**hierarchische Abhängigkeit**).
- Es gibt Abhängigkeiten zwischen einzelnen Vorgängen der unterschiedlichen Projekte (**sachliche Abhängigkeit / Konkurrenz**).

In diesen Fällen ist es sinnvoll, Verknüpfungen zwischen parallel laufenden Projekten auf verschiedenen Ebenen herzustellen.

Mit Microsoft Project können im Rahmen des **Multiprojektmanagements** die o.g. Abhängigkeiten wie folgt verwaltet werden:

- Die **gemeinsame Ressourcennutzung** erlaubt den Zugriff aus einem Projekt auf bereits in anderen Projekten angelegte Ressourcen. Dies kann direkt von einem Projekt zum anderen oder über die Einrichtung eines »externen« Ressourcenpools geschehen. (Anmerkung: Microsoft Project bezeichnet als Ressourcenpool allgemein eine Project-Datei, deren Ressourcen auch Vorgängen anderer Projekten zugeordnet werden können; als externer Ressourcenpool soll hier eine eigens dafür angelegte Datei verstanden werden). Hierdurch können **zeitliche Abhängigkeiten** verwaltet werden.
- **Hierarchische Abhängigkeiten** zwischen Projekten können durch das Zusammenführen von Projekten in einer Datei dargestellt und zentral überwacht werden.
- Durch das projektübergreifende Verknüpfen von Vorgängen können **sachliche Abhängigkeiten** verwaltet werden.

Beispiel

Eine Bauunternehmung hat vor kurzem beschlossen, alle Bauvorhaben (Projekte) mit Hilfe der Software-Lösung Microsoft Project abzubilden. Der Koordinator für den Maschinenpark (Bagger, LKW, Stromaggregate, Baucontainer, Walzen usw.) hat die Aufgabe, die für die jeweiligen Bau-

10.1 Gemeinsame Ressourcennutzung **

abschnitte notwendigen Ressourcen zeitgerecht bereit zu stellen.

Für das laufende Projekt Bauvorhaben »Meisenstraße« hat der Koordinator den im Basisplan angelegten Vorgängen bereits die benötigten Ressourcen zugeordnet. Gestern hat die Bauunternehmung, nach gewonnener Submission, den Auftrag für das neue Bauvorhaben »Amselweg« erhalten. Für dieses soll nun ein neuer Basisplan angelegt werden.

Der Koordinator für die Baumaschinen könnte über den direkten Zugriff Ressourcen des Projektes »Meisenstraße« auch Vorgängen im Projekt »Amselweg« zuordnen. Da aber davon auszugehen ist, dass der vorhandene Maschinenpark auch in Zukunft immer wieder Vorgängen in wechselnden Projekten zugeordnet werden muss, erscheint die Einrichtung eines externen Ressourcenpools sinnvoll. Dieser kann zentral gepflegt, sowie bei Ab- oder Zugängen von Maschinen aktualisiert werden, und steht allen Projekten und Projektplanverantwortlichen zur Verfügung.

Gemeinsame Ressourcennutzung & Ressourcenpool

Wenn Ressourcen häufig in unterschiedlichen Projekten gleichzeitig oder auch zeitlich gestaffelt immer wieder in verschiedenen Projekten genutzt werden sollen, ist die Anlage eines externen Ressourcenpools sinnvoll.

Tipp

Über den Menüpfad Ressource-Ressourcenpool-Gemeinsame Ressourcennutzung... lassen sich die Zugriffsberechtigungen auf Ressourcen eines Projektes definieren (Abb. 10.1-1). Die die Ressourcen zur Verfügung stellende Datei wird als Ressourcenpool, die die Ressourcen nutzende Projekt-Datei als mitbenutzendes Projekt bezeichnet.

Zugriffsberechtigungen auf den Ressourcenpool

Im Dialogfeld Gemeinsame Ressourcennutzung... lassen sich die Einstellungen für das gemeinsame Nutzen von Ressourcen mit anderen Projekten festlegen (Abb. 10.1-2):

- Aktivieren oder Deaktivieren der gemeinsamen Ressourcennutzung
- Festlegen, von welchem Projekt Dateiressourcen gemeinsam genutzt werden

10 Multiprojektmanagement **

Abb. 10.1-1: Menüpfad Gemeinsame Ressourcennutzung.

- Festlegen, welche Datei **Vorrang** hat, wenn Ressourceninformationen in den beiden Dateien einen Konflikt verursachen (Abhängigkeiten / Konkurrenz von Projekten)

Abb. 10.1-2: Dialogfeld Gemeinsame Ressourcennutzung.

Einstellungen   Standardmäßig ist die Option für die Nutzung projekteigener Ressourcen aktiviert. Sollen Ressourcen aus einem Ressourcenpool (anderes Projekt) genutzt werden, ist dies im Dialogfenster zu aktivieren und die Ressourcenherkunft anzugeben. Schließlich ist festzulegen, welches Projekt im Falle von **Ressourcenkonflikten** Vorrang hat. Hierbei ist standardmäßig der Vorrang des Ressourcenpools voreingestellt.

Ein **externer Ressourcenpool** ist eine Microsoft Project-Datei, in der ausschließlich die zur Verfügung stehenden Ressourcen gepflegt werden, und auf die verschiedenen Projekten Zugriff gewährt wird. Ein solcher Ressourcenpool

10.1 Gemeinsame Ressourcennutzung **

wird zentral verwaltet und aktualisiert, während jeder Bearbeiter beim Öffnen eine lokale Kopie zur Verwendung erhält.

Zur Verwendung von Ressourcen aus einem Ressourcenpool muss diese Ressourcen-Quelldatei geöffnet sein, um auf ihre Ressourcen aus einem anderen Projekt zugreifen zu können. Werden Ressourcen aus dem Pool verwendet, muss dieser zur Synchronisation aktualisiert werden.

Hinweis

Zur Erstellung eines Ressourcenpools legen Sie ein neues Projekt an, in der sie ausschließlich die folgenden Ressourcen verwalten (Ansicht-Ressource: Tabelle): Bagger 1, Bagger 2, Walze, Container 1, Container 2, Container 3, LKW 1, LKW 2, LKW 3, Kran 90 t, Kran 120 t.

Speichern Sie die Datei unter dem Namen »Ressourcenpool« (Abb. 10.1-3).

	Ressourcenname	Art
1	Bagger 1	Arbeit
2	Bagger 2	Arbeit
3	Walze	Arbeit
4	Container 1	Arbeit
5	Container 2	Arbeit
6	Container 3	Arbeit
7	LKW 1	Arbeit
8	LKW 2	Arbeit
9	LKW 3	Arbeit
10	Kran 90 t	Arbeit
11	Kran 120 T	Arbeit

Abb. 10.1-3: Anlegen eines Ressourcenpools.

Erstellen Sie nun ein neues Projekt, welches Sie unter dem Namen »BV Amselweg« und mit dem Projektstart 30.05. abspeichern. Um auf die Ressourcen des Pools zugreifen zu können muss die gemeinsame Ressourcennutzung im Menü Extras definiert werden (Abb. 10.1-4).

Bei der simultanen Arbeit an verschiedenen Projekten mit Hilfe eines Ressourcenpools ist es sinnvoll, im Falle eines Konfliktes immer dem Ressourcenpool Vorrang zu gewäh-

Vorrangsrechte bei der Ressourcenverwendung

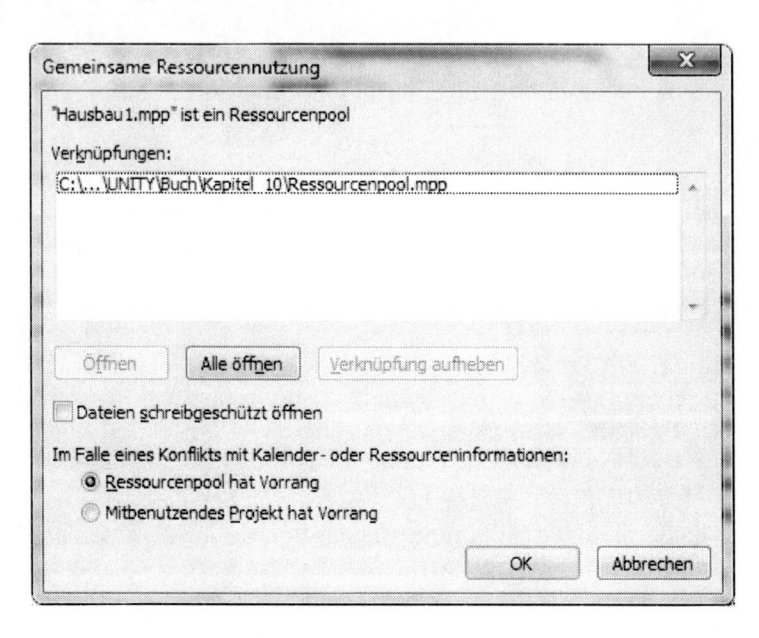

Abb. 10.1-4: Definition der gemeinsamen Ressourcennutzung im Menü Extras.

ren, um die mehrfache (konkurrierende) Zuweisung von Ressourcen zu vermeiden.

Nach dem Schließen der angelegten Dateien wird beim erneuten Öffnen der Datei »Ressourcenpool« das Dialogfenster Ressourcenpool öffnen angezeigt, da Microsoft Project die Definition des Ressourcenzugriffs erkannt hat (Abb. 10.1-5). Für die Zuweisung von Ressourcen aus dem Pool zu Vorgängen in bearbeiteten Projekten wird der Ressourcenpool grundsätzlich **schreibgeschützt** geöffnet (Option 1). Dadurch wird gewährleistet, dass mehrere Bearbeiter gleichzeitig auf den Ressourcenpool zugreifen und dessen Ressourcen verwenden können.

Hinweis
Soll der Ressourcenpool selbst bearbeitet werden (Ändern, Zufügen oder Entfernen von Ressourcen oder deren Eigenschaften) muss er mit **Schreib- und Lesezugriff** (Option 2) geöffnet werden. Andere Bearbeiter haben während dieser Zeit nicht die Möglichkeit, Änderungen am Pool vorzunehmen.

10.1 Gemeinsame Ressourcennutzung **

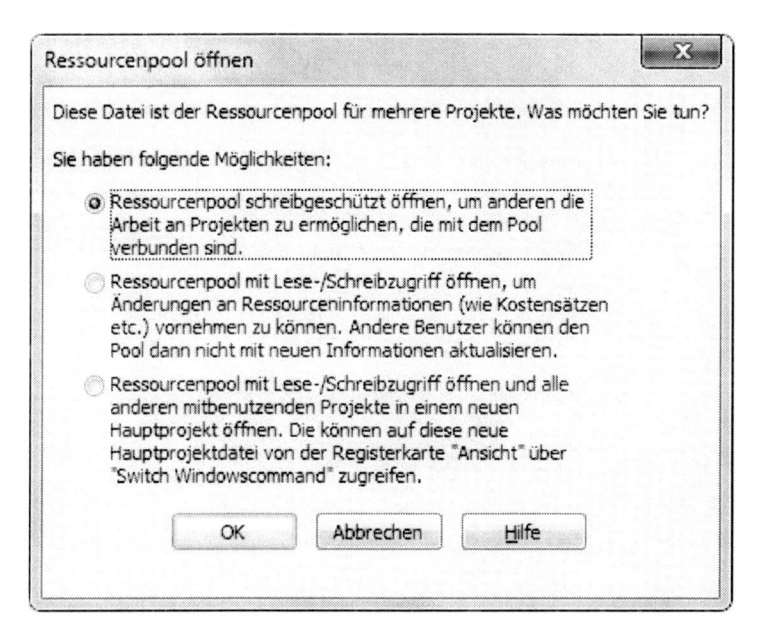

```
Ressourcenpool öffnen

Diese Datei ist der Ressourcenpool für mehrere Projekte. Was möchten Sie tun?

Sie haben folgende Möglichkeiten:

◉ Ressourcenpool schreibgeschützt öffnen, um anderen die
  Arbeit an Projekten zu ermöglichen, die mit dem Pool
  verbunden sind.

○ Ressourcenpool mit Lese-/Schreibzugriff öffnen, um
  Änderungen an Ressourceninformationen (wie Kostensätzen
  etc.) vornehmen zu können. Andere Benutzer können den
  Pool dann nicht mit neuen Informationen aktualisieren.

○ Ressourcenpool mit Lese-/Schreibzugriff öffnen und alle
  anderen mitbenutzenden Projekte in einem neuen
  Hauptprojekt öffnen. Die können auf diese neue
  Hauptprojektdatei von der Registerkarte "Ansicht" über
  "Switch Windowscommand" zugreifen.

         [ OK ]   [ Abbrechen ]   [ Hilfe ]
```

Abb. 10.1-5: Dialogfenster Ressourcenpool öffnen.

Die Einrichtung eines externen Ressourcenpools erleichtert die Gesamtkoordination von zur Verfügung stehenden Unternehmensressourcen und hilft bei der Vermeidung von Überlastungen.

Tipp

Sobald ein Bearbeiter den Ressourcenpool schreibgeschützt öffnet, erhält er damit eine lokale Kopie der Datei, die nicht automatisch aktualisiert wird. Werden Ressourcen des Pools verplant, müssen die Änderungen über den Menüpunkt Ressource-Ressourcen-pool-Ressourcenpool aktualisieren an den Pool gesendet werden (Abb. 10.1-6).

Um die lokale Kopie durch die aktualisierte Version des Ressourcenpools zu ersetzen muss der Ressourcenpool mit Hilfe des darunter liegenden Menüpunktes erneut geladen werden.

Aktualisierung der lokalen Kopie

Microsoft Project stellt für den Umgang mit Ressourcen die Symbolleiste Ressourcenmanagement zur Verfügung (Abb. 10.1-7).

Symbolleiste Ressourcenmanagement

10 Multiprojektmanagement **

Abb. 10.1-6: Menüpfad Ressourcenpool aktualisieren.

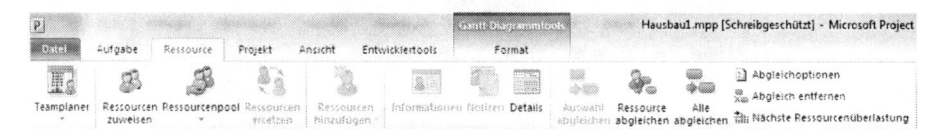

Abb. 10.1-7: Symbolleiste Ressourcenmanagement.

10.2 Projekte zusammenführen **

Bei großen Projekten ist die hierarchische Gliederung in Teilprojekte nicht nur sinnvoll, sondern regelmäßig z. B. durch unterschiedliche Teilprojektleiter und Zuständigkeiten notwendig. Die als Teilprojekte angelegten und gepflegten Microsoft Project-Dateien lassen sich in einer separaten Datei zu einem Gesamtprojekt zusammenführen. Die Arbeitsweise ist dabei vergleichbar mit der Behandlung von Sammelvorgängen.

Projekt zusammenhängen

Die Kombination von unterschiedlichen Projekten zu einem Gesamtprojekt lässt sich auch nachträglich bewerkstelligen, sogar wenn zu einem früheren Zeitpunkt der Zusammenhang der Einzelprojekte noch nicht erkenn- oder planbar war.

Vorgehensweise zur Verknüpfung von Projekten

Die Einbindung eines (Teil-)Projektes in eine Gesamtdarstellung erfolgt prinzipiell wie das Anlegen eines Vorganges:

1 Platzierung des Cursors in der Vorgangszeile unterhalb der Zeile des Gesamtprojektes, in welcher das Teilprojekt eingefügt werden soll

10.2 Projekte zusammenführen **

2 Einfügen des Teilprojektes über das Menü Projekt-Unterprojekt
3 Auswahl und Bestätigung des einzufügenden Projektes

> Es können gleichzeitig mehrere Projekte eingefügt werden, indem bei der Auswahl die STRG-Taste gedrückt gehalten wird. Danach werden die Projekte in der Reihenfolge markiert, in der sie eingefügt werden sollen.

Tipp

Auf diese Art wird das Teilprojekt wie ein **Sammelvorgang** in das Gesamtprojekt eingefügt. Die Vorgänge des eingefügten Projektes lassen sich bei Bedarf wie in allen anderen Fällen über das führende Kreuz auffächern.

Von Sammelvorgängen zu unterscheiden sind eingefügte Projekte durch die Formatierung und ein Indikatorsymbol. Durch einen Doppelklick auf das Symbol wird das Dialogfeld Informationen zum eingefügten Projekt geöffnet.

Änderungen von Teil- und Gesamtprojektdateien

> Um die Übersicht über die eingefügten Projekte zu behalten, ist es sinnvoll, in den Tabellen der Gesamtprojektdatei jeweils eine Spalte mit dem Feld Projekt zu ergänzen. In dieser wird dann die (Teilprojekt-) Herkunft des jeweiligen Vorganges dokumentiert (Abb. 10.2-1).

Tipp

Das Einfügen eines Projektes über die Verknüpfung mit der Quelldatei führt zu einer vollständigen Einbindung, d. h. alle Daten und Informationen des eingefügten Projektes sind auch in der Gesamtdatei verfügbar. Dadurch lassen sie sich sowohl im Gesamtprojekt anzeigen, wie auch in beiden Dateien bearbeiten. Die **Datenkonsistenz** bleibt in allen Dateien erhalten. Die Änderungen in einer Datei werden über die Verknüpfung mit der anderen Datei automatisch synchronisiert.

> Um die Synchronisation von Änderungen zwischen Quell- und Zieldatei zu verhindern, deaktivieren Sie das Kontrollkästchen Mit Projekt verknüpfen im Dialogfeld des Menüs Projekt Unterprojekt.

Tipp

10 Multiprojektmanagement **

	Projekt	Vorgangsname
0	Hausbau1	– Hausbau
1	Hausbau1	– 1 Tiefbau
2	Hausbau1	+ 1.1 Baugrube
5	Hausbau1	+ 1.2 Kellergeschoss
9	Hausbau1	– 2 Haus
10	Hausbau1	+ 2.1 Rohbau
15	Hausbau1	+ 2.2 Ausbau
28	Hausbau1	+ 3 Grundstück
34	Hausbau1	+ 4 Baubesprechung
70		
71	Hausbau1	– 5 Teilprojekt Vorbereitung
1	Teilprojekt Vorbereitung	– 1 Teilprojekt Vorbereitung
2	Teilprojekt Vorbereitung	1.1 Bauplanung
3	Teilprojekt Vorbereitung	1.2 Baubesprechung
4	Teilprojekt Vorbereitung	1.3 Finanzierungsberatung
5	Teilprojekt Vorbereitung	1.4 Notarbesuch

Abb. 10.2-1: Anzeige der Namen eingefügter Teilprojekte in der Spalte Projekt.

10.3 Projektübergreifende Verknüpfung von Vorgängen **

Zwischen Vorgängen unterschiedlicher Teilprojekte können Beziehungen bestehen. Diese lassen sich – sofern die (Teil-)Projekte in einer Datei zusammengeführt wurden – wie Anordnungsbeziehungen zwischen Vorgängen einer einzigen Datei mittels Verknüpfungen darstellen. Ebenso lassen sich Beziehungen zwischen einzelnen Vorgängen und einem kompletten eingefügten Projekt herstellen.

Abhängigkeiten zwischen Vorgängen verschiedener Teilprojekte

Durch Verknüpfungen zwischen Vorgängen unterschiedlicher (Teil-) Projekte lassen sich z. B. Abschlüsse von Teilprojekten als Meilensteine und Startpunkte für weitere Teilprojekte definieren und nutzen (Abb. 10.3-1):

Wie in Abb. 10.3-1 zu sehen, erfolgt die Vergabe der **Vorgangsnummern bei eingebundenen Projekten** nach folgenden Konventionen:

- Das Unterdrücken der Anzeige von Vorgängen verursacht Sprünge innerhalb der angezeigten Vorgangsnummern (siehe Sammelvorgänge »Rohbau« und »Ausbau«).

10.3 Projektübergreifende Verknüpfung von Vorgängen **

Projekt	Vorgangsname	Dauer	Anfang	Fertig stellen
Hausbau1	- Hausbau	196,2 Tage	Mo 13.08.12	Do 25.04.13
Hausbau1	- 1 Tiefbau	64 Tage	Do 23.08.12	Mi 14.11.12
Hausbau1	- 1.1 Baugrube	8,53 Tage	Do 23.08.12	Mo 03.09.12
Hausbau1	1.1.1 Loch vermessen	2 Tage	Do 23.08.12	Fr 24.08.12
Hausbau1	1.1.2 Grube ausheben	3,2 Tage	Mo 27.08.12	Mo 03.09.12
Hausbau1	+ 1.2 Kellergeschoss	39,47 Tage	Di 25.09.12	Mi 14.11.12
Hausbau1	- 2 Haus	45,67 Tage	Mo 19.11.12	Mi 16.01.13
Hausbau1	+ 2.1 Rohbau	24 Tage	Mo 19.11.12	Mi 19.12.12
Hausbau1	+ 2.2 Ausbau	35 Tage	Mo 03.12.12	Mi 16.01.13
Hausbau1	+ 3 Grundstück	18,27 Tage	Mo 21.01.13	Mi 13.02.13
Hausbau1	+ 4 Baubesprechung	182,33 Tage	Do 30.08.12	Do 25.04.13
Hausbau1	- 5 Teilprojekt Vorbereitung	8,53 Tage	Mo 13.08.12	Mi 22.08.12
Teilprojekt Vorbereitung	1 Bauplanung	3 Tage	Mo 13.08.12	Mi 15.08.12
Teilprojekt Vorbereitung	2 Baubesprechung	2 Tage	Do 16.08.12	Fr 17.08.12
Teilprojekt Vorbereitung	3 Finanzierungsberatung	2 Tage	Mo 20.08.12	Di 21.08.12
Teilprojekt Vorbereitung	4 Notarbesuch	1 Tag	Mi 22.08.12	Mi 22.08.12

Abb. 10.3-1: Verknüpfungen zwischen Vorgängen eingebundener Projekte.

▪ Ein eingefügtes Projekt erhält eine Vorgangsnummer entsprechend der Sequenz im Gesamtprojekt. Die Vorgänge innerhalb des eingefügten Projektes dagegen behalten die Vorgangsnummern der Quelldatei (siehe eingefügtes Projekt).

Eingefügte Projekte können aus der Hauptdatei gelöscht werden. Dabei bleiben die mit Vorgängen anderer eingebetteter Projekte verknüpften Vorgänge allerdings in der zusammengeführten Datei erhalten. Um diese auch zu löschen, müssen sie einzeln markiert und entfernt werden.

Löschen von eingefügten Projekten

Über einen Umweg lassen sich auf diese Weise auch Vorgänge von nicht eingebundenen Projekten verknüpfen:

Tipp

1 Provisorisches Einfügen des Projektes, dessen Vorgang selektiv mit einem Vorgang des Hauptprojektes verknüpft werden soll.
2 Verknüpfen der entsprechenden Vorgänge.
3 Löschen des zuvor eingefügten Projektes; dabei bleibt der verknüpfte Vorgang mit Angabe der Quelldatei in der zusammengeführten Datei erhalten.

Glossar

Anfang-Anfang-Beziehung
→Anordnungsbeziehung zwischen →Vorgängen. Der Nachfolger kann beginnen, sobald der Vorgänger beginnt. Kann durch die Angabe eines →Zeitabstandes genauer definiert werden.

Anfang-Ende-Beziehung
→Anordnungsbeziehung zwischen →Vorgängen. Der Nachfolger kann enden, sobald der Vorgänger begonnen hat. Kann durch die Angabe eines →Zeitabstandes genauer definiert werden.

Anordnungsbeziehung
Beziehung zwischen verknüpften →Vorgängen. Definiert Art und Reihenfolge der Verknüpfung von Vorgänger und Nachfolger. Kann als →Anfang-Anfang-Beziehung, →Anfang-Ende-Beziehung, →Ende-Anfang-Beziehung oder →Ende-Ende-Beziehung festgelegt werden. (Syn.: Abhängigkeitsbeziehung, Verknüpfung)

Arbeitsressource
→Ressource der Art »Arbeit«. Im Allgemeinen Mitarbeiter und solche Betriebsmittel, die über den Faktor Zeit abgerechnet werden. Dem gegenüber stehen Ressourcen der Art »Material«, deren Einsatz mengenmäßig erhoben wird.

Balkendiagramm
→Diagrammtyp, in welchem die Werte ausgewählter →Datenreihen in Form von horizontalen Balken dargestellt werden.

Basiskalender
Allgemeiner Kalender, welcher Arbeitszeiten definiert. Kann nach ausdrücklicher Zuweisung als Grundlage für die Arbeitszeiten von Projekten, →Ressourcen oder →Vorgängen dienen.

Basisplan
Werkzeug der Projektüberwachung. Enthält die ursprünglichen →Planwerte, welche mit den aktuellen →Istwerten verglichen werden.

Budget
Ein Budget ist ein in Geldbeträgen formulierter Plan von zukünftigen, erwarteten Einnahmen und Ausgaben. Der Begriff bezeichnet in der Betriebswirtschaftslehre einen kurzfristigen, operativen Unternehmensplan, der das Geschäft für das kommende Geschäftsjahr abbildet. Beim Projektmanagement bezeichnet ein Budget hingegen den finanziellen Betrag, der zur Realisierung des Projektes zur Verfügung steht. (Syn.: Etat)

Datenreihe
Inhaltlich zusammen gehörende Menge von Daten bzw. Messpunkten zur Darstellung in einem →Diagramm.

Diagramm
Grafische Darstellung der Inhalte einer Tabelle oder eines ausgewählten Zellbereichs.

Glossar

Einschränkung
Eine Bedingung, welche die Termine eines →Vorgangs auf der Zeitachse einschränkt. Je nach Art der Bedingung können Vorgänge einen →Einschränkungstermin nicht über- oder unterschreiten bzw. müssen genau termingerecht starten oder enden.

Einschränkungstermin
Zeitpunkt, der in Verbindung mit einer →Vorgangseinschränkung festgelegt wird. Je nach Einschränkungsart darf der Termin nur unterschritten oder überschritten werden. Im strengsten Fall der Einschränkung muss er exakt eingehalten werden.

Ende-Anfang-Beziehung
Der Standardfall einer →Anordnungsbeziehung zwischen →Vorgängen. Der Nachfolger kann beginnen, sobald der Vorgänger beendet ist. Kann durch die Angabe eines →Zeitabstandes genauer definiert werden.

Ende-Ende-Beziehung
→Anordnungsbeziehung zwischen →Vorgängen. Der Nachfolger kann enden, sobald der Vorgänger beendet ist. Kann durch die Angabe eines →Zeitabstandes genauer definiert werden.

Gemeinkosten *(overhead costs)*
Indirekte Kostenart, die nicht direkt einem →Vorgang oder einem Projekt zugeordnet werden kann. Werden anhand eines Gemeinkostenschlüssels auf die einzelnen Projekte umgelegt.

Hyperlink
Verweise auf andere Dokumente; in →Web-Browsern meist farblich oder unterstrichen hervorgehoben; ein Mausklick auf einen Hyperlink bewirkt, dass zu dem Dokument, auf das verwiesen wird, verzweigt wird. Kurzform: Link.

Istwert *(actual value)*
Ein im Projektverlauf tatsächlich eingetretener Wert für Dauer, Kosten, Termine etc. Kann vom ursprünglichen →Planwert abweichen. Abweichungen von Istwert und Planwert können ermittelt werden, wenn der Planwert im Basisplan festgehalten wurde.

Kritischer Pfad
Folge kritischer →Vorgänge. Verzögerungen führen zur Nichteinhaltung des spätesten Projektendtermins. Einhaltung aller Termine bedeutet den kürzest möglichen Projektablauf.

Meilenstein *(milestone)*
Signal für das Erreichen eines Teilziels im Rahmen eines Projektplans. In der Regel dargestellt als Vorgang mit einer Dauer von null Tagen.

Netzplan
Grafische Darstellung von →Vorgängen und →Meilensteinen zur Ermittlung der Bearbeitungsreihenfolge.

Periodischer Vorgang
Ein sich regelmäßig wiederholender →Vorgang, deren einzelne →Vorkommnisse in Termin, Dauer und Inhalt ähnlich sind und somit einen zusammengehörigen Zyklus bilden.

Phase
Menge von zusammengehörigen Vorgängen, die innerhalb eines Projekts eine sachlogische Einheit oder einen Arbeitsabschnitt bilden.

Planwert *(planned value)*
Ein Wert, der im Rahmen der →Planung für Dauer, Kosten, Termine etc. geschätzt wurde. Im Projektverlauf wird ein entsprechender →Istwert ermittelt. Dieser kann vom ursprünglichen Planwert abweichen. Abweichungen von Istwert und Planwert können ermittelt werden, wenn der Planwert im Basisplan festgehalten wurde. (Syn.: Sollwert)

Projektcontrolling
Unter Controlling lässt sich ein ganzheitliches Konzept zur Unterstützung von Entscheidungsträgern in einer Unternehmung bei der ereignisorientierten Planung und Kontrolle verstehen. Kontrolle ist nur ein Teil des Controllings, dessen englischer Wortstamm *to control* mit »steuern, lenken« übersetzt wird. Für die ganzheitliche Steuerung werden kontinuierlich Daten gesammelt, aufbereitet und analysiert. Der Teilbereich des Controllings, der sich auf das Projekt bezieht, wird als »Projektcontrolling« bezeichnet.

Projektkalender
Der Kalender aus der Menge der →Basiskalender, auf welchem die zeitlichen Berechnungen für das Projekt beruhen.

Projektleiter *(project leader)*
Führungskraft, die ein Projekt leitet. Sie besitzt formale Autorität für bestimmte Entscheidungen, aber keine disziplinarischen Vollmachten gegenüber den Mitarbeitern im Projekt.

Ressource *(resource)*
Alle für die Durchführung eines →Vorgangs erforderlichen Einsatzmittel wie Personal oder Betriebsmittel (Maschinen, Materialien).

Ressourcenkalender
Kalender, der individuelle Regelungen im Hinblick auf Arbeitszeit, arbeitsfreie Zeit sowie Urlaub und sonstige Abwesenheit speziell für jede einzelne →Ressource verwaltet.

Return on Investment
Als *Return on Investment* bezeichnet man das Verhältnis von dem mit einer Investition erzeitlen Gewinn (vor Fremdkapitalzinsen) zu eingesetztem Gesamtkapital. (Abk.: ROI; Syn.: Gesamtkapitalrentabilität)

Sammelvorgang
Ein →Vorgang, der mehrere Teilvorgänge übergeordnet aufnimmt und zur Gliederung des Projekts beiträgt. Die Berechnung erfolgt aus den Daten der Teilvorgänge.

Überlastung
Ein Zustand, welcher eintritt, wenn einer →Ressource vom Typ →Arbeit mehr Aufgaben abverlangt werden, als diese in der verfügbaren Zeit bewerkstelligen kann.

Vorgang *(activity)*
Eine Aktivität, die im Laufe eines Projekts abgeschlossen werden muss. Wird von Ressourcen bearbeitet.

Vorgangskalender
Kalender, der individuelle Regelungen der Arbeitszeit speziell für einen bestimmten →Vorgang verwaltet.

Vorkommnis
Ein Element aus der Menge von Teilvorgängen eines →periodischen Vorgangs.

Webbrowser
Software, über die Benutzer die Dienstleistungen des Internets in Anspruch nehmen können. Durch Angabe der URL wird das Computersystem, das die jeweilige Dienstleistung anbietet, eindeutig adressiert.

Zeitabstand
Nebenbedingung einer →Anordnungsbeziehung. Absoluter oder prozentualer Abstand zwischen den Terminen von verknüpften →Vorgängen.

Sachindex

A

Abhängigkeitsbeziehungen 46, 115, 264
Ablaufplanung 34
Abweichungen 177
Access-Berichtsdatenbank 245
aktueller Projektplan 202
aktueller Status 189
Analogiemethode 27
Anfangstermin 44
Anlage eines Meilensteins 207
Anordnungsbeziehung 46, 47, **48**, 115
Anpassung 214
Ansichten 63
Arbeit 133, 197
Arbeitsdauer 45
Arbeitspakete 32
Arbeitsressource **118**
Arbeitszeit 40, 90, 134
Arten von Berichten 221
Aufgabe 47
Aufwand-Nutzen-Abschätzung 191
Aufwandsschätzmethoden 36
Ausnahme 76
Auswirkung 36
AutoFilter 211
automatisch 138
automatischer Kapazitätsabgleich 138

B

Balkenart 159
Balkendiagramm 36, **51**
Basisberichte 222
Basiskalender 74, **75**
Basiskalendervorlagen 87
Basisplan **177**, 178, 185, 202, 219
Benutzerdefinierte Felder 124
Benutzerdefinierte Kostenfelder 148
benutzerdefinierter Monatskalenderbericht 236
benutzerdefinierter Bericht 223, 247
Berechnung 44
Berichtsauswahl 229
Berichtsvorlagen 226
Beschaffungsliste 35
Beschriftungen 161
Bewertung 219
Bruttoarbeitszeit 40
Budget **53**

C

Controlling 184

D

Datenexport 22
Datenkonsistenz 171, 263
Dauer eines Vorgangs 190
Diagnoseassistent 65
Diagrammfenster 211

E

Einheitenzahl 134
Einsatzmittel 49
Einschränkung **45**
Einstellungen 90
Eintrittswahrscheinlichkeit 36
Endtermin 44
Engpässe 35
Erfahrungswerte 27
Export 245
externe Verknüpfungen 174
externer Ressourcenpool 258

F

feste Einheiten 104
feste Größen 103
Filterdefinitionstabelle 217
Flexibilität 46
Formeln 148
Fortschrittslinien 161, 201

G

Gemeinkosten **53**, 141
Gemeinkostenschlüssels 141
gemeinsame
  Ressourcennutzung 256
Gesamtdauer 44
Gesamtkosten 194
Gitternetzlinien 161
Gliederungsebene 207
Gliederungsfunktion 153
Gliederungsnummern 155
grafische Indikatoren 148
grafischer Bericht 227
Grundinformationen 71

H

hierarchische Abhängigkeit 256
Hyperlink 171, **172**

I

Indikatorspalte 175
Informationen 90, 171
Informationsfeld 146
Ist-Kosten 180
Istwert **14**

K

Kalender 74, 90, 164
Kalenderoptioptionen 88
Kalendertermine 36
Kapazität der Ressourcen 44
kapazitätstreu 50
Kategorien 226
Konkurrenz 256
Kontrolle 32
Kopfzeile 169, 211
Kostenarten 141
Kostenplanung 36
Kostenressourcen 35
Kostenstrukturen 141
Kriterien 216
Kritischer Pfad **45**, 204
kritische Vorgänge 203
Kritischer Weg 203

L

leistungsgesteuerte
  Terminplanung 106

linearer Arbeitsfortschritt 193
Listenauswahl 211

M

Maßnahmen 36, 189
manuell 138
Maskenübersicht 197
Material 35
Materialressourcen 133
mehrfach geschachtelte Filter 217
Mehrfachmarkierung 169
Meilenstein 25, **42**, 207
Menüleiste 60
Microsoft Access-Datenbank 243
MindManager 14, 19, 28, 29
mitbenutzendes Projekt 257
Monitoring 219
Multiprojektmanagement 256

N

Nachfolger 47
Nettoarbeitszeit 40
Netzplan 36, **51**
Neudefinition 214
Notizen 145

O

Oder-Operator 218
optimale Steuerungsmaßnahme 219

P

Periodischer Vorgang 110, **110**
Personal 35
Personaleinsatzplanung 49
PERT-Diagramm 51
Phase **14**
Plan- oder Fixtermine 194
Plankosten 180
Planungsunterlagen 31
Planwert **14**
Prioritäten 32, 138
Produktivanteil 42
Projekt 12, 90
Projekt-Controlling **53**, 177, 189
Projektanforderungen 214

Sachindex

Projektfortschritt 194
Projektkalender **75**
Projektkosten 198
Projektleiter **14**
Projektnummer 68
Projektoptimierungsmethode 219
Projektsammelvorgang 155
Projektstatus 184
Projektstrukturplans 32
Projektteile 179
Projektziele 32
Pufferzeit 45

R
Ressourcen 35, 117, 178, 185, 194, 198
ressourcenbezogen 215
Ressourcenkalender **75**, 80
Ressourcenkosten 142
Ressourcenpool 257
Ressourcen und Vorgänge als Schnittmenge 87
Ressourcenverteilung 133
Return on Investment 53
Risiken 36
Risikomanagement 219
Rollup 182

S
sachliche Abhängigkeit 256
Sammelvorgänge **107**, 153, 212, 263
Seitenansicht 250
Selbsterstellte Filter 213
SMART-Regel 32
Spalten 90
Spalten auszublenden 169
speichern 68
Störfaktoren 41
Standardberichte 247
Standardeinstellungen 60
Standardkosten 55
Standardtabellenansichten 167
Steuerung 189
Steuerungsmaßnahmen 53, 177, 219
Strukturierung 32
Strukturierungsbegriffe 26

Strukturierungsebenen 25
Strukturierungselemente 96
Szenarien 219
Szenario-Vergleich 219

T
Tabellenansicht 209, 211
Tabellenbereich 93
Teammitglieder 133
Teilprojekte 32
Teilvorgänge 153, 212
Termine 44
termintreu 50

U
Überlastung 35, 133, **134**
Überstunden 195, 197
Und-Operator 217
Unterprojekte 32

V
Verbindungspfeile 115
Verbindung zur Datenquelle 171
Verrechnungssätze 55
Verschiebungen 203
Visualisierung 51
Vorgänge 25, 34, 178, 179, 185
Vorgänge eingefügt 94
Vorgänge mit Pufferzeiten 205
Vorgänger 47
Vorgang **47**
vorgangsbezogen 215
Vorgangsdauer 44
Vorgangseinschränkungen 45
Vorgangskalender **75**
Vorgangsliste 35, 25
Vorgangsnummer 108
Vorlage 67, 90
Vorrang 258
Vorschaufenster 163

W
Wertelisten 148

Z
zeitliche Abhängigkeit 256
zeitliche Abweichungen 203
Zeitpuffer 203

Zeitskala 90
Zugriffsberechtigungen auf
  Ressourcen 257
Zuordnung 53
Zuordnungen 178
Zwischenablage 25
Zwischenpläne 178, 181, 184

W3L-Online-Studium

w3l.

web life long learning

Bachelor of Science (B. Sc.)
- »Web- und Medieninformatik«
- »Wirtschaftsinformatik«

Fachhochschule Dortmund
University of Applied Sciences and Arts

Online berufsbegleitend studieren heißt: Höchste Ansprüche an Flexibilität, aktuelle und praxisorientierte Inhalte, faire Kosten.

Und: Kein Numerus Clausus (NC), keine überfüllten Hörsäle, keine unbequemen Hörsaalstühle.

Flexibel – Sie bestimmen das Studium, nicht das Studium Sie!

- Sie können mit Ihrem Studium jederzeit beginnen. Es gibt keine Semestereinteilung.
- Die Anzahl der gleichzeitig belegten Module kann frei gewählt werden.
- Das Lernen ist 24 Stunden am Tag und an jedem Ort möglich.
- Faire Kosten: Sie bezahlen nur das, was Sie buchen.

Zeit und Ort des Lernens, Anzahl der parallelen Module – Ihre Entscheidung!

Aktuell & praxisorientiert & hohe Qualität – Wissen, das gut ankommt!

- Wissenschaft und Praxiserfahrung kombiniert
- Die Theorie in der Praxis anwenden
- Karriere-Kick – Staatlicher Abschluss »Bachelor of Science« der FH Dortmund

Studieren berufsbegleitend – machbar und Karriere-Kick!

Kosten – Fair, flexibel und eine Investition in die Zukunft

- Faire Kosten: Sie bezahlen nur das, was sie buchen
- Berufsbegleitende Weiterbildung mit staatlichem Abschluss »Bachelor of Science«

Die Finanzen im Griff – die Zukunft im Blick!

Das ideale Studium für ...

- Fachinformatiker
- IT-Quereinsteiger
- Berufstätige
- alle, die sich in der Erziehungszeit beruflich qualifizieren wollen

Fordern Sie noch heute unser kostenloses Infopaket an:
http://Akademie.W3L.de

Hochschulzertifikate

W3L.
web life long learning

Die FH Dortmund besitzt einen der größten und renommiertesten Fachbereiche Informatik. Ein qualifiziertes Hochschulzertifikat der FH Dortmund dokumentiert Ihnen und Ihrem Arbeitgeber, dass Sie eine hochwertige wissenschaftliche Weiterbildung durchgeführt haben.

Fachhochschule Dortmund
University of Applied Sciences and Arts

Wissenschaftliche Informatik-Weiterbildung Online
mit Hochschulzertifikaten der Fachhochschule Dortmund

Upgrade Your Knowledge

- **Junior-Programmierer/in**
- **Anwendungsprogrammierer/in**
- **Web-Frontend-Programmierer/in**
- **Web-Entwickler/in**
- **Requirements Engineer**
- **Software-Architekt/in**
- **Software-Manager/in**

Ihre Vorteile
- Sie können jederzeit beginnen.
- Sie können beliebig viele oder beliebig wenige Module belegen, je nach Vorkenntnissen, Finanz- und Zeitbudget - berufsbegleitend und flexibel.
- Sie werden durch qualifizierte Online-Tutoren persönlich betreut.
- Ein perfekt aufeinander abgestimmtes Modul-System erlaubt es Ihnen, Ihr Wissen gemäß Ihren beruflichen Anforderungen zu aktualisieren und zu erweitern.
- Zu jedem Modul erhalten Sie ein oder mehrere Lehrbücher, um auch offline ergänzend lernen zu können.

Fordern Sie noch heute unser kostenloses Infopaket an:
http://Akademie.W3L.de/Weiterbildung